KB273827

국어 종결어미의 문법

김태엽

국학자료원

국어 종결어미의 문법

머리말

　국어의 문장은 종결어미에 의해 끝맺는다. 종결어미가 문장의 서술어 끝에 결합함으로써 그 문장이 의미적으로 완결되고 형식적으로 완성된다. 그러므로 종결어미는 문장을 구성하는 요소 중에서 매우 중요한 문법적 기능을 수행한다고 볼 수 있다.

　종결어미에 대한 그 동안의 연구는 주로 종결어미의 문법적 기능에 집중되어 왔다고 해도 지나치지 않을 정도로 그 기능에 대한 연구 업적이 많다. 종결어미에 의해 실현되는 문법적 기능을 객관적으로 연구하기 위해서는 그 종결어미의 형태에 대한 논의가 선행되어야 한다. 왜냐하면 종결어미의 형태 구조에 대한 분석을 통해 그 종결어미의 문법적 정보를 제공받을 수 있기 때문이다. 그럼에도 불구하고 앞서 이루어진 국어 종결어미의 기능에 대한 연구 업적에서는 종결어미의 형태에 대한 구조적인 분석이 철저하게 이루어지지 않은 것이 대부분이다. 종결어미에 대한 형태론적 층위의 분석은 문법론적 층위의 분석과 의미론적 층위의 분석과 함께 종결어미에 대한 균형 있는 연구를 위해서 필요한 작업이다. 따라서 우리는 이 글에서 종결어미에 대한 균형적 연구를 위해 종결어미에 대한 형태론적 층위의 분석적 방법을 적극적으로 시도할 것이며, 그러한 분석적 방법의 결과를 토대로 하여 종결어미의 문법적 기능을 기술하는 태도를 취한다.

종결어미의 형태를 구조적으로 분석하면, 하나의 구성 요소에 이루어진 형태와 둘 이상의 구성 요소에 의해 이루어진 형태로 크게 구분된다. 어느 것이든 종결어미의 형태를 이루는 어미구조체에는 문장을 끝맺는 기능을 수행하는 이른바 문장종결소가 관여함으로써 그 형태가 종결어미의 기능을 획득하게 된다. 따라서 종결어미에 대한 형태론적 층위의 분석은 그 형태에 관여하는 문장종결소의 양상에 따라 실시되어야 한다. 종결어미의 형태에는 문장을 끝맺는 기능을 가진 문법요소, 즉 문장종결소가 관여하고 있는데, 종결어미가 마침법을 실현하는 것은 이 문장종결소에 의한 기능 수행의 결과라 할 수 있다. 종결어미의 형태를 이루는 어미구조체는 문장종결소만으로 구성된 것도 있지만, 문장종결소를 포함하여 다른 문법적 기능을 수행하는 요소들이 관여하는 경우도 많다. 다른 문법적 기능을 수행하는 요소 중에서 대표적인 것이 청자를 높여서 예우하는 기능을 수행하는 청자높임소이다. 이 청자높임소가 문장종결소와 함께 종결어미의 형태 구성에 관여하기 때문에 종결어미가 마침법과 청자높임법을 동시에 실현하는 것이다.

이 글은 모두 3개의 장으로 짜여진다. 제1장에서는 종결어미의 문법적 지위와 연구사를 차례대로 기술한다. 이 장에서는 종결어미의 형태를 이루는 어미구조체의 구성 요소 중에서 문장을 끝맺는 기능을 수행하는 문장종결소의 개념을 설정하고, 앞서 이루어진 연구사를 검토하여 종결어미 연구의 문제점을 주로 형태론적 층위에서 찾아내어, 이 글에서 우리 나름의 해결 방안이 될 수 있는 몇 가지를 제시한다. 제2장에서는 종결어미의 형태 구조에 대한 분석을 집중적으로 다룬다. 먼저 종결어미의 형태 구조에 따라 설정되는 마침법의 하위 범주를 살피고, 종결어미의 형태를 이루는 핵심요소인 문장종결소를 기준으로 하여 어미구조체의 구조 유형을 몇 가지로 분류한다. 아울러 종결어미의 형태를 이루는 구성 요소 중에서 문장종결소에 대한 지위와 유형을 살피고, 본디 다른 기능을 수행하던 문법 형태가 그 문법 기능이 전용되어 종결어미로 기능하는 형태에 대해 논의한다. 그리고 본디 종결어미가 아닌 문법 형태가 종결어미화하는 과정에 관여하는 문법화 현상에 대해서도 살펴보기로 한다. 마지막으로 종결어미의 형태 유형을 몇 가지로 분류하여 정리하고 그 형태적 특징에 대해 기술한다. 제3장에서는 종결어미에 의해 실현되는 두 가지 기능, 즉 마침법과 청자높임법의 기능에 대해 살펴본다. 이 장에서는 종결어미에 대한 형태 분석을 통해 추출된 문법적 정보를 바탕으로 종결어미의 기능을 분석하고 기술한다. 그러기 위해 형태론적 층위의 분석 방법으로 마침법의 분류 기준을 세우고, 그 기준에 따라 마침법을 체계화한다. 또한 마침법과 동일한 분석 방법으로 청자높임법의 체계를 세우고, 그 실현 방법에 대해서도 함께 살펴보기로 한다.

2001년 12월

김 태 엽

차 례

제3장 종결어미의 기능

제1장 종결어미의 지위와 연구사

1. 종결어미의 지위

1.1. 문장과 종결어미

국어의 문장을 이루는 문장 성분 중에서 서술어가 가장 핵심 성분이다. 서술어에 의해 그 문장의 논항이 결정되며 그리고 각 논항에 따라 격이 할당된다. 문장의 서술어에 의해 수행되는 그러한 문법적 역할은 모두 문장의 명제 내용과 관련되기 때문에 서술어의 어간 부분에 의한 의미특성과 관련된 문제들이다.

하지만 서술어의 어간 뒤에 결합되는 어미 부분은 문장의 명제 내용에 직접적으로 관여하기보다는, 명제 내용에 대한 화자의 심리적 태도를 나타내거나 명제 내용을 청자에게 어떤 태도로 표현하느냐의 문제와 주로 관련을 갖는다.

> (1) ㄱ. 비가 오~겠~다.

ㄴ. 비가 오~겠~느냐?

(1)의 문장에서, 문장의 명제 내용은 두 개의 문장 모두가 '비가 오~'에 의해 표현되고 있다. 그러나 문장의 명제 내용 '비가 오~'에 대한 화자의 심리적 태도, 즉 추측은 선어말어미 '~겠~'에 의해 실현되며, 화자가 명제 내용을 청자에게 어떤 태도로 표현하느냐는 어말어미 '~다'와 '~느냐1)'에 의해 각각 실현된다. 문장 (1ㄱ)의 어말어미 '~다'는 화자가 청자에게 아무런 요구없이 명제 내용을 스스로 표현하고 있는데 반해, (1ㄴ)의 어말어미로 '~느냐'가 선택됨로써 화자가 청자에게 명제 내용에 대해 긍정이나 부정의 대답을 요구하고 있다. 그런데 (1)에서 만약 (1ㄱ)의 어말어미 '~다'와 (1ㄴ)의 '~느냐'가 각각 결합하지 않으면, 그 앞부분만으로는 의미적로나 형식적으로 온전한 문장이 되지 못한다. (1ㄱ)과 (1ㄴ)의 '~다', '~느냐'와 같이, 문장 서술어의 끝에 결합하여 그 문장을 의미적으로 완결짓고 형식적으로 자립하면서 문장을 끝맺는 기능을 수행하는 어말어미를 종결어미라 한다.

형태론적 층위에서는 (1)과 같이 종결어미 '~다'와 '~느냐'가 선어말어미 뒤에 결합함으로써 '오겠다', '오겠느냐'와 같은 하나의 온전한 낱말을 완성하는 것은 물론이고, 통사론적 층위에서는 '~다'와 '~느냐'가 결합함으로써 (1)의 각 문장이 서술문과 의문문으로 실현된다.

그러면 다시 아래 (2)를 보기로 하자.

(2) ㄱ. 비가 오~겠~습니다.
　　ㄴ. 비가오~겠~습니까?

---

1) 의문어미 '~느냐'의 형태에서 '~느~'가 직설의 서법소로 따로 분석될 가능성에 대해서는 뒤에 가서 다시 논의하겠다.

(2)의 문장은 (1)의 문장과 명제 내용상으로는 별다른 차이가 없다. 그리고 문장의 명제 내용에 대한 화자의 심리적 태도 역시 (1)의 경우와 마찬가지로 추측을 나타내는 '~겠~'이 어간 뒤에 결합되어 있다. 그러나 (2)에서는 서술어의 어간 뒤에 결합한 종결어미로 '~습니다'와 '~습니까'가 선택되어 '~다', '~느냐'가 선택된 (1)의 문장과는 달리, 화자가 명제 내용을 청자에게 표현하면서 청자를 아주 높여서 예우하는 차이가 있다. 따라서 (1)의 서술어에 결합한 '~다'와 '~느냐'는 화자가 청자를 높여 예우하지 않으면서 문장을 끝맺는 종결어미인 반면, (2)의 서술어에 결합한 '~습니다'와 '~습니까'는 화자가 청자를 아주 높여 예우하면서 문장을 끝맺는 종결어미로 구별된다.

요컨대 어말어미는 형태론적 층위에서 하나의 낱말을 완성하는 동시에 다른 한편으로는 문장의 통사적 기능에 관여하는데, 그런 어말어미 중에서 문장을 끝맺는 기능과 청자를 높여서 예우하는 기능을 동시에 수행하는 어말어미가 곧 종결어미인 것이다. 문장을 이루는 핵심 성분이 서술어이다. 서술어의 어간 뒤 마지막 부분에 종결어미가 결합함으로써 비로소 그 문장이 의미적으로 형식적으로 완성된다. 그만큼 문장에서 필수적 역할을 담당하는 문법 형태가 서술어에 결합하는 종결어미인 것이다.

1.2. 종결어미와 문장종결소

종결어미는 형태론적 층위에서 서술어의 어간 뒤에 결합하여 그것을 하나의 낱말로 완성시키는데 관여하면서, 동시에 통사론적 층위에서는 그 문장의 마침법을 결정짓는 통사적 기능을 수행하는 어말어미이다. 국어에서 종결어미로 기능하는 문법 형태의 내적 구성 요소를 자세하게 관찰해 보면, 어떤 종결어미의 형태는 하나의 문법 요소만으로 구성되어 있는 경우도 있고, 또 어떤 종결어미의 형태는 둘 이상의 문법 요소가 결합되어 있는 경우를 쉽게 볼 수 있다.

아래의 (3)을 보기로 하자.

   (3) ㄱ. '~다'
      ㄴ. '~습니다'

(3ㄱ)의 서술어미 '~다'는 하나의 문법 요소로 이루어진 종결어미의 형태지만, (3ㄴ)의 서술어미 '~습니다'는 둘 이상의 문법 요소가 모여서 한 개의 종결어미의 형태를 이룬다. (3ㄴ)의 '~습니다'와 같이, 둘 이상의 문법 요소에 의해 이루어진 종결어미의 형태는 한 개의 문법 요소에 의해 이루어진 종결어미의 형태에 대해서보다 그 문법 형태에 대한 정밀한 분석이 필요하다. 왜냐하면 둘 이상의 문법 요소가 결합하여 이루어진 종결어미의 형태에 의해 실현되는 문법 기능과 의미 기능에는 그 종결어미의 형태를 구성하는 요소들이 직접적으로 관여하기 때문이다. (3ㄱ)의 서술어미 '~다'는 한 개의 문법 요소만으로 이루어진 종결어미의 형태이다. 만약 이 형태가 문장의 서술어 끝에 결합하게 되면, 그 문장을 단순하게 끝맺을 뿐이지 청자를 높여서 예우하지는 않는다. 그러나 (3ㄴ)의 서술어미 '~습니다'는 적어도 두 개 이상의 문법 요소가 결합하여 이루어진 종결어미의 형태이다. 따라서 이 형태가 서술어에 결합하게 되면, 그 문장을 끝맺는 기능과 함께 청자를 아주 높여서 예우하는 기능을 실현하게 된다. 따라서 종결어미에 대한 논의의 기본적인 태도로 그 종결어미의 형태 구성에 대한 정밀한 분석적 방법을 반드시 적용할 필요가 있으며, 그리고 종결어미의 문법 기능과 의미 기능을 분석하기 이전에 그러한 형태 분석이 선행되어야 한다.

이 글에서는 종결어미를 대상으로 하여 그 형태를 이루는 구성 요소를 정밀하게 추출하기 위해 재분석의 방법을 적용하고, 그 구성 요소 가운데서 특히 문장을 끝맺는 기능을 수행하는 문법 요소에 대하여 좀더 자세하게 살펴보기로 한다. 국어 종결어미의 형태를 이루는 어미구조체의 구성 요소 하나하나는 어미보다 더 작은 문법 단위라 할 수 있는데, 어떤 종결어미는 하나의 구성 요소에 이루어진 형태가 존재하기도 하지만, 어떤 경우에는 두 개 이상의 문법 요소가 모여서 하나의 종결어미 형태를 이루는 경우도 많다.[2]

문장을 끝맺는 기능을 수행하는 문법 요소를 종결어미라 하며, 그 종결어미에 의해 실현되는 문법 범주는 마침법[3]과 청자높임법[4]이다. 하지만 종결어미의 형태를 좀더 정밀하게 분석해 보면, 그 형태를 이루는 구성 요소 중에는 문장을 끝맺는 기능을 수행하는 문법 요소 와 청자를 높여서 예우하는 문법 요소 외에 다른 기능을 수행하는 문법 요소도 함께 결합되어 있음을 확인할 수 있다. 한 개의 문법 요소에 의해 이루어진 종결어미의 형태이든 둘 이상의 문법 요소에 의해 이루어진 종결어미의 형태이든, 그것은 모두 서술어의 어간이나 선어말어미 뒤에 결합하여 하나의 낱말을 완성함과 동시에 마침법과 청자높임법을 실현한다. 그러므로 종결어미의 형태는 형태론적 층위의 문법 형태이면서 아울러 통사론적 층위의 문법 형태이기도 하다.

아래의 (4)를 통해 종결어미의 형태 구성에 대해 살펴보기로 한다.

---

2) 하나의 종결어미 형태가 둘 이상의 문법 요소로 이루어진 것에 대한 구체적인 논의는, 청자높임소 '~이~'가 현대 국어에 아직도 유지되고 있음을 밝힌 고영근(1974), 서태룡(1981, 1985), 서정목(1983, 1988), 한동완(1988), 이상규(1991), 김태엽(1992, 1995) 등에서 자세하게 이루어진 바 있다. 그런가 하면 안명철(1996:403)에서는 어미의 형태를 이루는 더 작은 단위의 문법소를 가리켜 어미소라 하고, 어미소 하나로 구성된 어미를 단일어미라 하고 그것이 복합되어 있을 때 이를 복합어미라 하였다.

3) 연구자에 따라 문장종결법, 종결법, 종지법, 마침법, 문체법, 의향법 등으로 부르고 있으나, 여기에서는 최현배(1971)을 따라 마침법이라 부르기로 한다.

4) 청자높임법 대신에 흔히 청자경어법, 청자대우법, 청자존대법 등으로 불리워지고 있는데, 우리는 경어법, 대우법, 존대법을 사용하지 않으므로 이 글에서는 청자높임법이라는 용어를 쓰기로 한다.

(4) ㄱ. 이것은 책입니다.
    ㄴ. 이것은 책이오.
    ㄷ. 이것은 책이네.
    ㄹ. 이것은 책이다.

　(4)의 각 문장에 결합된 종결어미의 형태는 내적 구성 요소의 측면에서
보면 서로 다른 구성 요소에 의해 이루어져 있다. 어떤 종결어미의 형태는
하나의 문법 요소로 이루어져 있으나, 또다른 종결어미의 형태는 여러 개
문법 요소의 결합에 의해 이루어져 있음을 볼 수 있다. (4ㄹ)의 서술어에
결합한 종결어미 '~다'의 형태와 (4ㄴ)의 서술어에 결합한 종결어미 '~오'
의 형태는 하나의 문법 요소만으로 이루어졌지만[5], (4ㄱ)의 서술어에 결합
한 종결어미 '~습니다'의 형태와 (4ㄷ)의 서술어에 결합한 종결어미 '~네'
의 형태는 둘 이상의 문법 요소가 결합되어 있다.
　(4ㄹ)의 종결어미 '~다'는 오직 문장을 끝맺는 기능을 수행할 뿐 다른
어떤 문법적 기능도 수행하지 않는데, 그것은 다른 기능을 수행하는 문법
요소가 이 형태를 이루는 구성 요소에 결합되어 있지 않기 때문이다. 그러
나 (4ㄱ)의 서술어미 '~습니다'와 (4ㄴ)의 서술어미 '~오' 그리고 (4ㄷ)의
서술어미 '~네'는 문장을 끝맺는 기능과 함께 청자를 높여서 예우하는 기
능까지 동시에 수행한다. 그것은 이들 세 종류의 형태에는 문장을 끝맺는
문법 요소와 청자를 높여서 예우하는 문법 요소가 결합되어 있기 때문이
다. (4ㄴ)의 서술어미 '~오'는 역사적으로 객체높임법의 기능을 실현하던
문법 요소 '~습~'이 마침법으로 기능이 변동한 종결어미의 형태인데, 이
형태는 청자높임법과 마침법을 동시에 실현한다. (4ㄷ)의 서술어미 '~네'
는 직설의 서법소 '~느~'와 청자높임소 '~이~'가 결합한 형태로서 마침

---

5) 서술어미 '~오'는 관점에 따라서는 두 개의 요소가 융합된 것으로 처리할 수도
　 있으나, 여기에서는 잠정적으로 처리한다.

법과 청자높임법을 동시에 실현한다.[6] 그리고 (47)의 서술어미 '~습니다'
는 청자높임소 '~습~'과 직설의 서법소 '~느~'[7]와 청자높임소 '~이
~'[8] 그리고 문장을 끝맺는 기능을 수행하는 문법 요소인 '~다'의 결합으
로 이루어진 종결어미의 형태이다. 종결어미의 형태에 대한 정밀한 분석을
통해, 종결어미의 형태를 이루는 구성 요소라고 해서 반드시 문장을 끝맺
는 기능 요소와 청자를 높여서 예우하는 기능 요소만으로 구성되어 있지
않는다는 점을 알 수 있다.

　　종결어미의 형태를 이루는 구성 요소 가운데서 문장을 끝맺는 기능을
수행하는 요소를 우리는 문장종결소[9]라 부르는데, 문장종결소는 다른 논
자들이 사용한 종결접미사, 정동사어미, 문말형태소, 문장종결보문자 등의
용어와 그 개념이 일치하지 않는다.[10] 종결어미가 문장의 서술어 끝에 결

---

6) 서술어미 '~네'의 재분석을 통해 얻어지는 직설의 서법소 '~느~'와 청자높임소
　　'~이~' 중에서, 청자높임소 '~이~'는 마침법을 실현하는 '~이'로 기능 변동함
　　으로써 문장을 끝맺는 기능을 획득하게 된다.

7) 고영근(1989:156)에서는 '~느~'와 '~니~'는 이형태라 하고, '~느~'는 해라체와
　　하게체의 의문법에서 나타나고 '~니~'는 합쇼체에서 나타난다고 하였다. 그러나
　　우리는 '~느~'와 '~니~'를 이형태로 보지 않는다. 왜냐하면 '~니~'는 직설법
　　의 서법소 '~느~'와 청자높임소 '~이~'의 융합형으로 볼 수 있기 때문이다. 이
　　렇게 처리하면 고영근(1989)에서 '~니~'가 합쇼체에 나타난다고 한 이유까지 밝
　　혀지는 셈이 된다. 융합에 대해서는 이지양(1985, 1994), 안명철(1992), Bybee(1985)
　　등을 참조.

8) 이기문(1972)를 비롯하여 많은 논의에서 청자높임소 '~이~'가 근대 국어 이후에
　　사라졌다고 하지만, 사실은 다른 요소와 융합형으로 남아 있다. 경북말에서는 청
　　자높임소 '~이~'가 다른 문법 요소와 융합되지 않은 채 존재하기도 하는데, 예컨
　　대 '이리 오이소(이리 오십시오)', '여어 앉으이소(여기 앉으십시오)'와 같은 문장의
　　서술어에 결합된 '~이~'가 바로 청자높임소이다.

9) 문장종결소에 대한 논의는 김태엽(1997)에서 자세하게 이루어진 바 있는데, 거기에
　　서 문장종결소라는 용어가 처음으로 사용되었다. 그리고 권재일(1992:87)에서는
　　종결어미 '~습니다'의 형태에서 순수한 의향법을 실현하는 형태소는 '~다'라고
　　하여, 이 형태에서 문장을 끝맺는 기능을 수행하는 요소는 '~다'라는 사실을 지적
　　한 바 있다. 또 '~습~', '~니~'는 높임법을 실현하는 형태소로 분석한 기술로는
　　허웅(1983), 서정목(1987) 등을 참조.

합한다고 하여 그 종결어미의 형태를 구성하는 요소가 모두 문장을 끝맺는 기능만을 수행하는 것이 아니고, 종결어미의 형태를 이루는 요소의 어느 한 핵심 요소가 문장종결소로 기능하는 것이다. 종결어미의 형태와 문장종결소의 관계는 형태소와 낱말의 관계와 비슷한 면이 있다. 하나의 형태소가 한 개의 낱말을 이루는 경우가 있는가 하면, 두 개 이상의 형태소가 결합하여 하나의 낱말을 이루는 경우도 있다. 그런 것과 마찬가지로 한 개의 문장종결소가 하나의 종결어미 형태를 이루는 것도 있고, 문장종결소를 포함하여 두 개 이상의 문법 요소가 결합하여 하나의 종결어미 형태를 이루는 경우도 있다.[11]

문장 (4)에 결합된 종결어미의 형태 구조를 살펴본 바, 하나의 문법 요소에 의해 이루어진 종결어미의 형태도 있지만, 둘 이상의 문법 요소의 결합에 의해 이루어진 종결어미의 형태도 많이 있다. 그럼에도 불구하고 앞선 연구 대부분의 업적들에서는 이들 종결어미의 형태를 동일 범주의 한 덩어리로만 인식해 온 까닭에, 종결어미의 형태에 대한 분석적이고 구체적인 기술과 설명이 명시적으로 이루어지지 않았다. 그것은 종결어미의 문법 기능과 의미 기능에 대한 분석과 기술에서 형태론적 층위의 문법적 정보가 제대로 반영되지 못한 결과라 할 수 있다.

요컨대 종결어미가 문장을 끝맺는 기능을 수행하는 것은 그 형태를 이루는 구성 요소에 문장종결소가 관여하기 때문이다. 문장을 끝맺는 기능을 수행하는 문장종결소가 종결어미의 형태를 이루는 어미구조체에 관여하지

---

10) 다른 논의에서 지적한 것들과 우리가 말하는 문장종결소는 우선 그 단위가 다를 뿐 아니라 앞선 논의의 것들은 모두가 형태적 요소이지만, 이 글에서 가리키는 문장종결소에는 형태적 요소가 아닌 음운적 요소의 문장종결소도 존재한다.

11) 문장종결소에는 형태론적 문장종결소와 음운론적 문장종결소가 있는데, 음운론적 문장종결소가 관여하는 종결어미의 형태에서는 유형의 문장종결소를 분석해 내지 못한다. 그리고 다른 문법적 기능을 수행하던 어말어미가 종결어미로 기능 전용된 형태에서도 문장종결소를 분석해내기 어렵다. 이 문제에 대해서는 다음 장에서 자세하게 다룬다.

않고는 그 형태가 종결어미의 기능을 수행하지 못한다. 따라서 문장종결소
는 종결어미의 형태 구성에 관여하는 핵심 요소인 것이다. 그러나 다른 문
법 기능을 수행하던 문법 형태가 종결어미로 기능이 전용된 경우의 형태는
유형의 문장종결소가 직접 분석되기 어렵다.[12]

2. 종결어미의 연구사

2.1 연구사 개관

　문장의 마지막 부분인 서술어에 종결어미가 결합함으로써 그 문장의 의
미가 완결되고 형식이 완성된다. 그만큼 문장에서 종결어미가 차지하는 비
중이 크다고 할 수 있기 때문에, 지금까지 종결어미에 대한 연구는 적지
않게 이루어졌다. 종결어미에 의해 마침법과 청자높임법이 실현되는 까닭
에, 종결어미는 두 문법 범주에서 모두 연구의 대상이 되어왔다.

　지금까지 이루어진 종결어미의 연구에 대한 연구사의 기술은 연대순으
로 살펴보는 방법과 연구 업적의 중점 내용을 중심으로 살펴보는 방법의
두 가지가 있을 수 있다. 전자는 종결어미에 대한 연구 업적을 역사적으로
개관하기에 좋은 방법이고, 후자는 연구 업적의 내용을 특징적으로 살펴보
기에 좋은 방법이다. 여기에서는 연구 업적의 특징적인 내용을 이해하기
쉬운 후자의 방법에 따라 그 대강을 간략하게 살펴보고자 하는데, 그것은
이 글에서 추구하는 논의의 방향 및 내용과 부합하기 때문이다.

　종결어미에 대한 그 동안의 연구로 뚜렷이 드러나는 대표적인 업적으로
는 최현배(1971), 남기심(1973), 이익섭(1975), 고영근(1974), 이승욱(1980), 이

---

12) 예컨대 연결어미에서 종결어미로 기능 전용된 '~ㄴ데', '~니까', '~거든'등의
　　형태에서 유형의 문장종결소를 분석할 수 없다. 그러나 이러한 종결어미의 형태
　　에는 음운론적 문장종결소가 관여함으로써 종결어미의 기능을 획득하게 된다.

현희(1982), 김승곤(1983), 서정수(1984), 서태룡(1985), 성기철(1985), 이기동(1987), 김일웅(1990), 한길(1991), 권재일(1991, 1992), 허웅(1995), 고창운(1995), 염광호(1998) 등을 들 수 있다.[13] 이 중에서 이익섭(1975), 김승곤(1983), 서정수(1984), 성기철(1985) 등의 논의에서는 주된 관심사가 청자높임법이었고, 이기동(1987)과 고창운(1995)의 논의에서는 종결어미의 의미를 집중적으로 분석하였으며, 김일웅(1990)에서는 종결어미에 의해 실현되는 문장의 분류 방법을 체계적으로 논의하였다. 그리고 권재일(1991,1992)에서는 종결어미의 통사적 특성을 중심으로 논의하였고, 이현희(1982)에서는 종결어미의 발달 과정을 역사적으로 자세하게 살폈으며, 염광호(1998)에서는 15세기 국어에서부터 19세기 국어에 이르기까지 종결어미의 실현 양상을 통시적으로 추적하였다.

그 밖의 연구 업적 대부분은 종결어미에 의해 실현되는 마침법과 청자높임법의 두 문법 범주를 함께 다룬 것들이다. 마침법과 청자높임법을 함께 논의의 대상으로 삼은 업적 중에서 우리의 관심을 끄는 몇몇 연구 업적에 대해 좀더 살펴보기로 한다. 최현배(1971)에서는 풀이씨의 끝바꿈을 다루면서 3개의 하위 범주를 설정하였는데, 그것은 마침법, 감목법, 그리고 이음법이다. 그 가운데서 마침법에는 그 말을 듣는 사람을 높이는 정도에 따라, 아주높임, 예사높임, 예사낮춤, 아주낮춤의 4등분으로 나누고 등외로 반말을 설정하였다. 그리고 마침법은 화자와 청자 사이의 주고받는 관계로 보아 베풂꼴, 물음꼴, 시킴꼴, 꾀임꼴의 네 가지로 가름하였다. 또한 허웅(1995)에서는 풀이씨의 씨끝바꿈에서 마침법과 청자높임법을 함께 다루었는데[14], 마침법은 서술법, 물음법, 시킴법, 함께법 등 4가지로 하위 범주화하고 각 범주에는 낮춤(안높임), 예사높임, 아주높임의 3가지 층위로 청자

---

13) 이 밖에도 수많은 연구 업적들이 있으나, 여기에서는 그 모두를 들지 않는다.
14) 허웅(1995)에서는 마침법 대신 의향법이라는 용어를 사용하였으나, 이 글에서는 앞에서부터 마침법을 사용하고 있으므로 의향법 대신 마침법을 그대로 사용한다.

높임법의 등급을 설정하였다. 이것은 현대 국어의 청자높임법이 3등급의
체계를 가지고 있음을 기술한 사실과 낮춤이 안높임과 동일한 등급이라는
사실을 드러낸 점에서 주목할 만하다. 특히 안높임을 설정하여 종래의 낮
춤과 동일한 등급으로 처리한 사실은, 이 글에서 국어에는 낮춤법이 없다
고 주장하는 우리의 논의와 결과적으로는 크게 다르지 않다.

　하지만 한길(1991)에서는 최현배(1971), 허웅(1995)과는 달리 국어의 종결
어미만을 중심 논의 대상으로 삼았는데, 먼저 청자높임법의 등급을 설정하
고 난 뒤에 각 등급에 해당하는 종결어미를 살펴보는 순서를 취하였다. 그
리고 청자높임법의 각 등급에 해당하는 종결어미의 형태를 단순형태와 복
합형태로 나누어 그것들의 문법적 기능과 의미·화용적 특성을 집중적으
로 분석하였다. 한길(1991)에서는 종결어미의 형태를 단순형태와 복합형태
로 나누긴 했으나, 그것의 문법적 기능과 의미를 형태 구조와 관련시켜 해
명하지는 않았다. 종결어미의 기능과 의미가 그 형태 구성과 무관하지 않
은 점에서 보면, 이 연구의 아쉬운 점이라 할 수 있을 것이다.

　하지만 고영근(1974)과 서태룡(1985)은 종결어미의 형태 구조에 대한 분석
적인 논의를 시도하였는데, 고영근(1974)에서는 종결어미의 형태 구조에 대
한 공통성과 차별성을 부각시켜 마침법과 높임법을 체계화하였다. 그러나
그 연구에서는 마침법의 하위 범주 설정에서 종결어미의 형태 구성에 바탕
을 두지 않은 면이 드러나고 있다. 또한 서태룡(1985)에서는 종결어미의 형태
구조를 가능한 한 정밀하게 분석하고, 분석된 동일한 형태 요소는 언제나 동
일한 문법 기능과 의미 기능을 나타낸다는 주장을 일관되게 펼쳤다.

2.2 종결어미 연구의 문제점

　종결어미에 대한 지금까지의 연구는 마침법을 논의하면서 청자높임법
을 함께 다루거나, 아니면 청자높임법을 논의하면서 마침법을 함께 다룬
업적이 거의 대부분이다. 그것은 종결어미가 마침법과 청자높임법을 동시

에 실현하기 때문이다. 그러나 종결어미의 형태 구조를 정밀하게 분석하면 상당한 경우에 마침법을 실현하는 문법 요소와 청자높임법을 실현하는 문법 요소를 분리하여 드러낼 수가 있다. 마침법을 실현하는 문법 요소와 청자높임법을 실현하는 문법 요소가 분리되어 존재하는 경우가 적지 않다면, 굳이 그 두 요소를 포괄적으로 묶어서 다루기보다는 두 문법 요소를 분리하여 분석적으로 다루는 것이 더 실증적인 논의가 될 것이다. 다시 말하면 문장을 끝맺는 기능을 수행하는 문장종결소와 청자를 높여서 예우하는 청자높임소가 종결어미의 형태 구성의 문법 요소로 관여하고 있는 사실을 분명하게 기술할 필요가 있다고 본다. 사실 모든 앞선 연구에서는 종결어미의 형태를 이루는 어미구조체에 문장을 끝맺는 기능을 수행하는 문법소, 즉 문장종결소를 따로 설정하지 않았다. 종결어미의 형태를 이루는 어미구조체에 문장종결소를 청자높임소와 함께 설정하지 않았기 때문에, 종결어미의 형태에 의해 실현되는 문법 기능이나 의미 기능을 분석적으로 기술하기 어려웠던 것이다.

그 동안의 연구 업적을 내용의 특징을 중심으로 살펴본 바, 앞선 연구의 거의가 종결어미의 형태 구조에 대한 관심을 기울이지 않은 채 그 문법적 기능과 의미 기능을 기술하는 방법을 취하였다. 예컨대 '~습니다'가 결합된 문장이 서술문이기 때문에 이 형태가 서술어미라는 설명을 하는 연구가 대부분인데, 이 글에서는 종결어미 '~습니다'의 형태를 이루는 구성 요소에 [서술성]을 가진 문장종결요소가 관여하고 있기 때문에, 이 형태는 서술어미가 된다는 설명 방법을 취하기로 한다. 그리고 서술어미 '~습니다'의 형태에는 청자를 높여서 예우하는 문법 요소 '~습~'과 '~이~'가 관여하고 있으므로, 이 종결어미에 의해 실현되는 청자높임법은 아주높임법이라고 기술하고 설명하는 태도가 바람직하다고 본다. 이렇게 기술하고 설명하는 태도는 종결어미의 형태론을 통해 얻어진 언어 정보로써 종결어미의 통사론 연구와 의미론 연구를 실현하는 구체적인 한 가지 방법이 될 것이다.

　따라서 우리는 이 글을 기술함에 있어서 아래와 같은 태도를 취하기로 한다.

1) 종결어미의 형태를 가능한 한 정밀하게 분석한다.
2) 종결어미의 형태를 이루는 구성 요소에 관여하는 문장종결소와 청자 높임소를 가능한 한 분석해낸다.
3) 종결어미의 형태에서 형태론적 문장종결소가 분석될 수 있는 경우와 음운론적 문장종결소가 분석될 수 있는 경우를 변별한다.
4) 종결어미의 형태에서 청자높임소가 추출될 경우, 그것이 어떤 등급의 청자높임법을 실현하느냐를 분석한다.
5) 종결어미의 형태에서 분석될 수 있는 문장종결소의 의미 특성에 따라 마침법의 하위 범주를 설정하는 방법을 취한다.
6) 종결어미의 형태 구성에 관여하는 요소가 그 종결어미의 의미 결정에 어떤 양상으로 관여하느냐에 관심을 기울인다.
7) 종결어미의 형태 분석을 통한 종결어미의 기능과 의미를 설명할 수 없는 경우에는 화용론적 층위의 정보를 통해 문제를 해결하기로 한다.

제2장. 종결어미의 형태

1. 종결어미의 형태 구조

국어 종결어미의 형태는 하나의 구성 요소만으로 이루어진 것도 있지만, 사실 둘 이상의 구성 요소에 의해 이루어진 형태가 많이 있다. 한 개의 구성 요소에 의해 이루어진 종결어미의 형태와 둘 이상의 구성 요소에 의해 이루어진 종결어미의 형태는 문법 기능이나 의미 기능에 있어서 차이가 분명하게 드러난다. 단일한 구성 요소에 의해 이루어진 종결어미의 형태는 복합적 구성 요소에 의해 이루어진 종결어미의 형태에 비해 그 문법적 기능이나 의미 기능이 상대적으로 단순하다.

여기에서는 마침법의 하위 범주를 최현배(1971)에 따라 서술어미, 의문어미, 명령어미, 청유어미 등으로 나누어 살펴보고자 한다.[1]

---

1) 마침법의 하위 범주를 서술법, 의문법, 명령법, 청유법 등의 4가지로 유형화하는 근거에 대해서는 뒤에서 다시 자세하게 살펴보기로 한다.

1.1 서술어미의 형태

국어에 서술어미의 형태가 아주 다양하게 존재하지만, 여기에서는 그 중에서 우선 쉽게 접할 수 있는 몇 가지의 형태를 아래의 (1)에서 살펴보기로 한다.

> (1) ㄱ. 이것은 국어책이다.
>   ㄴ. 이것은 국어책이네.
>   ㄷ. 이것은 국어책입니다.

(1ㄱ)의 서술어미 '~다'는 단일한 구성 요소로 이루어진 형태이지만, (1ㄴ)의 '~네'와 (1ㄷ)의 '~습니다'는 둘 이상의 구성 요소로 이루어진 형태이다. 따라서 '~다'의 문법 기능과 의미 기능은 '~네'와 '~습니다'의 그것에 비해 상대적으로 단순하다. 이들 세 종결어미의 형태 구조에는 문장을 끝맺는 기능을 수행하는 문장종결소가 모두 관여하고 있으나, 청자를 높여서 예우하는 청자높임소는 모두 관여하지 않았다. 즉 (1ㄴ)의 서술어미 '~네'와 (1ㄷ)의 서술어미 '~습니다'의 형태에는 청자높임소가 그 구성 요소로 관여하고 있는 반면, (1ㄱ)의 서술어미 '~다'의 형태에는 청자높임소가 관여하지 않았다. 문장종결소는 관여하고 청자높임소가 관여하지 않은 (1ㄱ)의 서술어미 '~다'의 형태는 문장을 끝맺는 기능은 수행하지만, 청자를 높여서 예우하는 기능은 수행하지 않는다. 그러나 (1ㄴ)의 서술어미 '~네'와 (1ㄷ)의 서술어미 '~습니다'의 형태에는 문장종결소와 청자높임소가 모두 관여하고 있으므로, 이 두 형태는 문장을 끝맺으면서 동시에 청자를 높여서 예우하는 기능을 수행한다.

이상에서 종결어미의 형태를 이루는 어미구조체의 구성 요소가 많으면 그 종결어미에 의한 문법 기능이 다양하고, 반대로 종결어미의 형태를 이루는 어미구조체의 구성 요소의 수가 적으면 그 종결어미에 의한 문법 기능이 상대적으로 단순하다는 사실이 드러난다. 따라서 종결어미의 문법 기능이나 의미 기능의 분석을 위해서는 먼저 그 종결어미의 형태론적 분석이 앞서 이루어져야 함이 당연한 순서이다.

(1)에서 서술어미 '~다'의 형태 구성에 문장종결소는 관여하나 청자높임소는 전혀 관여하고 있지 않기 때문에 '~다'는 형태상으로 무표형이라 할 수 있으며, 서술어미 '~네'와 '~습니다'의 형태 구성에는 청자높임소와 문장종결소가 모두 관여하고 있기 때문에 형태상으로 유표형이라 할 수 있다. 여기서 무표형과 유표형이라는 말은, 종결어미에 의해 실현되는 문법 기능과 의미 기능이 그 종결어미의 형태를 구성하는 문법 요소에 의한 결과로 보는 데 따른 것이다. 유표형은 문장종결소와 청자높임소를 모두 갖춘 형태를 말하고, 무표형은 문장종결소만 관여하고 청자높임소는 관여하지 않은 형태를 가리킨다. 따라서 청자높임소의 관여 여부에 의해 무표형과 유표형으로 구별된다. 청자높임소의 관여없이 문장종결소만으로 종결어미의 형태를 이루는 형태가 무표형이라는 것이다. 무표형의 서술어미 '~다'의 형태는 청자높임소는 관여하지 않고 문장종결소만 관여하는 단일한 구성으로 이루어졌으나, 유표형인 '~네'와 '~습니다'의 형태는 청자높임소와 문장종결소가 모두 관여하는 복합적 구성으로 이루어져 있는 서술어미이다.[2]

1.2 의문어미의 형태

국어의 많은 의문어미의 형태 중에서 흔히 사용되는 몇 가지의 형태를

---

[2] 임지룡(1992:67)에서는 어휘소의 단순함과 복잡함의 기준에서 무표항(unmarked term)과 유표항(marked term)으로 나누고, 단순한 쪽을 무표항이라 하고 복잡한 쪽을 유표항이라 하였다.

서술어미의 경우와 마찬가지로 아래의 (2)에서 살펴보기로 한다.

    (2) ㄱ. 이것이 국어책이니?
       ㄴ. 이것이 국어책인가?
       ㄷ. 이것이 국어책입니까?

  (27)의 의문어미 '~니'의 형태를 이루는 구성 요소는 단일 요소이지만, (2ㄴ)의 의문어미 '~ㄴ가'와 (2ㄷ)의 의문어미 '~습니까'는 둘 이상의 구성 요소에 의해 이루어진 의문어미의 형태이다. 따라서 의문어미 '~니'에 의해 실현되는 문법 기능과 의미 기능은 '~ㄴ가'와 '~습니까'에 의해 실현되는 문법 기능과 의미 기능에 비하여 상대적으로 단순하다. 의문어미 '~니'의 형태에는 문장종결소가 관여하고 있지만, 청자높임소는 관여하지 않았다. 그러나 의문어미 '~ㄴ가'와 '~습니까'의 형태 구성에는 문장종결소와 함께 청자높임소가 관여하고 있으며, '~습니까'의 형태 구성에는 그 두 요소 외에 다른 문법 요소까지 관여하고 있다. 의문어미 '~ㄴ가'와 '~습니까'의 형태 구성에는 청자높임소와 문장종결소가 모두 관여하기 때문에 형태상으로 유표형이라 할 수 있으나, 의문어미 '~니'의 형태 구성에는 문장종결소만 관여하고 청자높임소는 관여하지 않으므로 무표형이라 할 수 있다. 따라서 무표형으로 분류될 수 있는 종결어미는 형태상으로 그 구성이 단순하여 문법 기능이나 의미 기능도 그 형태에 따라 단순할 수밖에 없다. 실제로 의문어미 '~니'의 형태에는 청자높임소가 관여하지 않기 때문에, 서술어의 끝에 결합하여 문장을 끝맺는 기능을 수행하지만 청자를 높여서 예우하는 기능을 수행하지는 않는다.

  의문어미의 경우에도 서술어미의 경우와 마찬가지로 (2)에서 살펴본 바, 의문어미의 형태 구성이 단순하면 그 형태에 의해 실현되는 문법 기능과 의미 기능도 단순하고, 의문어미의 형태 구성이 복잡하면 그 형태에 의해 실현되는 문법 기능과 의미 기능도 그에 따라 다양하게 드러난다. 여기에서도 의문어미의 문법 기능과 의미 기능을 분석하기 전에 그 의문어미의 형태 구조의 분석이 선행되어야 함이 분명하게 드러난다.

1.3 명령어미의 형태

명령어미로 사용되는 여러 형태 중에서 자주 접하는 몇 가지의 형태를 여기에서 먼저 살펴보기로 한다.

    (3) ㄱ. 이 책을 읽어라.
        ㄴ. 이 책을 읽게.
        ㄷ. 이 책을 읽으십시오.

명령어미라 할 수 있고, (3ㄱ)의 '~어라'는 무표형의 명령어미라 할 수 있다. (3ㄱ)의 서술어에 결합된 명령어미 '~어라'의 형태에는 문장을 끝맺는 기능을 수행하는 문장종결소는 관여하고 있으나, 청자를 높여서 예우하는 청자높임소는 관여하고 있지 않다. 하지만 (3ㄴ)의 명령어미 '~게'와 (3ㄷ)의 명령어미 '~습시오'의 형태에는 문장종결소와 청자높임소가 모두 관여하고 있어서, 이들 형태에 의해 실현되는 문법 기능은 (3ㄱ)의 '~어라'에 의해 실현되는 문법 기능에 비해 상대적으로 더 복잡하다고 할 수 있다.

1.4 청유어미의 형태

청유어미의 형태 중에서 흔히 접하는 몇 가지를 우선 (4)에서 살펴보기로 한다.

    (4) ㄱ. 이 책을 읽자.
        ㄴ. 이 책을 읽세.
        ㄷ. 이 책을 읽읍시다.

(47ㄱ)의 청유어미 '~자'의 형태에는 문장을 끝맺는 기능을 수행하는 문장종결소는 관여하지만, 청자를 높여서 예우하는 청자높임소는 관여하지 않는다. 그러나 (4ㄴ)의 '~세'와 (4ㄷ)의 '~읍시다'의 형태에는 문장종결소와 청자높임소가 모두 관여하고 있다. 청자높임소가 관여하지 않는 청유어미의 형태 '~자'는 형태상으로 무표형이라 할 수 있고, 문장종결소와 청자높임소가 모두 관여하는 청유어미 '~세'와 '~읍시다'는 형태상으로 유표형이라 할 수 있다. 형태상으로 유표형에 속하는 '~세'와 '~읍시다'는 청자에 대해 높여서 예우하는 기능과 문장을 끝맺는 기능을 동시에 갖는다. 그러나 무표형에 속하는 청유어미 '~자'는 문장을 끝맺는 기능은 가지고 있으나, 청자를 높여서 예우하는 기능을 갖지 않는다. 청유어미 '~자'의 문법 기능이 '~세'와 '~읍시다'에 비하여 상대적으로 단순한 것은, 그 원인이 '~자'의 형태 구성과 관련되어 있다. 내적 구성이 다양한 요소에 의해 짜여져 있는 문법 형태를 단순한 요소에 의해 짜여져 있는 문법 형태와 비교해 보면, 그들 형태에 의해 실현되는 문법 기능에서도 차이가 난다. 즉 종결어미의 형태 구성이 단순하면 그 형태에 의해 실현되는 기능도 단순하고, 형태 구성이 복잡하면 그것의 문법 기능도 상대적으로 더 복잡하다는 것이다.

2. 종결어미의 형태 분석

2.1 종결어미의 어미구조체

국어 종결어미의 형태를 이루는 요소의 구성체를 어미구조체라 부른다.3) 종결어미의 형태를 이루는 어미구조체는 단일한 요소로 구성된 경우

---

3) 서태룡(1988:9~11)에서는 어미구조체를 형태 분석의 방법으로 그 구성 요소를 확인할 수 있는 복합어미라 하고, 이것은 공시론적인 분포와 기능만으로 분석할

도 있고, 둘 이상의 요소로 구성된 경우도 있다. 둘 이상의 요소로 구성된 어미구조체에 의해 이루어진 종결어미의 형태는 그 구성 요소를 추출하기 위해 재분석의 방법이 필요하다. 재분석(reanalysis)은 둘 이상의 구성 요소에 의해 재구조화[4]한 종결어미의 형태를 재구조화하기 이전의 본디 요소로 다시 분석하는 것을 말한다.

Langacker(1977:58)에서는 재분석을 '표층표시의 직접적 혹은 내재적 수정과 관련되지 않는 표현들의 군이나 표현의 구조에 있어서의 변화'라고 구체적으로 정의하였다.[5] 그리고 Hopper & Traugott(1993:32)에서는 재분석과 유추를 문법화의 두 기제라 하고, 재분석은 그것이 의미적이든, 통사적이든, 혹은 형태론적이든 기저 표상을 수정하고 규칙변화를 초래하는 반면, 유추는 언어 내부에서 규칙 변화를 하지 않는다고 설명하였다.

그러면 재구조화와 재분석의 개념을 되도록이면 쉽게 이해하기 위해 아래 (1)의 서술어미와 의문어미 형태에 대한 분석을 통해 살펴보기로 한다.

    (1) ㄱ. '~습니다' → '습+느+이+다'
       ㄴ. '~습니까' → '습+느+이+까'

(1ㄱ)에서는 서술어미 '~습니다'의 형태를 재분석하였고, (1ㄴ)에서는 의

수 있는 것으로 보았다. 그리고 서태룡은 통시론적 재구조화의 결과로 공시론적인 분포와 기능만으로 분석하지 못하는 통합형어미가 있다고 하여 어미구조체와 구별하였으나, 이 글에서는 그 두 가지를 포괄하여 종결어미의 형태를 이루는 요소의 구성체를 모두 어미구조체라 부르기로 한다.

4) 재구조화는 둘 이상의 요소가 하나의 단위 형태로 통합되는 현상을 말한다. 서태룡(1988:10)에서는 재구조화를 둘 이상의 구성 요소가 하나의 단위처럼 인식되는 통합형을 구성하는 개념이라 하고, 재분석은 재구조화된 통합형을 다시 그 구성 요소로 분석하여 그 형태와 의미의 결합으로 설명하는 개념이라 하였다. 재분석과 재구조화에 대해서는 그 밖에 Langacker(1972, 1977), Lightfoot(1979, 1988), Manzini(1983), Hopper & Traugott(1993) 등을 참조..

5) 김은일 · 박기성 · 채영희(1999:53).

문어미 '~습니까'의 형태를 재분석하였다. 화살표를 중심으로 볼 때, 왼쪽의 형태 '~습니다'와 '~습니까'가 오른쪽의 어미구조체로 분석되는 것은 재분석에 의한 결과이고, 오른쪽의 어미구조체가 왼쪽의 종결어미 형태로 통합되는 현상은 재구조화의 결과이다. 서술어미 '~습니다'와 의문어미 '~습니까'는 아주 다른 종결어미의 형태로 생각하기 쉽다. 그러나 (1)과 같이 두 형태의 재분석을 통해 '~습니다'와 '~습니까'의 형태를 이루는 어미구조체를 서로 비교해 보면, 3가지의 구성 요소가 동일하고 한 가지의 요소만 다를 뿐이다. 즉 청자높임소 '~습~', '~이~'와 직설의 서법소 '~느~'는 두 형태의 어미구조체에 관여하는 공통적인 요소이고, 문장종결소 '~다'와 '~까'만이 서로 다른 요소로 관여한다. 그러니까 '~습니다'와 '~습니까'의 형태에는 문장종결소 '~다'와 '~까'가 두 형태의 시차적인 자질로 작용하여, 전자의 형태는 서술어미로 기능하고 후자의 형태는 의문어미로 기능하게 된다. 흔히 '~습니다'의 형태 전체가 서술 기능을 수행하고 '~습니까'의 형태 전체가 의문 기능을 수행하는 것으로 생각하기 쉬우나, 그 두 형태를 (1)과 같이 재분석함으로써 그런 것이 아니라는 사실을 실증하게 된다.

요컨대 종결어미의 형태를 이루는 어미구조체를 정밀하게 재분석하여 얻을 수 있는 정보는 다음과 같이 정리할 수 있다. 즉 그 어미구조체의 구성 요소 모두가 문장을 끝맺는 기능에 관여하는 것이 아니고, 구성 요소 중의 어느 한 개의 요소에 의해 문장을 끝맺으며 나머지 요소는 그것과 다른 문법 기능을 수행한다는 것이다.

다음에는 명령어미와 청유어미의 형태를 (2)에서 살펴보기로 한다.

    (2) ㄱ. '~습시오' → '습+사+이+오'
       ㄴ. '~습시다' → '습+사+이+다'

　(2)에서는 명령어미 '~습시오'의 형태와 청유어미 '~습시다'의 형태를 재분석하여 그 두 형태의 어미구조체를 추출하였다. 이 두 형태의 어미구조체를 살펴보면, 청자높임소 '~습~', '~이~'와 청유의 서법소 '~사~'[6]는 공통적인 요소로 관여하고 있는 반면, 문장종결소 '~오'와 '~다'는 서로 달리 관여하고 있다. 여기에서도 3가지의 공통 요소인 청자높임소 '~습~'과 '~이~' 그리고 청유의 서법소 '~사~'가 두 형태에 모두 관여하며, 오직 한 요소만 서로 달리 관여하고 있을 뿐이다. 다시 말하면 종결어미 '~습시오'와 '~습시다'의 형태에는 한 개의 다른 요소가 시차적인 자질로 작용하여 전자는 명령어미로 기능하고 후자는 청유어미로 기능한다.

　그런데 명령어미 '~습시오'와 청유어미 '~습시다'의 형태에 청유의 서법소 '~사~'가 공통으로 관여하는 사실에 주목할 필요가 있다. 명령법과 청유법은 모두 화자가 행동을 요구하는 마침법이다. 명령법은 청자에게 어떤 행동을 수행할 것을 요구하지만, 청유법은 청자에게 화자와 함께 어떤 행동을 수행할 것을 요구한다.[7] 따라서 이 두 마침법은 행동을 수행할 것을 요구하는 자질면에서 공통점을 가지고 있다고 하겠다. 한편 Lyons(1977:745)에서는 3가지의 주요 문형으로 서술문, 의문문, 명령문을 들고 있는데, 이것은 문장을 통해 화자가 청자에게 행동 수행을 동일하게 요구하는 관점에서 청유문을 명령문에 포괄하고 있는 것이다. 그러나 국어의 경우 (2)에서 명령어미 '~습시오'와 청유어미 '~습시다'의 형태를 이루는 어미구조체를 분석한 바, 두 형태에 공통으로 관여하는 문법 요소 '~사~'는 분명 청유의 서법소이다. 그렇다면 국어에서는 Lyons(1977)의 논의와는 달리 명령법이 청유법에 포괄될 수 있는 형태론적 층위의 근거가 있다고 해

---

6) 청유의 서법소 '~사~'는 15세기 국어의 청유 서법소에까지 소급하는 문법소인데, 이것에 대해서는 허웅(1975), 김충회(1977), 임홍빈(1985) 등을 참조.

7) 마침법의 하위 범주에 대한 분류 기준에 대해서는 최현배(1971), 남기심(1973), 허웅(1983), 권재일(1992), 김태엽(1994), Lyons(1968, 1977) 등을 참조..

야 할 것이다.

그러나 국어의 마침법에서 명령법을 청유법에 포함시킨 논의는 아직 살펴보지 못했다. 하지만 (2)의 분석에서 보는 것과 같이 '~습시오'와 '~습시다'는 형태론적 분석의 결과를 토대로 분류하면, 이 두 형태는 청유법으로 포괄될 수 있는 가능성이 충분하다는 것을 밝혀 두고자 한다. 그렇지만 우리는 여기에서 (27)의 '~습시오'의 형태를 청유어미로 분류하지 않고, 이 형태를 이루는 요소의 구성체인 어미구조체에 관여하는 문장종결소 '~오'의 시킴 자질에 따라 '~습시오'는 청자에게 행동 수행할 것을 높여서 예우하며 요구하는 명령어미의 형태로 처리한다.

한편 (1)의 서술어미 '~습니다'와 (2)의 청유어미 '~습시다'의 형태를 이루는 어미구조체에는 모든 구성 요소가 두 형태에 동일하게 관여하나, 다만 '~습니다'의 형태에는 '~느~'가 관여하고 '~습시다'의 형태에는 '~사~'가 관여하는 차이가 있을 따름이다. '~습니다'와 '~습시다'의 형태는 문장을 끝맺는 기능을 수행하는 문장종결소 '~다'는 동일하게 관여하지만, 후자의 형태에는 청유의 서법소'~사~'가 관여하는 까닭에 '~습시다'의 형태는 청유어미로 기능한다. 거의 대부분의 종결어미 형태는 그것을 이루는 어미구조체에 관여하는 형태론적 문장종결소에 의해 마침법의 유형이 결정되는데, 청유어미 '~습시다'의 형태는 문장종결소가 아닌 다른 요소에 의해 마침법이 결정되는 특이함을 보여준다. 종결어미 '~습시다'의 형태를 이루는 어미구조체 '습+사+이+다'에서 '~사~'의 청유 서법소의 기능에 의해 이 형태가 청유법을 실현하는데, 문장종결소 '~다'에만 의존하면 이 형태는 서술법을 실현하는 것으로 분류할 수도 있다. 그러나 '~습시다'의 형태 구성에 관여하는 청유의 서법소 '~사~'의 의미 기능을 따라서 '~습시다'는 청유어미로 처리한다.

2.2 어미구조체와 문장종결소

　종결어미의 형태를 이루는 어미구조체에는 단일 요소가 관여하기도 하지만, 둘 이상의 요소가 관여하는 경우가 많다. 종결어미의 어미구조체의 구성 요소에는 필수적으로 문장종결소가 관여하는데, 그것은 문장종결소의 관여없이는 문장을 끝맺는 기능을 수행하지 못하기 때문이다. 문장종결소에 따라서는 유형의 문장종결소로 관여하기도 하고 무형의 문장종결소로 관여하기도 한다. 종결어미의 어미구조체에 관여하는 문장종결소는 유형의 문장종결소로든 무형의 문장종결소로든 반드시 관여하는데, 종결어미가 마침법을 실현하는 것은 그 형태를 이루는 어미구조체에 관여하는 문장종결소의 기능에 의한 결과이다. 따라서 어떤 어말어미의 형태이든 그것이 문장을 끝맺는 종결어미로 기능하기 위해서는 그 형태를 이루는 어미구조체에 반드시 문장종결소가 관여하지 않으면 안 된다.

　종결어미의 형태에 관여하는 문장종결소는 유형으로 관여하는 형태론적 문장종결소와 무형으로 관여하는 음운론적 문장종결소가 있다. 형태론적 문장종결소는 그 종결어미의 어미구조체를 이루는 구성 요소로 분석될 수 있는 형태 요소이고, 음운론적 문장종결소는 그 종결어미의 어미구조체를 이루는 구성 요소로 분석될 수 있는 형태 요소가 아니다. 국어의 종결어미 형태에는 유형의 문장종결소가 관여하는 경우가 일반적이다. 그러나 종결어미의 형태 목록에는 본디 다른 문법 기능을 수행하던 형태가 종결어미로 기능이 바뀐 것들이 꽤 있는데, 그런 종결어미의 형태를 이루는 어미구조체에서는 형태론적 문장종결소의 분석이 불가능하다.

　아래 (1)에서 형태론적 문장종결소의 분석이 불가능한 종결어미의 형태를 몇 가지 살펴보기로 한다.

(1) ㄱ. '~는데'
    ㄴ. '~거든'
    ㄷ. '~니까'

  (1)에 열거한 어말어미의 형태는 연결어미로 기능하기도 하고 종결어미
로 기능하기도 하는데, 이들 어말어미의 형태는 본디 연결어미로 기능하다
가 기능이 전용되어 종결어미로도 기능하는 것들이다.[8]

(2) ㄱ. 비가 오는데 어디에 가니?
    ㄴ. 비가 그치거든 집에 가거라.
    ㄷ. 비가 오니까 우산을 준비하여라.

(3) ㄱ. 비가 오는데.
    ㄴ. 비가 그치거든.
    ㄷ. 비가 오니까.

  (2)의 문장에서는 (1)의 형태가 모두 연결어미로 기능하고 있지만, (3)의
문장에서는 (1)에 열거한 형태가 모두 종결어미로 기능한다. 이와 같이 연
결어미에서 기능이 전용되어 종결어미로 기능하는 형태에 대해서는 재분
석의 방법을 적용하더라도 유형의 문장종결소를 분석해내기가 어렵다. 왜
냐하면 이들 형태는 공시적으로 연결어미와 종결어미의 두 기능을 모두 수
행하는 문법 형태이기 때문에, 어느 한 가지 문법 기능인 형태론적인 문장
종결소의 분석이 사실상으로 불가능하다. 이러한 어말어미의 형태는 연결
어미로 기능할 때와 종결어미로 기능할 경우에 따라 아무런 형태론적인 변
화가 없다. 그러므로 유형의 문장종결소를 이들 어말어미의 형태에서 분석

---

8) 김태엽(2000)에서는 연결어미가 종결어미로 기능이 전용되는 현상을 분화 원리에
   따른 문법화로 설명한 바 있다.

할 수 없는 것이 오히려 당연하다. 동일한 형태가 서로 환경을 달리하여 다른 문법적 기능을 수행할 경우에는 그 형태에 적용되는 변인(parameter)의 차이가 있을 수 있는데, 그 변인이 형태론적 층위일 수 없다.

(1)에 제시된 '~는데', '~거든', '~니까'의 형태가 연결어미로 기능할 경우와 종결어미로 기능할 경우에 그 형태를 이루는 어미구조체의 구성 요소에 서로 차이가 없는 것은, 형태론적 층위에서는 그 두 경우의 차이를 찾아낼 수 없다는 뜻이다. 연결법을 실현하는 '~는데', '~거든', '~니까' 등의 형태와 마침법을 실현하는 '~는데', '~거든', '~니까' 등의 형태에서 차이가 없더라도, 음운론적 층위에서는 차이가 존재한다. 만약 아무런 차이가 없다면 두 문법 범주로 구별이 불가능할 것이다. 이들 형태가 연결어미로 기능할 경우에는 마지막 요소에 이어짐의 수행~억양이 얹히지만, 종결어미로 기능할 경우에는 그 형태의 마지막 요소에 끊어짐의 수행~억양이 얹힌다. 그러니까 종결어미로 기능하는 문제의 형태들에는 끊어짐의 수행~억양이 얹힘으로써 문장종결소와 동일한 기능을 수행하게 된다. 이 경우에 끊어짐의 수행~억양은 곧 문장을 끝맺는 문장종결소이다. 이것은 형태적으로 분석되지 않지 않지만, 문장을 끝맺는 기능 수행에 있어서는 유형의 문장종결소와 차이가 없다. 이와 같이 문장을 끝맺는 기능을 수행하면서도 형태를 갖추지 않은 수행~억양을 우리는 무형의 문장종결소라 하기도 하고 음운론적 문장종결소라 부르기도 한다.

따라서 그 문법적 기능 전용에 의해 종결어미로 기능하는 문법 형태에 대해서는 일반적인 종결어미의 형태와는 다른 관점에서 문장종결소를 분석해야 한다. 어떤 문법 형태에 끊어짐의 수행~억양이 얹힘으로써 종결어미로 기능하는 형태에 대해서는 형태론적 층위의 문장종결소를 분석하지 못하고 음운론적 층위의 문장종결소가 분석될 수 있는 것으로 보면 된다. 요컨대 그것이 종결어미로 기능하는 문법 형태의 경우에는 어떤 유형의 문장종결소이든 거기에는 반드시 문장을 끝맺는 요소가 관여해야 한다는 것이다. 그렇지 않으면 그 형태는 종결어미의 기능을 획득할 수 없기 때문이다.

2.3 어미구조체의 구성

종결어미의 형태를 이루는 어미구조체는 여러 가지 구성 요소가 관여한
다. 그 어미구조체에 관여하는 여러 구성 요소가 종결어미의 형태로 정착
되는 현상을 앞에서 재구조화라 하였고, 그렇게 재구조화된 종결어미의 형
태를 본디 구성 요소의 결합체인 어미구조체로 환원하는 과정을 재분석이
라 하였다. 종결어미의 형태를 이루는 어미구조체는 단순한 구성 요소로
짜여진 것이 보편적으로 많이 존재하고 있으나, 어떤 종결어미의 어미구조
체는 매우 복잡하게 여러 구성 요소에 의해 짜여진 것도 많이 존재하고 있
다. 전자에 해당하는 종결어미의 형태는 굳이 재분석의 방법을 적용하지
않더라도 그 형태의 어미구조체가 비교적 쉽게 드러나지만, 후자에 해당하
는 종결어미의 형태는 대개의 경우에는 재분석의 방법을 적용함으로써 그
형태를 이루는 어미구조체가 구체적으로 드러나게 된다.

그리고 어떤 종결어미의 경우에는 본디 다른 문법적 기능을 수행하던
형태가 종결어미로 기능이 전용된 문법 형태도 있는데, 그런 종결어미의
형태는 비록 재분석의 방법을 적용하더라도 그 형태의 어미구조체가 특별
한 의미를 가지지 못한다.9)

예컨대 2.2의 (1)에 제시된 '~는데', '~거든', '~니까' 등의 문법 형태들
은 공시적으로 연결법과 마침법의 두 문법 범주를 실현하고 있기 때문에,
이들 형태를 이루는 어미구조체를 정밀하게 분석한다고 하더라도 다른 일
반적인 종결어미의 형태를 재분석하여 추출해낸 어미구조체와는그 가치가
다르다. 즉 일반적인 종결어미의 형태를 이루는 어미구조체의 구성 요소에
는 마침법을 실현하는 문장종결소가 주로 형태론적 층위에서 관여하지만,
본디 다른 문법 기능을 수행하던 형태가 그 기능이 전용되어 마침법을 실

---

9) 여기서 특별한 의미란 종결어미의 기능에 대한 문법적 정보와의 관련성을 말한다.

현하는 종결어미의 형태에서는 형태론적 층위의 문장종결소가 분석되지 않는다.

공시적으로 그 문법 기능의 전용에 의해 종결어미의 기능을 획득하게 된 '~는데', '~거든', '~니까'와 같은 형태에는 형태론적 층위의 문장종결소가 관여하지 않는 대신 음운론적 층위의 문장종결소가 관여한다. 따라서 어떤 문법 형태가 종결어미로 기능하게 되면, 그 형태에는 형태론적 층위에서든 음운론적 층위에서든 반드시 문장종결소가 관여한다. 그렇지 않으면 그 형태가 문장을 끝맺는 기능을 수행할 수 없기 때문이다.

종결어미의 형태를 이루는 어미구조체에는 단일한 구성 요소가 관여하기도 하지만, 여러 가지 구성 요소가 관여하는 경우도 많이 드러난다. 그러므로 종결어미의 형태를 이루는 어미구조체의 구성은 단순한 구조로 짜여진 형태와 복합적인 구조로 짜여진 형태가 공존하고 있는 것으로 보는 태도가 바람직하다. 종결어미의 형태를 이루는 어미구조체의 구성에 관여하는 문장종결소를 여기에서는 편의상 'T'로 나타내고, 청자를 높여서 예우하는 구성 요소를 'S'로 나타내며, 그 밖의 구성 요소는 'X'로 나타내기로 한다. 문장을 끝맺는 기능을 수행하는 문장종결소를 'T'로 나타내는 것은 이 'T'가 'sentence type'와 같은 의미를 대신하는 뜻을 가지며, 청자를 높여서 예우하는 구성 요소인 청자높임소를 'S'로 나타내는 것은 이것이 'speech level'과 같은 의미를 대신하는 뜻을 가진다. 그리고 그 밖의 구성 요소[10]는 문장종결소와 청자높임소 이외의 구성 요소를 가리키는데, 실제로 그 두 요소 외에 여러 가지의 구성 요소 나타날 수 있다는 뜻으로 'X'로 나타내었다.

국어 종결어미의 형태를 이루는 어미구조체의 구성 요소에 대한 부호를 위와 같이 붙이면, 그 어미구조체의 일반적인 구성은 아래 (1)과 같이 나타낼 수 있다.

---

10) 여기서 그 밖의 요소란 청자높임소가 아닌 다른 선어말어미인 경우가 많다.

(1) 어미구조체의 구성 : 'X + S + T'

(1)과 같은 어미구조체의 일반적인 구성은, 그 어미구조체의 재구조화에 의해 이루어지는 종결어미의 형태에 따라 몇 가지 유형으로 나뉘어질 수 있다. 즉 어떤 종결어미의 형태는 그 어미구조체에 청자높임소가 관여하지 않기도 하고, 또 어떤 종결어미의 형태에는 그 어미구조체에 문장종결소가 명시적으로 관여하지 않는 경우도 있다. 또다른 어떤 종결어미의 형태에는 그 어미구조체에 문장종결소와 청자높임소는 관여하지만 다른 요소가 관여하지 않기도 한다. 그러니까 종결어미의 형태에 따라서 어떤 형태는 (1)에 제시된 구성 요소가 모두 갖추어진 경우도 있고, 부분적으로 갖추어진 경우도 있다. 하지만 어떤 종결어미의 형태에도 문장을 끝맺는 기능을 담당하는 문장종결소는 반드시 그 어미구조체의 구성 요소로 관여한다. 형태론적 문장종결소이든 음운론적 문장종결소이든 어떤 방법으로든 문장종결소가 종결어미의 형태를 이루는 어미구조체의 구성 요소로 관여하지 않으면, 그 형태는 마침법을 실현하지 못하므로 종결어미가 될 수 없는 것이다.

(1)에 제시된 어미구조체의 일반적인 구성에 따라 종결어미의 형태를 이루는 어미구조체의 유형을 나누면 (2)와 같이 나타낼 수 있다.[11]

(2) ㄱ. 'X + S + T'
　　ㄴ. 'Ø + S + T'
　　ㄷ. 'X + Ø + T'
　　ㄹ. 'X + S + Ø'
　　ㅁ. 'Ø + Ø + T'
　　ㅂ. 'Ø + S + Ø'

---

11) 종결어미의 형태를 이루는 어미구조체를 이렇게 분석할 수 있는 것은 15세기 국어에서 문장종결소와 청자높임소가 분리되어 존재한 사실을 감안했기 때문이다. 국어 종결어미의 형태 유형에 대해서는 김태엽(1997)을 참조..

(2ㄱ)은 그 종결어미의 형태를 이루는 어미구조체의 구성 요소에 문장종결소와 청자높임소 그리고 그 밖의 구성 요소까지 관여하고 있는 어미구조체의 유형을 나타내고, (2ㄴ)은 종결어미의 형태를 이루는 어미구조체에 문장종결소와 청자높임소만 관여하고 있는 어미구조체의 유형을 나타내며, (2ㄷ)은 종결어미의 형태를 이루는 어미구조체에 청자높임소는 관여하지 않고 문장종결소와 그 밖의 구성 요소가 관여하는 어미구조체의 유형을 나타낸다. 그리고 (2ㄹ)은 그 종결어미의 형태를 이루는 어미구조체에 청자높임소와 그 밖의 요소는 관여하나 본디 문장종결소가 명시적으로 관여하지 않은 어미구조체의 유형을 나타내며,(2ㅁ)은 청자높임소와 그 밖의 요소는 관여하지 않고 문장종결소만 관여하는 어미구조체의 유형을 나타낸다. 마지막 (2ㅂ)은 (2ㄹ)과 마찬가지로 본디는 문장종결소가 명시적으로 관여하지 않지만, 청자높임소가 문장종결소의 기능을 함께 수행하는 기능 변동에 의해 종결어미의 형태로 정착되는 어미구조체의 유형을 나타낸다.

(2)는 종결어미의 형태를 이루는 어미구조체의 유형을 일반화하여 나타낸 것인데, 모든 종결어미의 형태가 반드시 이들 유형에 포괄된다고는 할 수 없다. 앞에서 이미 언급하였듯이, 다른 문법적 기능을 수행하던 문법 형태가 종결어미로 기능이 전용된 경우에는 (2)와 같은 유형으로 나타내기 어려운 점이 있다. 왜냐하면 설령 그 형태를 이루는 어미구조체를 분석한다고 하더라도 해당 종결어미의 문법 정보에 제공할 수 있는 유의미적인 가치를 갖지 못하기 때문이다.

아래 (3)에서는 종결어미의 형태를 이루는 어미구조체의 유형을 나타낸 (2)에 해당하는 종결어미의 형태를 몇 가지씩 살펴보기로 한다.

    (3) ㄱ. '~습니다', '~습니까'
        ㄴ. '~ㄴ가', '~는가'
        ㄷ. '~ㄴ다/는다', '~느냐'

ㄹ. '~게', '~네'
ㅁ. '~다', '~자'
ㅂ. '~오', '~이'

(2)에 제시한 어미구조체의 각 유형에 해당하는 종결어미의 형태 목록을 (3)에서 간단하게 몇 가지 형태를 열거하였는데, 다음에는 그 각각의 형태에 대해 하나씩 살펴보기로 한다.

2.3.1 'X+S+T'의 구조

종결어미의 형태를 이루는 어미구조체 중에서, 이 구조에 해당하는 어미구조체는 문장종결소와 청자높임소 그리고 그 밖의 구성 요소까지 모두 갖추어진 양상을 나타낸다. (27)이 이것에 해당하는 구조의 어미구조체를 나타낸 것인데, 이러한 유형으로 짜여진 어미구조체의 재구조화에 의해 이루어진 종결어미에는 (37)과 같은 형태가 있다.

(37)의 '~습니다'와 '~습니까'는 (27)의 어미구조체에 해당하는 종결어미의 형태인데, 이 두 형태에는 문장종결소 '~다', '~까'와 청자높임소 '~습~', '~이~' 그리고 직설의 서법소 '~느~'가 각각 관여하고 있다. (37)에 제시된 종결어미의 형태를 이루는 어미구조체의 구성 요소를 분석하면, 거기에는 청자를 높여서 예우하는 문법 기능을 수행하는 구성 요소가 두 가지나 결합되어 있음이 드러난다. 종결어미의 기능을 다루는 장에서 자세하게 살펴보겠지만, 이 유형에 속하는 어미구조체가 재구조화하여 형성된 종결어미 '~습니다', '~습니까', '~습시오', '~습시다' 등의 형태들은 모두 아주 높임법을 실현한다. 이들 형태가 동일하게 아주높임법을 실현하는 까닭은, 아주 높임법을 실현하는 종결어미의 형태를 이루는 어미구조체의 구성 요소에 청자를 높여서 예우하는 문법 요소인 청자높임소가 두 가지나 관여하기 때문이다. 이러한 사실은 종결어미의 형태를 정밀하게

분석함으로써 얻어지는 형태론적 층위의 문법 정보가 그 종결어미의 문법 기능을 기술하고 설명하는 데 유용하게 활용될 수 있음을 구체적으로 보여 주는 근거가 된다.

2.3.2 'Ø+S+T'의 구조

이 구조에 해당하는 종결어미의 형태를 이루는 어미구조체에는 문장종 결소와 청자높임소가 관여하는 반면, 그 밖의 구성 요소는 관여하지 않으 며 이 어미구조체를 가진 형태 목록의 숫자가 그리 많지 않은 편이다.

(3ㄴ)에 열거한 '~ㄴ가'와 '~는가'는 (2ㄴ)에 해당하는 종결어미의 형태 이다. '~ㄴ가'는 의문어미로 기능하는 형태로서 문장종결소 '~가'와 청자 높임소 '~ㄴ'이 어미구조체에 관여하고 다른 요소는 관여하지 않으며, '~ 는가'는 선접되는 용언의 의미 특성에 따라 '~ㄴ가'와 상보적으로 분포하 므로 이 어미구조체의 유형에 속하는 것으로 처리하였다.[12]

여기에서 의문어미 '~ㄴ가'의 형태에서 분리할 수 있는 '~ㄴ~'이 과 연 청자를 높여서 예우하는 문법 요소인가에 대한 문제가 제기될 수 있다. 의문어미 '~ㄴ가'[13]의 형태에서 분석될 수 있는 '~ㄴ~'과 (3ㄷ)의 '~ㄴ 다'에서 분석될 수 있는 '~ㄴ~'은 음성 형태는 동일함에도 불구하고, 그 것에 의한 기능의 수행이라는 측면에서는 근본적으로 차이가 있다는 사실 을 분명하게 해 둬야겠다.

아래의 문장 (4)를 살펴보기로 한다.

---

12) '~ㄴ가'와 '~는가'를 이 어미구조체에 해당하는 종결어미로 처리하였다. 그런 데 '~는가'가 엄격하게는 'X+S+T'의 어미구조체로 분석될 수 있으나, 이 두 형 태가 선접되는 용언의 종류에 따라 상보적으로 선택되는 사실에 주목하여 '~ㄴ 가'로 대표될 수 있다고 보고 '~는가'를 이 구조에 포함시켰다.

13) 15세기 국어의 문헌 자료에는 '~ㄴ가'와 함께 '~ㅁ가'도 존재했음을 이승욱 (1973:253)에서 지적하였으며, 한편 Ramstedt(1939:180)에서는 '~ㄴ가'의 '~ㄴ~' 을 관형사형어미로 처리한 바 있다.

(4) ㄱ. 이것이 자네 책인가?
 ㄴ. 자네는 그 떡을 다 먹었는가?
 ㄷ. 그 산은 얼마나 높은가?

(4)의 서술어 '책인가', '먹었는가', '높은가'는 형태 구성의 측면에서 각각 '책+이+ㄴ 가', '먹+었+느+ㄴ +가', '높+은+ㄴ +가'의 구성을 이룬다. (4)에 제시된 세 개의 문장은 모두 청자에 대해 약간 높여서 예우하는 청자높임법을 실현하는데, 그것은 각 서술어에 결합되어 있는 의문어미 '~ㄴ 가'의 형태 구성에 의한 기능 때문이다. 다시 말하면 (4)의 각 문장에 결합된 의문어미 '~ㄴ 가'의 형태를 이루는 어미구조체의 구성 요소로 '~ㄴ ~'이 관여하고 있는 사실 이외의 이유를 찾아낼 수 없다는 것이다.

하지만 서술어미 '~ㄴ 다'가 결합된 (5)의 문장에서는 '~ㄴ 가'가 결합된 (4)의 경우와는 달리 청자를 약간 높여서 예우하는 청자높임법이 실현되지 않는 양상을 보이는데, 이것은 서술어미 '~ㄴ 다'와 의문어미 '~ㄴ 가'의 형태에서 분리할 수 있는 '~ㄴ ~'의 기능이 서로 같지 않음을 자연스럽게 드러내 준다.

그러면 문장 (5)를 살펴보기로 한다.

(5) ㄱ. 비가 많이 온다.
 ㄴ. 철수가 떡을 먹는다.
 ㄷ. 영희가 책을 빨리 읽는다.

(5)의 각 문장 서술어 '온다', '먹는다', '읽는다'는 각각 '오+ㄴ +다', '먹+는+다', '읽+는+다'의 형태 구성을 이룬다. (5ㄱ)의 서술어에 결합된 서술어미 '~ㄴ 다'의 형태에서 분리할 수 있는 '~ㄴ ~'은 (5ㄴ)과 (5ㄷ)의 서술어 '먹는다'와 '읽는다'에서 분리할 수 있는 '~는~'과 서로 교체관계에

있다. 누구나 잘 아는 바와 같이 모음으로 끝나는 어간 뒤에서는 '~ㄴ~'
이 선택되고 자음으로 끝나는 어간 뒤에서는 '~는~'이 선택되는 상보적
분포 양상을 나타낸다. 이 점에서도 (4)의 각 문장에 결합된 의문어미 '~ㄴ
가', '~는가', '~은가' 등이 선택되는 조건과 차이가 있다.

그리고 (4)의 서술어에 결합된 의문어미 '~ㄴ가'의 '~ㄴ~'은 (57)의
서술어에 결합된 서술어미 '~ㄴ다'의 '~ㄴ~'과 기능 수행면에서 다르다.
(4ㄴ)의 서술어 어간과 (4ㄷ)의 서술어 어간은 모두 자음으로 끝나지만, (4
ㄴ)에는 '~는가'가 선택되고 (4ㄷ)에는 '~은가'가 선택되었다.[14] 이것은
곧 의문어미 '~ㄴ가'의 형태에서 분리할 수 있는 '~ㄴ~'이 단일 요소인
반면, '~는가'에서 분리할 수 있는 '~는~'은 단일 요소가 아니라는 점을
분명하게 보여주는 것이다. 즉 '~ㄴ가'의 형태에서 분리할 수 있는 '~
ㄴ~'은 단일 요소이나 '~는가'의 형태에서 분리할 수 있는 '~는~'은 복
합요소로 보아야 한다. 따라서 (4ㄴ)의 서술어에 결합된 의문어미 '~는가'
와 (4ㄷ)의 서술어에 결합된 의문어미 '~은가'의 형태 구성에서 분리할 수
있는 '~는~'과 '~은'은 직설의 서법소 '~느~'와 고름소리 '~으~'가
각각 청자를 약간 높여서 예우하는 기능을 가진 청자높임소 '~ㄴ~'와 재
분석될 수 있다.[15]

(4)의 서술어에 결합된 '~는가'와 (5)의 서술어에 결합된 '~는다'의 형
태에 관여하는 '~는~'이 동일한 가치를 갖는 문법 요소가 아님은 다른 측
면에서도 드러난다. (5)의 서술어에 결합된 '~는다'의 '~는~'은 현재를

---

14) 의문어미 '~는가'와 '~ㄴ가'의 분포에서 차이가 있다. 예컨대 '꽃이 고운가?',
   '배가 부른가?' 등에서는 '~ㄴ가'가 선택되지만, '비가 오는가?', '바람이 부는
   가?' 등에서는 '~는가'가 선택된다. 모두 모음 밑에 분포하지만, 전자는 형용사
   이고 후자는 동사이다. 이것은 직설의 서법소 '~느~'가 동사에만 결합하고 지
   정사와 형용사에는 결합하지 못하는 제약이 있기 때문이다.
15) 의문어미 '~ㄴ가'의 형태에서 분리할 수 있는 '~ㄴ~'이 청자를 높이는 문법소
   라 할 수 있느냐에 대한 논의는 바로 뒤에서 자세하게 다루기로 한다. 우선 여기
   에서는 잠정적으로 '~ㄴ~'을 청자높임소라 부르기로 하겠다.

나타내는 시제 요소로 볼 수 있으나, (4)의 서술어에 결합된 '~는가'의 '~는~'은 현재를 나타내는 시제 요소로 보기 어려운 점이 없지 않다.

  (6) ㄱ. *이것이 지금 자네 책인가?
      ㄴ. 자네는 지금 그 떡을 다 먹었는가?
      ㄷ. ??그 산은 지금 얼마나 높은가?

  (6)의 모든 문장이 문법적인 문장으로 받아들여지기는 어렵다. (6ㄴ)의 문장은 문법적인 문장으로 자연스럽게 인정할 수 있으나, (6ㄱ)은 전혀 불가능한 문장이고 (6ㄷ)도 아주 어색한 문장으로 판단된다. (6ㄴ)의 경우, 현재의 시제를 나타내는 시간부사 '지금'이 있어서 실제 문장의 의미는 방금 떡을 다 먹은 상태에서 묻는 질문일 수도 있고, 아니면 아직도 먹고 있는 중에 그 떡을 다 먹느냐의 뜻으로 묻는 문장으로 이해되기도 한다. 따라서 (6ㄴ)의 의문어미 '~는가'를 제외하고 (6ㄱ)과 (6ㄷ)의 서술어에 결합된 '~ㄴ가'와 '~은가'의 형태에서 분리할 수 있는 '~ㄴ~'과 '~은~'이 현재를 나타내는 시제 요소라고 단정할 수 없다.
  그러나 (5)의 서술어에 결합된 '~ㄴ다'와 '~는다'의 형태는 (6)의 그것들과는 다른 양상을 드러낸다.
  아래의 문장 (7)을 살펴보기로 한다.

  (7) ㄱ. 비가 지금 많이 온다.
      ㄴ. 철수가 지금 떡을 먹는다.
      ㄷ. 영희가 지금 책을 빨리 읽는다.

  (7)의 각 문장에는 (6)의 경우와 같이 현재를 나타내는 시간부사 '지금'이 사용되고 있으나, 모두 문법적인 문장으로 자연스럽게 받아들여진다. 이 사실은 (7)의 각 문장 끝에 결합된 '~ㄴ다'와 '~는다'의 형태에 관여하는

'~ㄴ~'과 '~는~'이 현재를 나타내는 시제요소가 될 수 있음을 보여주는 것이다.

이상에서 요약할 수 있는 사실은, (6ㄱ)의 서술어에 결합된 '~ㄴ가'와 (7ㄱ)의 서술어에 결합된 '~ㄴ다'에서 분석될 수 있는 '~ㄴ~'이 결국 동일한 문법 요소가 아니라는 것이다. (7ㄱ)의 문장 서술어 '온다'에 결합된 서술어미 '~ㄴ다'의 형태에서 분리할 수 있는 '~ㄴ~'은 시제요소이지만, (6ㄱ)의 서술어에 결합된 의문어미 '~ㄴ가'의 형태에서 분리할 수 있는 '~ㄴ~'은 시제요소라고 판단하기 어렵다. 그렇다면 의문어미 '~ㄴ가'의 형태에서 분리할 수 있는 '~ㄴ~'이 도대체 무슨 기능을 수행하는 요소일까? 앞에서 우리는 의문어미 '~ㄴ가'의 형태에서 분리할 수 있는 '~ㄴ~'을 가리켜서 잠정적으로 청자를 높여서 예우하는 문법 요소로 처리하였다. 왜냐하면 의문어미 '~가'와 '~ㄴ가'의 문법적 기능상의 차이는 청자높임법의 등급이 서로 다른 사실밖에 어떤 차이점도 찾을 수 없기 때문이다.

다시 아래의 문장 (8)를 살펴보기로 한다.

    (8) ㄱ. 너는 그 사실을 아니?
       ㄴ. 자네는 그 사실을 아는가?
       ㄷ. 당신은 그 사실을 아십니까?

(8)은 모두 문장의 주어가 2인칭 대명사이기 때문에 문장의 주체와 청자가 동일인이다. (8ㄱ)의 문장은 청자를 높여서 예우하지 않지만, (8ㄴ)과 (8ㄷ)은 청자를 높여서 예우하는 문장이다. (8ㄱ)에서는 문장의 주체가 '너'로서 화자의 높임 대상이 아니지만, (8ㄴ)의 '자네'와 (8ㄷ)의 '당신'은 화자의 높임 대상이다. (8ㄷ)에서는 높임의 대상인 '당신'이 문장의 주어로 선택되면서 서술어에 주체높임어미 '~시~'[16)]가 결합함으로써 높임법의 일치 현

______

16) 주어가 2인칭 대명사인 문장에서는 문장의 주체와 청자가 동일인이므로, 그때의

상을 보여준다.[17] 그리고 (8ㄴ)에서는 2인칭대명사 '너'의 높임형인 '자네'가 문장의 주어로 선택되었으므로, 서술어에는 그에 호응하는 청자 높임의 문법 요소가 결합해야 정상적인 문장으로 받아들여질 수 있다. 그렇다면 (8ㄴ)의 서술어 '아는가'에 결합된 의문어미의 형태에서 청자를 높여서 예우하는 요소가 분석될 수 있어야 한다. (8ㄴ)의 서술어 '아는가'는 '알+느+ㄴ+가'와 같은 형태소의 분석이 가능하다. '알'은 동사 어간이고 '~느~'는 직설의 서법소이며 '~ㄴ~'은 청자를 높여서 예우하는 청자높임소이다. 그리고 '~가'는 의문의 문장종결소이다. (8ㄴ)의 서술어 '아는가'에 결합된 의문어미 '~는가'에서 분리할 수 있는 '~ㄴ~'에 대해 만약 청자를 높이는 문법 요소로 처리하지 않으면, '~는가'의 형태를 이루는 어미구조체의 구성 요소 중에서 다른 어떤 요소도 그 기능을 수행할 수 없음이 뚜렷이 드러난다. 따라서 우리는 이 글에서 의문어미 '~ㄴ가', '~은가', '~는가' 등의 형태에서 분리할 수 있는 '~ㄴ~'의 문법적 지위를 잠정적으로 청자높임소라 부르기로 한다.

그러면 또 아래의 문장 (9)를 보기로 한다.

(9) ㄱ. 이것은 너의 책이니?
ㄴ. 이것은 자네의 책인가?

(9ㄱ)과 (9ㄴ)의 서술어 '책이니'와 '책인가'는 각각 '책+이+니'와 '책+이+ㄴ+가'와 같은 형태소의 분석이 가능하다. '책'은 명사이고 '~이~'는 지정사 어간이며 '~니'와 '~가'는 의문의 문장종결소인데, 이 문장종결소에 의해 모두 의문어미로 기능한다. 그리고 (9ㄴ)의 서술어 '책인가'에 결합된 의문어미 '~ㄴ가'의 형태에서 분리할 수 있는 '~ㄴ~'은 청자높임소이

'~시~'는 주체높임어미지만 결과적으로는 청자를 높이게 된다.

17) 국어 높임법의 일치 현상에 대해서는 유동석(1994), 김태엽(1999)를 참조.

다. 의문어미의 형태에서 분리할 수 있는 '~ㄴ~'이 관여하는 까닭에, 그러한 의문어미가 서술어에 결합하여 청자를 높여서 예우하는 기능을 수행한다. 그래서 (9ㄴ)의 문장에 2인칭 대명사 '너'의 높임형인 '자네'와 서술어에 결합된 의문어미 '~ㄴ가'가 자연스럽게 서로 호응하는 것이다. 따라서 (9ㄱ)의 문장은 청자에 대해 어떤 높임의 예우도 하지 않는 안높임법[18]이 실현되었지만, (9ㄴ)의 문장에서는 청자에 대해 약간 높여서 예우하는 예사높임법이 실현되었다. 현대 중앙어에서는 의문어미 '~가'와 '~ㄴ가'가 공존하지 않는 관계로, 청자높임소 '~ㄴ~'이 결합되지 않은 '~가'와 '~ㄴ~'이 결합된 '~ㄴ가'와 기능상의 차이를 분명하게 밝혀내기 어렵다. 하지만 현대 경북말에서는 의문어미 '~가'와 '~ㄴ가'가 의문어미로 공존하고 있어서, 이 두 의문어미의 형태 구성의 차이에 의해 청자높임법의 등급이 서로 달리 실현되고 있음을 확인할 수 있다.

아래 (10)에서 '~가'와 '~ㄴ가'가 선택된 문장을 살펴본다.

  (10) ㄱ. 이게 니 책이가?
     ㄴ. 이게 자네 책인가?
     ㄷ. 이게 할배 책인교?

(10)은 경북말에서 자연스럽게 사용되는 문장들이다. (10ㄱ)은 청자에 대해 높여서 예우하는 문장이 아니지만, (10ㄴ)과 (10ㄷ)은 청자를 높여서 예우하는 문장이다.[19] (10ㄱ)의 청자는 '니(너)'이고 (10ㄴ)의 청자는 '자네'이며 (10ㄷ)의 청자는 '할배(할아버지)'일 수도 있고 아니면 높임의 대상인 제

---

18) 여기에서 안높임법은 최현배(1971)에서는 아주낮춤법이라 부른 등급에 해당하는데, 우리의 입장은 국어의 높임법 체계에 낮춤법이 존재하지 않는 것으로 본다. 그 이유에 대한 자세한 논의는 김태엽(1992, 1995, 1999)을 참조하기 바라며, 이 문제에 대해서는 종결어미의 기능을 다루는 장에서 구체적으로 기술하게 된다.
19) 경북말의 높임법에 대해서는 김태엽(1996)을 참조..

3자일 수도 있다. (10ㄱ)은 청자가 높임의 대상이 아닌 '너'이기 때문에 서술어에 결합된 의문어미의 형태에서 청자에 대한 높임의 문법 요소를 따로 분리할 수 없다. 그러나 (10ㄴ)에는 '너'의 높임형 '자네'가 청자이고 (10ㄷ)은 '할아버지' 또는 높임의 대상인 제3자가 청자이므로, 각 문장의 서술어에 결합된 의문어미의 형태에서 화자가 청자를 높여서 예우하는 문법 요소를 따로 분리할 수 있다. 서술어에 결합된 의문어미의 형태에서 청자를 높여 예우하는 문법 요소를 확인하기 위해 (10)의 각 서술어에 대해 형태소를 분석해 보이면 (11)과 같다.

> (11) ㄱ. 책이가 → '책+이+가'
>   ㄴ. 책인가 → '책+이+ㄴ +가'
>   ㄷ. 책인교[20) → '책+이+ㄴ +가+요'

(11ㄱ)의 '책'은 명사이고 '~이~'는 지정사 어간이며 '~가'는 의문어미이다. (11ㄴ)의 '책'과 '~이~' 그리고 '~가'는 (11ㄱ)과 동일하며 다른 요소는 청자높임소 '~ㄴ ~'이 결합되어 있는 점이다. (11ㄷ)이 (11ㄴ)과 다른 것은 (11ㄴ)으로 문장이 끝난 뒤에 높임보조사 '~요'가 다시 결합되어 있는 점밖에 없다. 그런데 청자높임소 '~ㄴ ~'이 서술어에 결합된 의문어미의 형태'~가'를 이루는 어미구조체의 구성에 관여하지 않은 (10ㄱ)은 청자에 대해 어떤 높임의 문법 관념도 드러내지 않는 안높임법이 실현되었고, 청자높임소 '~ㄴ ~'이 서술어에 결합된 의문어미의 형태 '~ㄴ 가'를 이루는 어미구조체의 구성에 관여한 (10ㄴ)은 청자에 대해 약간 높여 예우하는 예사높임법이 실현되었으며, 청자높임소 '~ㄴ ~'과 높임보조사 '~요'[21)

---

20) 경북말의 의문어미 '~ㄴ 교'의 형태 구조에 대해 김태엽(1985)에서는 'ㄴ +기+오'의 재구조화로 기술하였으나, 김태엽(1992)에서는 그것을 수정하여 'ㄴ +가+요'의 재구조화로 기술한 바 있다.

21) 높임보조사 '~요'가 청자를 높여서 예우하는 기능을 수행하는 것은 주지의 사

가 결합된 의문어미 '~ㄴ교'의 형태가 선택된 (10ㄷ)의 문장은 청자를 아주 높여서 예우하는 아주높임법이 실현되었다.

　다시 말하면 (10ㄱ)에 선택된 의문어미의 형태에는 청자에 대해 높여서 예우하는 문법 요소가 관여하지 않았기 때문에 (10ㄱ)의 문장은 안높임법을 실현하고, (10ㄴ)은 2인칭 대명사 '너'의 높임형 '자네'와 호응하는 청자높임소 '~ㄴ~'이 서술어에 결합된 의문어미의 형태 구성에 관여하기 때문에 (10ㄴ)의 문장은 예사높임법을 실현하며, (10ㄷ)에서는 청자인 할아버지나 높임의 대상인 제3자를 높여서 예우하는 문법 요소인 청자높임소 '~ㄴ~'과 높임보조사 '~요'가 의문어미의 형태 구성에 관여하기 때문에 (10ㄷ)의 문장은 아주높임법을 실현하는 것이다. 따라서 청자높임소 '~ㄴ~'이 관여하는 (10ㄴ)의 의문어미 '~ㄴ가'의 형태 구성과는 달리 청자높임소 '~ㄴ~'의 관여와 함께 높임보조소 '~요'가 더 관여하는 의문어미 '~ㄴ교'의 형태 구성으로 말미암아 (10ㄷ)의 문장이 실현하는 청자높임법의 등급이 (10ㄴ)의 문장이 실현하는 청자높임법의 등급에 비해 더 높은 것은 당연한 결과이다. (10ㄴ)의 서술어에 결합된 의문어미 '~ㄴ가'의 형태 구성에는 청자높임소로 '~ㄴ~'만 관여하지만, (10ㄷ)의 서술어에 결합된 의문어미 '~ㄴ교'의 형태 구성에는 청자높임소 '~ㄴ~'과 함께 높임보조사 '~요'가 관여함으로써 서술어에 결합된 의문어미의 형태에 청자높임소 '~ㄴ~'만 결합된 (10ㄴ)의 문장보다 청자를 더 높여 예우하는 현상은[22], 국어가 언어유형론적으로 첨가어라는 사실이 뚜렷이 드러나게 된다.

　실이다.

22) 이런 현상은 현대 국어에 보편적으로 존재한다. 예컨대 '이것이 국어책인가?', '이것이 국어책인가요?'에서, 전자의 문장 서술어에 결합된 의문어미에는 청자를 높여서 예우하는 요소로 '~ㄴ~'만 결합되었지만, 후자의 문장 서술어에 결합된 의문어미에는 청자를 높여서 예우하는 문법 요소인 청자높임소'~ㄴ~'과 높임보조사 '~요'까지 결합되어 있어서 후자의 문장이 전자의 문장보다 청자를 더 높이는 것이다.

의문어미 '~ㄴ가'의 형태에서 분석될 수 있는 '~ㄴ~'이 청자를 높여서 예우하는 문법 기능을 수행하는 사실을 확인하기 위해 지금까지 중앙어와 함께 경북말의 경우를 살펴본 바, '~ㄴ가'와 '~는가'는 각각 'ㄴ+가'와 '느+ㄴ+가'로 분석될 수 있음이 드러났다. 의문어미 '~ㄴ가'와 '~는가'가 서술어에 결합된 문장이 청자를 예사 높여서 예우하게 되는 것은, 이 두 의문어미의 형태에 결합된 청자높임소 '~ㄴ~'의 기능 때문이다.

여기에서 문장 (12)를 다시 살펴본다.

(12) ㄱ. 철수가 떡을 먹는다.
ㄴ. 철수가 떡을 먹는가?

(12)의 두 문장에서, 서술어 용언 '먹는다'와 '먹는가'의 어간 뒤에 결합된 '~는~'이 동일한 가치를 가지고 있을까? 우선 두 문장의 청자높임법의 등급에서 차이가 난다. (12ㄱ)의 문장은 안높임법이 실현되고 있으나, (12ㄴ)의 문장에서는 청자를 약간 높여 예우하는 예사높임법이 실현되었다. 동일한 음성 형태를 가진 '~는~'이 (12)의 두 문장에서 어떤 문법적 기능 차이가 있는지를 살펴보기 위해 시제어미 '~었~'과 '~겠~'의 문법 형태를 (12)의 두 문장에 적용시켜 보기로 하겠다.

(13) ㄱ. 철수가 떡을 먹 {었/겠/는} 다.
ㄴ. *철수가 떡을 먹었는다.
ㄷ. *철수가 떡을 먹겠는다.
ㄹ. *철수가 떡을 먹었겠는다.

(14) ㄱ. 철수가 떡을 먹 {*었/*겠/는} 가?
ㄴ. 철수가 떡을 먹었는가?
ㄷ. 철수가 떡을 먹겠는가?
ㄹ. 철수가 떡을 먹었겠는가?

(13ㄱ)에서는 서술 용언의 어간 뒤에 결합된 '~는~' 대신 '~었~'과 '~겠~'이 교체될 수 있다. 따라서 '먹는다'의 '~는~'과 '~었~'그리고 '~겠~'은 모두 계열관계를 이룬다. 그러나 (14ㄱ)의 서술 용언의 어간 뒤에 결합된 '~는~' 대신 '~었~'과 '~겠~'의 교체에는 제약이 따른다. (13ㄱ)의 문장에서는 서술 용언의 어간 뒤에서 '~는~', '~었~', '~겠~' 등이 서로 교체관계를 이루는 반면, (14ㄱ)의 문장에서는 '~는~', '~었~', '~겠~' 등이 서로 교체관계를 이루지 않는다.

한편 (13ㄴ)의 서술 용언의 어간 뒤에 '~었는~'의 결합에 제약이 있고, (13ㄷ)의 서술 용언의 어간 뒤에 '~겠는~'의 결합에 제약이 있으며, (13ㄹ)의 서술 용언의 어간 뒤에 '~었겠는~' 의 결합에 제약이 따른다. 그러나 (14ㄴ)~(14ㄹ)의 문장에서는 (13ㄴ)~(13ㄹ)의 경우와 다르다. 즉 (14ㄴ)에서는 서술 용언의 어간 뒤에 '~었는~'의 결합에 제약이 없고, (14ㄷ)에서도 서술 용언의 어간 뒤에 '~겠는~'의 결합에 제약이 없으며, 그리고 (14ㄹ)에서는 서술 용언의 어간 뒤에 '~었겠는~'의 결합에 아무런 제약이 따르지 않는다. (13)과 (14)의 서술 용언 뒤에 시제 요소 '~었~', '~겠~' 등의 문법 형태와의 결합에 따른 제약 관계를 앞에서 살펴본 바, (12ㄱ)의 '~는다'와 (12ㄴ)의 '~는가'에 각각 결합된 '~는~'이 동일한 가치를 갖지 않음이 드러났다. 즉 (12ㄱ)의 서술어미 '~는다'의 '~는~'은 시제 요소인 '~었~'과 '~겠~' 등과 결합하지 못하지만, (12ㄴ)의 의문어미 '~는가'의 '~는~'은 시제 요소인 '~었~'과 '~겠~' 등과 개별적으로 결합할 수도 있고 함께 결합할 수도 있었다.

이러한 사실은 (12ㄱ)의 서술어미 '~는다'의 '~는~'은 현재 시제의 기능을 수행하는 것으로 판단되나, (12ㄴ)의 의문어미 '~는가'의 '~는~'은 시제 요소의 기능을 수행하는 것으로 보기 어려운 증거가 된다. 전자의 '~는~'은 시제 요소이기 때문에 다른 시제를 나타내는 문법 요소 '~었~'이나 '~겠~' 등과 결합하지 못하는 반면, 후자의 '~는~'은 시제 요소가 아니기 때문에 시제 요소인 '~었~'과 '~겠~' 등과의 결합에 어떤 제약도 없는 것으로 볼 수 있다.

따라서 (12)의 두 문장이 서로 다른 청자높임법의 등급이 실현되는 점에 대한 해명을 위한 기본은 서술어미 '~는다'와 의문어미 '~는가'의 형태에 결합된 '~는~'의 기능 차이에서 비롯된 것임을 알 수 있다. 전자의 '~는~'은 시제법을 실현하는 문법 요소이고 후자의 '~는~'은 청자높임법을 실현하는 문법 요소라는 것이다. 물론 의문어미 '~는가'의 형태에서 분리될 수 있는 '~는~'은 직설법의 서법소 '~느~'와 청자높임소 '~ㄴ~'으로 다시 분석될 수 있음은 앞에서 이미 지적한 바 있다. 이러한 관점에서 (12)의 두 문장을 자세하게 살펴보면 다음과 같은 사실이 드러난다. 즉 (12ㄱ)의 서술어에 결합된 서술어미의 형태에는 청자높임소가 관여하지 않아서 이 문장은 안높임법을 실현하고, (12ㄴ)의 서술어에 결합된 의문어미의 형태에는 청자높임소 '~ㄴ~'이 관여하고 있어서 이 문장은 예사높임법을 실현하는 것으로 봐야 한다. 마지막으로 살펴볼 것은 의문어미 '~ㄴ가'와 '~는가'는 예사높임법을 실현하고 서술어미 '~ㄴ다'와 '~는다'는 안높임법을 실현하는 것이 이들 각 문법 형태에 관여하는 문장종결소에 기인한 것은 아닌가 하는 의문이다. 문장종결소 중에는 문장을 끝맺는 기능과 청자를 높여서 예우하는 기능을 동시에 수행하는 경우가 있긴 하지만, 문장종결소 '~가'와 '~다'는 청자에 대한 높임 기능을 갖지 않고 다만 문장을 끝맺는 기능을 가질 뿐이다. 현대 중앙어에서는 의문어미로 '~가'가 사용되지 않지만, 경북말에서는 '~가'와 '~ㄴ가'가 의문어미로 사용되는 경우를 앞에서 살펴보았다. 앞에서 살펴본 (10)의 문장이 바로 그 예문인데, 거기에서 '~가'가 의문어미로 선택된 (10ㄱ)의 문장은 안높임법을 실현하고 '~ㄴ가'가 의문어미로 선택된 (10ㄴ)의 문장은 예사높임법을 실현하며 '~ㄴ교'가 의문어미로 선택된 (10ㄷ)의 문장은 아주높임법을 실현한다. (10ㄱ)과 (10ㄴ)에서 각각 주어 '너'와 의문어미 '~가', 주어 '자네'와 의문어미

'~ㄴ가'가 문장 안에서 서로 호응하는 것으로 봐서, 의문의 문장종결소 '~가'에 의해 화자의 청자에 대한 높임 기능은 전혀 생각할 수 없다. 따라서 서술어미 '~는다'와 의문어미 '~는가'의 형태에서 각 형태를 이루는 어미구조체에서 문장종결소 '~다'와 '~가'는 청자를 높여서 예우하는 기능을 수행하지 않음이 분명하다.

한편 한동완(1988)에서는 의문어미 '~ㄴ가'의 형태에서 분석할 수 있는 '~ㄴ~'은 '~ㄹ까'의 형태에서 분석할 수 있는 '~ㄹ~'과 함께 동명사어미라고 하였다. 그리고 의문어미 '~ㄴ가'의 형태가 '~냐'의 형태와 달리 이른바 하게체의 청자높임법을 실현하는 까닭을 '~ㄴ가'의 형태는 간접의문법을 실현하고 '~냐'의 형태는 직접의문법을 실현하기 때문이라 하고, 직접의문과 간접의문의 차이를 다음과 같이 설명하였다. 즉 직접의문의 형식인 '~냐'가 화자가 청자에게 정보의 제공을 직접 요구하는 형식이라면, 간접의문 형식인 '~ㄴ가'는 청자의 정보 제공을 직접 요구하는 게 아니라 화자 자신에게 자문하는 듯하면서 간접적으로 청자에게 정보를 요구하는 것이라 했다. 한동완(1988:237)은 직접의문과 간접의문의 차이가 청자높임법의 등급 차이에 영향을 준다고 하면서, 간접의문 형식이 직접의문 형식보다 청자높임법의 등급이 높다는 사실을 적절하게 설명할 수 있다고 하였다. 이 말은 곧 직접의문이 청자에게 정보를 직접적으로 요구하는 반면, 간접의문은 자신에게 자문하듯이 간접적으로 요구하기 때문에, 결국은 청자를 예우하는 의문이 된다는 것이다.

이러한 설명이 설득력을 가지는 듯한 측면이 있기도 하지만, 의문어미 '~ㄴ가'의 형태는 경우에 따라 간접의문법을 실현하기도 하고 직접의문법을 실현하기도 하는 점을 적절하게 해명하기는 어렵다고 본다.

아래의 문장 (15)를 살펴보기로 한다.

(15) ㄱ. 이것은 자네 책인가?

ㄴ. 자네는 언제 왔는가?

ㄷ. 이 사실을 자네는 아는가?

ㄹ. 우리는 과연 어떻게 살아갈 것인가?

ㅁ. 참다운 삶이란 어떤 삶인가?

ㅂ. 우리는 지금까지 어떻게 살아왔는가?

(15ㄱ)~(15ㄷ)은 직접의문문이고 (15ㄹ)~(15ㅂ)은 간접의문문이다. (15)에서 간접의문문이라 할 수 있는 (15ㄹ)~(15ㅂ)이 직접의문문이라 할 수 있는 (15ㄱ)~(15ㄷ)에 비해 청자높임법의 등급이 더 높은 것으로 판단되지는 않는다.[23] 직접의문법으로 실현된 (15ㄱ)~(15ㄷ)은 화자가 청자에게 정보를 직접 요구하는 반면, 간접의문법으로 실현된 (15ㄹ)~(15ㅂ)에서는 화자가 자신에게 자문하듯 청자에게 정보를 요구하되 청자의 대답이 필수적이 아닐 수 있다. 따라서 간접의문이 직접의문에 비해 다소 완곡한 정보의 요구이긴 하지만, 그 차이가 곧 청자높임법의 등급 결정에 직접 영향을 미친다고 단정하기는 어렵다. 왜냐하면 (15ㄹ)~(15ㅂ)의 문장이 실현하는 청자높임법의 등급이 (15ㄱ)~(15ㄷ)의 문장이 실현하는 청자높임법의 등급보다 더 높다고 할 수 없기 때문이다. 만약 간접의문문과 직접의문문의 차이가 청자높임법의 등급 결정에 직접적으로 관여한다면, 직접의문문이라 할 수 있는 (15ㄱ)~(15ㄷ)의 문장이 간접의문문이라 할 수 있는 (15ㄹ)~(15ㅂ)의 문장에 비해 청자높임법의 등급이 더 낮아야 할 것이다. 그러나 아무리 보아도 (15ㄱ)~(15ㄷ)의 문장이 (15ㄹ)~(15ㅂ)의 문장보다 청자높임법의 등급이 낮다고 판단하기 어렵다.

한동완(1988)에서는 의문어미 '~냐'와 '~ㄴ가'를 비교하여 전자는 직접

---

23) 간접의문법을 실현하는 (15ㄹ)~(15ㅂ)이 직접의문법을 실현하는 (15ㄱ)~(1ㄷ)에 비해 청자높임법의 등급이 오히려 더 낮은 등급으로 보이기도 한다. 그 이유는 간접의문이 화자 자신에게 자문하듯 청자에게 정보를 요구하는 관계로 화자 자신을 높여서 예우할 수는 없기 때문이다.

의문법을 실현하고 후자는 간접의문법을 실현한다고 설명했으나, (15ㄱ)~
(15ㄷ)의 문장에서 '~ㄴ가'는 직접의문법을 실현하고 있다. 더욱이 의문어
미 '~ㄴ가'가 (15)에서는 직접의문법과 간접의문법을 모두 실현하고 있어
서, 한동완(1988)에서 의문어미 '~냐'와 '~ㄴ가'의 두 형태를 직접의문문
과 간접의문문의 형식으로 대비시킨 점에는 객관성이 결여되어 있을 뿐 아
니라, 직접의문문과 간접의문문의 차이가 청자높임법의 등급 결정에 변인
이 될 수 있다는 설명에서는 바로 앞에서 살펴본 대로 쉽게 수긍하기 어려
운 문제가 발생한다.

이로써 한동완(1988)의 기술 내용과 같이 간접의문문과 직접의문문의 차
이로 말미암아 청자높임법의 등급에 차등이 발생하며, 그러한 이유로 말미
암아 의문어미 '~ㄴ가'의 형태가 하게체의 청자높임법을 실현한다는 설명
은 객관적으로 설득력을 가질 수 없음이 (15)의 문장을 살펴봄으로써 알 수
있었다. 그렇다면 우리가 앞에서 논의한 내용과 같이, 의문어미 '~ㄴ가'의
형태에 관여하는 '~ㄴ~' 그 자체가 청자높임소의 기능을 수행하는 것으로
처리하는 것이 오히려 형태론적 층위에서 설득력을 가질 것이다. 따라서 우
리는 (15)의 문장에 의문어미 '~ㄴ가'의 형태가 선택됨으로써 모든 문장이
예사높임법을 실현하게 된 것으로 본다.[24] 그것은 의문어미 '~ㄴ가'의 형태
에 관여하는 청자높임소 '~ㄴ~'의 기능에 의한 결과라는 것이다.

요컨대 의문어미 '~ㄴ가'와 '~는가'의 형태가 직접의문법을 실현하든
간접의문법을 실현하든 그 문법 형태에 결합된 '~ㄴ~'이 현재로서는 청
자를 높여서 예우하는 청자높임소의 기능을 수행하는 것으로 볼 수밖에 없
다. 그렇지 않고 이들 의문어미의 형태가 간접의문문으로 실현되느냐 직접

---

24) 여기에서 의문어미 '~ㄴ가'의 형태에서 분석되는 '~ㄴ~'을 청자높임소로 처리
할 경우에 문제가 전혀 없는 것은 아니다. 왜냐하면 이 '~ㄴ~'이 '~ㄴ가'. '~
는가', '~던가' 등과 같이 의문의 문장종결소 '~가' 앞에서만 분포할 뿐, 다른
형태에 결합하여 청자를 높여서 예우하는 기능을 수행하는 폭넓은 계열성을 찾
을 수 없기 때문이다.

의문문으로 실현되느냐에 따라서 동일한 의문어미의 형태가 서로 다른 등급의 청자높임법을 실현한다는 것은 설득력을 가질 수 없다.

2.3.3 'X+Ø+T'의 구조

이러한 유형의 어미구조체에 의해 이루어지는 종결어미의 형태는 2.3의 (3ㄷ)에서 제시한 대로 '~ㄴ다', '~는다', '~느냐' 등이 있다. 이들 종결어미의 형태 구성에는 청자에 대한 화자의 높임 기능을 수행하는 문법 요소는 관여하지 않고, 문장을 끝맺는 기능을 수행하는 문장종결소와 그 밖의 문법 요소가 관여한다.

앞에서 열거한 '~ㄴ다'와 '~는다'는 서술어미의 형태이고 '~느냐'는 의문어미의 형태이다. 서술어미 '~ㄴ다'의 형태는 'ㄴ +다'로 그리고 '~는다'는 '느+ㄴ +다'와 같은 어미구조체로 분석되며, 의문어미 '~느냐'의 형태는 '느+냐'로 분석될 수 있다. 서술어미 '~ㄴ다'의 형태에서 분석될 수 있는 '~ㄴ ~'은 '~는다'의 '~는~'과 교체되기도 하는데, 이들 형태에서 분석될 수 있는 '~ㄴ ~'은 이미 살펴본 대로 시제 요소라 할 수 있다. 서술어미 '~ㄴ다'와 '~는다'는 선접되는 음운 조건에 따라 서로 상보적으로 분포하는 이형태인데, 아래의 (1)에서 이들 형태가 선택된 문장을 살펴보기로 한다.

    (1) ㄱ. 비가 지금 많이 온다.
       ㄴ. 철수가 지금 책을 읽는다.

(1ㄱ)에서는 서술 동사 '오~' 뒤에 '~ㄴ다'가 선택되었고 (1ㄴ)에서는 서술 동사 '읽~' 뒤에 '~는다'가 선택되었는데, 모음 어간으로 끝난 용언 뒤에서는 '~ㄴ다'가 자음으로 끝난 용언 어간 뒤에서는 '~는다'가 나타남을 보인다. 따라서 이 두 형태는 동일 기능을 가지는 이형태이지만, 그 어

미구조체에는 분명한 차이가 있다. 즉 서술어미 '~는다'의 형태에는 직설의 서법소 '~느~'가 관여하고 있으나 '~ㄴ 다'의 형태에는 직설의 서법소 '~느~'가 관여하지 않는다. 흔히 서술어미 '~ㄴ 다'와 '~는다'의 형태에서 분리할 수 있는 '~ㄴ ~'과 '~는~'을 현재 시제 요소로 처리하지만, 이들 요소를 가리켜 반드시 현재 시제 요소라고 단정하기 어려운 면이 없지 않다.

아래의 (2)를 살펴보기로 한다.

    (2) ㄱ. 나는 내일 집에 간다.
       ㄴ. 나는 이 떡을 내일 먹는다.

(2)의 두 문장에는 시간부사 '내일'이 선택되고 있어서, 이 두 문장의 시제는 미래라는 사실을 보여준다. 그렇다면 (2ㄱ)과 (2ㄴ)의 서술 용언에 결합된 서술어미 '~ㄴ 다'와 '~는다'의 형태에서 분석될 수 있는 '~ㄴ ~'과 '~는~'이 미래의 시제 요소라야 하는데, 우리는 그것을 미래의 시제 요소라고 보지 않는다. 서술어미 '~ㄴ 다'와 '~는다'의 형태에서 분석될 수 있는 '~ㄴ ~'과 '~는~'이 현재 시제 요소도 아니고 미래 시제 요소도 아니라면, 이것은 과연 무엇일까?

(1)과 (2)의 문장에서는 서술 용언으로 선택된 낱말이 동사인데, 그것이 형용사와 지정사인 경우에는 어떤 양상으로 나타나는지를 아래의 (3)을 통해 살펴보기로 한다.

    (3) ㄱ. 하늘이 지금 아주 푸르다.
       ㄴ. 그 책이 지금 책상 위에 없다.
       ㄷ. 그는 지금 대학생이다.

(3ㄱ)과 (3ㄴ)의 서술 용언은 형용사이고 (3ㄷ)의 서술 용언은 지정사이다.

동사가 서술어로 기능하는 (1),(2)와는 달리 (3)의 서술어는 형용사와 지정사인데, 문장 (3)에는 현재의 시제를 나타내는 시간부사 '지금'이 모두 선택되어 있어서 이들 문장이 (1)과 마찬가지로 현재 시제임을 보여준다. 동사가 서술어로 기능하는 (1),(2)의 문장에는 '~ㄴ다'와 '~는다'가 선택되었으나, (3)에서는 '~다'가 선택되었다. 현재 시제를 나타내는 (3)의 서술어에는 '~ㄴ/는~'이 결합되지 않았는데, 같은 현재 시제를 나타내는 (1)의 서술어에는 '~ㄴ/는~'이 결합되어 있다. 그렇다면 현재 시제 요소인 '~ㄴ/는~'은 쉽게 생략되어도 좋은가? 만약 '~ㄴ/는~'이 생략될 수 있다면 (1)에는 왜 선택되었는가? 아니면 '~ㄴ/는~'이 시제요소가 아니고 다른 문법 요소란 말인가?

만약 이들 시제 요소가 생략될 수 있는 문법 기능어라면 (3)의 문장은 (4)의 문장과 같이 나타낼 수 있을 것이다.

<blockquote>

(4) ㄱ. 하늘이 지금 아주 푸르~∅~다.

ㄴ. 그 책이 지금 책상 위에 없~∅~다.

ㄷ. 그는 지금 대학생이~∅~다.

</blockquote>

그러나 (1)의 문장에서 서술어를 '~ㄴ/는~'이 생략된 (4)의 문장과 같이 나타낼 수 없다. 이런 점을 감안한다면, (1)의 서술어에 결합된 '~ㄴ/는~'이 현재 시제 요소가 아니라고 할 수도 있다. '~ㄴ/는~'이 언제나 동사 뒤에서만 결합되는 분포 환경을 고려하면, 이것이 시제 요소가 아니고 어떤 [동작성]이나 [실현성] 등의 의미 기능을 가진 문법 요소일수도 있다.

국어에서 의문어미 '~느냐'와 서술어미 '~는다' 등의 형태에서 분석될 수 있는 '~느~'에 대한 논의는 매우 많이 이루어졌다. 남기심(1972), 서정수(1994), 허웅(1995) 등에서는 '~느~'를 따로 분리하지 않고 있으나, 다른 많은 논자들은 대부분 '~느~'를 따로 분리하는 입장을 취하고 있다. 어말어미에서 '~느~'를 따로 분리하는 입장을 보인 논자들 중에는 '~느~'를 시제요소로 처리하는 견해와 시제 요소가 아닌 것으로 처리하는 견해가 있다. 이것을 시제 요소로 처리하는 논자로는 최현배(1971), 나진석(1971), 서태룡(1985), 김동식(1988), 임칠성(1991), 김차균(1991), 한동완(1992), 장소원(1995), 최동주(1996) 등이 대표적이며, 시제 요소로 처리하지 않은 논자로는 고영근(1974), 임홍빈(1984) 등이 대표적이다.

　서술어미 '~는다'의 형태에서 '~느~'를 분리하여, 이것을 시제 요소로 보지 않고 다른 문법 기능을 수행하는 문법 요소로 볼 수도 있다. 고영근(1974)에서는 '~느~'를 직설법의 선어말어미라 하였고 임홍빈(1984)에서는 [실현성]의 의미기능을 가진 문법 요소로 처리하였다. 문제의 '~느~'가 시제를 나타내는 요소가 아니라면 [동작성]이나 [실현성]의 의미 기능을 실현하는 선어말어미라고 볼 수도 있다. 왜냐하면 '~느~'는 주로 동사에 결합되는 분포상의 특성이 있기 때문이다. 서술어미 '~는다'와 의문어미 '~느냐' 등의 형태에서 분석될 수 있는 '~느~'가 시제 요소가 아닐 수 있는 가능성은 형용사나 지정사 뒤에 분포하지 못하는 사실에서도 어느 정도의 설득력을 가질 수 있다. 따라서 '~느~'는 직설의 서법소로서 [동작성]이나[실현성]의 의미기능을 수행하는 선어말어미라 할 수 있을 것이다.

　의문어미 '~느냐'의 형태도 이 어미구조체의 유형에 속하는 종결어미의 형태인데, 이 형태에는 서술어미 '~ㄴ다', '~는다' 등의 형태와 마찬가지로 청자를 높여서 예우하는 문법 요소가 관여하지 않는다. 따라서 의문어미 '~느냐'와 서술어미 '~ㄴ다', '~는다' 등의 형태가 선택되는 문장은 청자를 높여서 예우하는 청자높임법이 실현되지 않으며, 또 이들 형태가 주로 동사 뒤에 결합되는 분포상의 특징을 갖는다.

　그러면 아래의 문장 (5)를 살펴보기로 한다.

(5) ㄱ. 철수가 이리 온다.
    ㄴ. 철수가 국어책을 잘 읽는다.
    ㄷ. 철수가 국어책을 잘 읽느냐?
    ㄹ. 하늘이 *높느냐/높으냐?
    ㅁ. 이것이 *책이느냐/책이냐?

(5)의 모든 문장 서술어에는 청자높임소가 결합되지 않은 관계로 이들 문장은 모두 청자높임법상으로 안높임법을 실현한다. 의문어미 '~느냐'는 서술어미 '~ㄴ다', '~는다'와 마찬가지로 동사 뒤에 결합하고 형용사와 지정사 뒤에는 결합하지 못한다. 그것은 '~느냐'의 형태에 결합된 '~느~'가 [동작성]이나 [실현성]의 의미기능을 수행하기 때문에 동사 뒤에만 결합하고 형용사와 지정사 뒤에서는 결합하지 못하는 제약이 있는 것으로 파악된다.

2.3.4 'X+S+Ø'의 구조

종결어미의 형태를 이루는 어미구조체에 본디는 문장종결소가 결합되지 않았으나, 청자높임소가 문장종결소로 기능이 변동됨으로써 종결어미의 기능을 수행하게 된 형태가 이 어미구조체에 해당한다. 이 유형으로 구성된 어미구조체가 재구조화에 의해 종결어미의 형태로 정착한 것에는 2.3의 (3ㄹ)에 열거한 '~게', '~네', '~세', '~데' 등이 있다.[25] 이들 형태는 역사적으로 이른바 간소화의 경험을 거친 종결어미들인데, 간소화를 통해 그 종결어미의 형태가 간단한 구조로 바뀌었을 뿐 아니라 그 문법 기능면에서도 변동이 함께 이루어졌음이 주목할 만하다.

---

25) 고영근(1974:130)과 서태룡(1985:167)에서는 '~네', '~데'의 형태를 각각 '느+이', '더+이'로 분석하였으나, '느+이', '더+이'의 '이'는 본디 청자높임소 '~이~'였으나 기능이 변동하여 '~이'로 정착된 것이다.

2.3.4.1 종결어미의 형태와 간소화

현대 국어의 종결어미 '~네'와 '~데'가 중세 국어에서 근대 국어로 내려오면서 간소화의 과정을 경험하였다고 한다.[26] 중세 국어에서는 이들 형태가 '~ᄂ이다'와 '~더이다'로 존재하다가 근대 국어에 와서는 '~니'와 '~데'의 형태로 간소화되었다는 것이다. 그리고 종결어미의 형태가 간소화의 과정을 경험하면서 그 종결어미의 형태에 의해 실현되는 청자높임법의 등급이 한 등급 낮아졌다고 설명하였다. 간소화를 거치면서 청자높임법의 등급이 낮아졌다고는 하였지만, 앞선 논자들의 설명에서는 종결어미의 형태가 간소화를 경험한 뒤에 왜 청자높임법의 등급이 한 단계 낮아졌는지에 대해서는 아무런 설명이 없었다. 종결어미의 형태를 이루는 어미구조체의 관점에서 보면, 중세 국어의 종결어미 형태에 비하여 근대 국어의 그것이 한결 간단한 어미구조체로 변했음은 분명하다. 그렇지만 근대 국어의 종결어미가 간소화의 과정을 경험하여 청작된 형태라고 해서 청자높임법의 등급이 필연적으로 한 단계 낮아진다고는 말할 수 없을 것이다. 따라서 그런 경우 청자높임법의 등급이 한 단계 낮아지는 이유가 간소화의 경험과 어떤 문법적인 관계에 의해 일어나는 언어 현상인지에 대한 해명이 뒷받침되어야 한다.

여기에서 우리는 종결어미의 형태가 간소화하면서 이루어지는 어미구조체의 변형 과정에 주목하여, 어떤 양상으로 변형이 일어나며 그같은 양상이 청자높임법의 등급 변화와 무슨 관련성을 갖는지에 대해 살펴보고자 한다. 종결어미의 형태를 이루는 어미구조체는 하나 또는 둘 이상의 문법 요소에 의해 이루어져 있음은 이미 그 형태에 대한 재분석을 통해 살펴본 바와 같다. 종결어미의 형태를 이루는 어미구조체를 구성하는 문법 요소들

---

26) 이기문(1972)를 참조.

이 재구조화하는 과정에서 청자에 대한 높임 관념을 실현하는 요소가 어떤 기능적인 변동을 일으키느냐가 매우 중요하다. 왜냐하면 간소화한 근대 국어의 종결어미 '~네'와 '~데'의 형태가 정착되기 이전의 국어, 즉 중세 국어의 종결어미가 '~ᄂᆞ이다'와 '~더이다'로 존재한 사실 때문이다. 중세 국어의 종결어미 형태에서는 청자높임소 '~이~'의 분석이 아주 간단하게 이루어지는 반면, 근대 국어의 종결어미 형태에서는 표면적으로 청자높임소의 분석이 그리 쉽지 않다. 간소화하기 이전의 종결어미 형태와 간소화한 뒤의 종결어미 형태상의 차이에 착안하여, 우리는 하나의 문법 요소가 수행하는 문법적 기능부담량에는 한계가 있다는 원리를 간소화 과정에 적용함으로써, 간소화에 의해 정착된 근대 국어의 종결어미 '~니'와 '~데'가 간소화하기 이전의 종결어미 형태 '~ᄂᆞ이다'와 '~더이다'에 비해 청자높임법의 등급이 한 단계 낮아지는 까닭을 찾고자 한다.

간소화 현상에 대해서는 이기문(1972)을 비롯하여 이현희(1982), 이영경(1992) 등에서 논의된 바 있다. 이기문(1972:214)에서는 근대 국어에 와서 중세 국어의 '~더이다', '~ᄂᆞ이다', '~노이다', '~노소이다', '~도소이다' 등에서 '~다'가 탈락한 형태가 일반화되는 경향이 강해져서 '~데', '~니', '~뇌', '~노쇠', '~도쇠' 등이 나타났음도 주목할 만하다고 하여, 근대 국어의 종결어미 형태가 중세 국어의 종결어미 형태에서 크게 간소화한 형태로 변했음을 구체적으로 지적하였다. 그리고 이현희(1982:152)에서도 근대 국어의 종결어미 형태가 중세 국어의 종결어미 형태에서 간소화 현상에 의해 형성된 것으로 보고, 아래의 (1)과 같이 간소화의 과정을 제시하고 아울러 간소화의 환경적 조건을 간략하게 설명하였다.

    (1) ㄱ. '~ᄂᆞ이다' > '~니이다' > '~닝이다' > '~니'
       ㄴ. '~더이다' > '~데이다' > '~뎅이다' > '~데'

(1)과 같은 변화 과정은 이른바 중세 국어 ㅎ아쎠체의 설명법이 그렇듯이 선어말어미 '~니~'가 있거나, 다른 선어말어미나 모음으로 끝나는 어간의 일부가 이른바 'y개재 현상'을 일으켰든가 적어도 'ㅣ'모음이 있는 구조에서 '~이다'가 줄어든 것이라고 하여 간소화 현상이 'ㅣ'모음과 깊이 관련되어 있음을 밝혔다.

또 이영경(1992:27)에서는 17세기 국어에서 이른바 하소체의 설명법 어미는 어말어미의 간소화 현상에 의해 성립되었다고 하면서, 아래의 (2)와 같은 성립 과정의 제시와 그에 따른 설명을 덧붙였다.

    (2) ㄱ. '~ᄂᆞ이다' > '~ㄴ 이다' > '~니이다' > '~니'
        ㄴ. '~더이다' > '~더이다' >'~데이다' > '~데'
        ㄷ. '~도소이다' > '~도소이다' > '~도쇠이다' > '~도쇠'
        ㄹ. '~ᄉᆞ오이다' > '~ᄉᆞ오이다' > '~ᄉᆞ외이다' > '~ᄉᆞ외'
        ㅁ. '~사이다' > '~사이다' > '~새이다' > '~새'

(2)에서는 각 종결어미의 형태 구성에서 중간 또는 중간 뒤쪽에 놓여 있는 청자높임소 '~이~'의 역행동화가 적용된 뒤에 '~이다'가 탈락됨으로써 새로운 종결어미의 형태가 출현하는 것을 볼 수 있다고 하여, 간소화의 과정과 조건이 청자높임소 '~이~'와 깊이 관련되어 있음을 비교적 자세하게 설명하였다.

간소화 현상이 근대 국어의 종결어미 형태를 이루는 과정에 깊이 관여하고 있음을 앞에서 살펴보았다. 근대 국어의 종결어미 형성에 대해 이기문(1972)에서 제기한 문장종결소 '~다' 탈락의 일반적인 경향이라는 설명은, 이현희(1982)에서 간소화 과정을 명시적으로 보여주고 아울러서 간소화 현상이 일어나는 언어 환경까지 구체적으로 제시하였다. 종결어미의 형태가 중세 국어와는 달리 근대 국어에서 형태적인 변화를 입게 된 간소화 현상에 대해 이영경(1992)에서는 이현희(1982)를 받아들이면서 간소화의 과정에 대해 더욱 구체적으로 설명하였다. 하지만 간소화에 대한 이현희(1982)와 이영경(1992)의 견해가 조금은 차이가 있다. (1)과 (2)를 통해 볼 수 있는 바, 청자높임소 '~이~'의 변화와 모음 'ㅣ'의 동화 시점이 서로 같지 않다. 두 논자 사이의 이러한 견해 차이는 간소화 현상을 이해하는데 별다른 문제가 되지 않는다. 왜냐하면 중세 국어의 종결어미의 형태를 이루는 어미구조체가 근대 국어에 와서 훨씬 간단하게 압축된 형태로 정착되었다는 점에서는 양자 사이의 견해가 일치하고 있기 때문이다.

근대 국어의 종결어미 형성 과정에 간소화 현상이 뚜렷하게 드러나기 때문에 간소화 그 자체에 대해서는 재론의 여지가 없으나, 문제는 종결어미의 형성에 관여하는 이 간소화 현상으로 말미암아 청자높임법의 등급이 왜 낮아졌느냐에 모아진다. 간소화의 현상이 근대 국어의 종결어미 형성 과정에 관여한다는 논자들의 설명과 함께 간소화된 종결어미의 형태가 간소화되기 이전의 그것에 비해 청높임법의 등급이 낮아진다고는 지적하였다. 그러면서도 간소화에 의해 형성된 종결어미의 형태가 왜 그 등급이 낮은 청자높임법을 실현하게 되는가에 대한 설명은 앞서 언급한 논자들의 보고에서는 접해보지 못했다. 이것은 대부분의 앞선 논자들이 종결어미의 형태에 의해 실현되는 청자높임법이 화자와 청자 사이의 사회적·심리적 조건 등에 의해 그 등급이 결정된다는 일반적인 통념에 머물고 있기 때문으로 생각되기도 한다. 청자높임법이 화자와 청자 사이의 사회적·심리적 여러 가지 조건들에 의해 그 등급이 결정되지만, 그 결과는 일정한 언어의 형태에 의존하여 화자의 높임 관념이 전달되는 점을 지나쳐서는 안 될 것이다.[27] 문법론의 층위에서 우리가 확인할 수 있는 청자에 대한 화자의 높임 관념은 그것이 반영되어 표면적으로 드러나는 종결어미의 형태가 가장

---

27) 서정목(1990:556)에서도 화자는 어떤 경우이든 청자를 대우할 때는 청자 대우의 형태소를 문장 속에 선택해야 하고, 청자를 대우하지 않을 때는 그 형태소를 선택하지 않는다고 하였다.

분명하게 잡을 수 있는 근거가 된다. 따라서 우리는 종결어미의 형태를 이루는 어미구조체가 어떤 유형으로 구성되어 있는가를 정밀하게 분석하여, 그 어미구조체의 구성 요소를 토대로 청자높임법의 문제를 해명하고자 한다.

2.3.4.2 간소화와 문법 기능 변동

우리는 앞에서 근대 국어의 종결어미 형태 중에는 중세 국어의 종결어미 형태에서부터 간소화 과정을 거쳐 정착된 형태가 있음을 몇몇 앞선 논의를 통해 살펴보았다.

근대 국어의 종결어미 '~니'와 '~데'의 형태가 중세 국어의 종결어미 '~ᄂ이다'와 '~더이다'에서 각각 간소화 과정을 거쳐 이루어졌으며, 그 결과 청자높임법의 등급이 상당하게 낮아지게 되었다는 것이다. 이것에 대해 이기문(1972), 이현희(1982), 이영경(1992) 등에서 간소화의 과정을 자세하게 밝혔을 뿐, 간소화의 결과로 나타난 청자높임법의 등급이 상당하게 낮아진 점에 대해서는 언급이 전혀 없었다고 했다. 그러나 김태엽(1994)에서는 중세 국어의 종결어미가 간소화하여 근대 국어로 정착되는 과정에서 종결어미의 형태를 이루는 어미구조체의 구성 양상의 변모에 관심을 두고 청자높임법의 변동을 논의한 바 있다.

김태엽(1994)에 따르면, 중세 국어의 종결어미 '~ᄂ이다'와 '~더이다'의 형태를 이루는 어미구조체는 'X+S+T'의 모든 요소를 갖추고 있으나, 이들 형태가 간소화의 과정을 거쳐 정착한 근대 국어 '~니'와 '~데'의 형태를 이루는 어미구조체는 'X+S+Ø'의 구조로 바뀌었다는 것이다. 간소화를 거친 근대 국어 '~니'와 '~데'의 형태를 이루는 어미구조체의 구성에는 본디 문장종결소가 없는데, 이 어미구조체가 재구조화하여 종결어미의 기능을 수행하려면 형태론적 문장종결소가 결합하든지 아니면 음운론적 문장종결소가 관여하지 않으면 안 된다. 이것은 곧 어떤 종류의 문장종결소이든 그 어미구조체에 관여해야만 종결어미의 기능이 획득된다는 뜻으로 이해할 수 있다. 중세 국어의 종결어미 '~ᄂᆞ이다'와 '~더이다'의 형태에는 문장종결소 '~다'가 관여함으로써 이 형태는 서술어미로 기능하는데, 근대 국어 '~니'와 '~데'의 형태를 이루는 어미구조체의 구성에는 이들 형태가 간소화하기 이전에 관여한 문장종결소 '~다'가 탈락한 상태이므로 실제로 문장을 끝맺는 기능을 담당할 문법 요소가 언어 내적으로 요구된다.

'X+S+Ø'의 구조로 짜여진 어미구조체가 종결어미의 기능을 수행하려면 우선 그 어미구조체가 안고 있는 체계상의 빈칸이 채워져야 한다. 다시 말하면 그러한 어미구조체의 구성에는 문장종결소가 관여하지 않은 빈칸이 있기 때문에 어떤 방법으로든 그 빈칸에 문장종결소가 보충되어야 한다는 것이다. 다른 요소는 빈칸으로 남아 있더라도 문장종결소만 관여하면, 그 어미구조체는 재구조화하여 종결어미로 기능할 수 있다. 그러나 어미구조체의 구성에 문장종결소가 관여하지 않은 채 그것이 종결어미로 기능할 수 없기 때문에, 'X+S+Ø'의 구조를 가진 어미구조체에서는 그 어미구조체의 마지막 구성 요소에 문장종결소가 채워지지 않으면 안 된다.

문장종결소가 빈칸인 어미구조체에 새로운 문장종결소가 관여하는 방법도 있을 수 있겠지만, 빈칸 바로 앞의 구성 요소인 청자높임소 '~이~'가 문장종결소 '~이'로 기능이 변동함으로써 빈칸을 채우는 방법도 생각할 수 있을 것이다. 전자의 방법을 취하게 되면, 간소화하기 이전의 본디 어미구조체의 구성에서 탈락한 문장종결소 '~다'와 동일한 마침법을 실현하는 요소라야 하는 제약이 따른다. 하지만 후자의 방법을 택하게 되면, 그러한 제약을 따르지 않아도 되는 장점이 있다. 김태엽(1994)에서는 후자의 방법을 취하여 간소화의 과정을 거친 문제의 종결어미 형태들이 그 이전의 형태에 비해 등급면에서 상당히 낮은 청자높임법을 실현하게 된 이유를 해명하고자 했다. 문제의 형태 '~니'와 '~데'를 이루는 어미구조체의 구성에는 문장종결소가 빈칸이므로, 빈칸의 바로 앞 구성 요소인 청자높임소 '~이~'가 문장종결소 '~이'로 기능 변동함으로써 이들 형태가 종결어미의 기능을 획득하게 되는 것으로 해석할 수 있는 것이다. 그 결과 기능 변동으로 말미암아 형성된 문장종결소 '~이'가 문장 끝맺음의 기능과 청자를 높여서 예우하는 기능을 동시에 수행하게 되었다.

본디 문장종결소가 관여하는 어미구조체에서 청자높임소 '~이~'는 오직 청자를 높여서 예우하는 문법적 기능만 수행하면 된다. 그러나 본디 문장종결소가 빈칸인 종결어미의 형태를 이루는 어미구조체에 관여하는 청자높임소 '~이~'는 '~이'로 문법 기능이 변동함으로써 문장종결소와 청자높임소의 기능을 동시에 수행하는 부담을 안게 된다. 청자높임소 '~이~'가 청자를 높여서 예우하는 기능만을 담당할 때는 온전한 제 기능을 수행할 수 있지만, 그것이 '~이'로 기능 변동하게 되면 문장을 끝맺는 기능과 청자를 높여서 예우하는 기능을 모두 감당하게 되어 온전한 높임의 자기 기능을 수행하기 어렵게 될 것이다. 하나의 문법소가 그 기능을 감당하는 데에는 한계가 있을 수 있다. 즉 하나의 문법소가 수행하는 문법 기능의 부담량이 무한정 많은 것이 아니라, 하나의 문법소가 수행하는 문법 기능의 부담량에는 일정한 한계가 있다는 말이다.

이것을 (3)과 같이 간략하게 정리할 수 있다.

(3) 문법 기능의 한계성 : 하나의 문법소가 수행하는 문법 기능 부담
량에는 한계가 있다.

하나의 문법소가 하나의 문법 기능을 수행하는 것이 보편적인 언어 현상이지만, 어떤 문법소는 둘 이상의 문법 기능을 담당하는 경우가 있다. 예컨대 본디 문장종결소가 빈칸인 어미구조체에서 빈칸 바로 앞의 구성 요소가 청자높임소 '~이~'인 경우, 그것이 문장종결소 '~이'로 기능 변동함으로써 청자를 높여서 예우하는 기능과 문장을 끝맺는 기능을 동시에 수행하게 된다. 이 경우에 문장종결소로 기능 변동한 '~이'는 문장을 끝맺는

기능을 수행하면서 동시에 청자를 높여서 에우하는 기능도 수행한다. (3)에서 정리한 내용에 따라 '~이'가 수행하는 청자 높임의 기능은 문법 기능 부담량의 한계 때문에, 본디 수행하던 청자에 대한 높임만큼 예우하지 못하고 그보다 상당하게 낮은 높임의 예우를 수행한다. 즉 청자높임소 '~이~'는 문장종결소가 본디부터 갖춰진 어미구조체에서는 제 기능을 온전하게 수행하지만, 문장종결소가 본디 빈칸인 어미구조체에서는 '~이'로 그 기능이 변동함으로써 마침법의 기능까지 감당하게 되어 청자에 대한 높임 기능을 온전하게 수행하지 못하고 등급이 낮은 청자 높임의 기능을 수행하게 된다는 것이다. 그러니까 간소화의 과정을 거쳐 정착된 근대 국어 종결어미의 형태 '~니', '~데' 등이 간소화하기 이전의 청자높임법의 등급에 비해 상당하게 낮은 등급의 청자높임법을 실현하게 되는 이유가 바로 (3)에서 제시한 대로 문법 기능 부담량의 한계성 때문이라고 볼 수 있다.

그러면 (4)에서 중세 국어의 '~ᄂᆞ이다'와 '~더이다'가 간소화 과정을 거치면서 청자높임법의 등급이 낮아지는 현상을 다시 살펴보기로 한다.

    (4) ㄱ. '~ᄂᆞ이다' > '~ᄂᆡ다' > '~니이다' > '~니'
       ㄴ. '~더이다' > '~더ᅵ다' > '~데이다' > '~데'
                 ①   ②   ③

(4)에 제시한 중세 국어의 종결어미 형태에 대한 간소화 과정은 크게 3단계의 변화를 겪게 되므로, 그 단계를 ①,②,③으로 붙여서 설명하기로 한다. (4)에서 ①단계는 자음 'ㆁ'의 표기가 바뀌었을 뿐, 화자의 청자에 대한 높임의 문법 관념이 달라진 것이 아니다. 그리고 (4ㄱ)과 (4ㄴ)의 ②단계에서는 이른바 움라우트에 의해 후행 음절의 'ㅣ'모음이 선행 음절에 영향을 주었으며, 청자높임법의 등급이 달라질 만큼 어미구조체의 내적 질서가 바뀌어지지는 않았다. 마지막 단계인 ③에서 변화가 가장 크게 일어나는데, 외

형상으로 이 단계에서는 어미구조체의 구성 요소 중에서 뒷부분 '~이다'가 탈락하고 만다. 그렇게 탈락하는 변화가 바로 간소화 현상이다.

(4)에서 ③단계의 변화에서는 '~이다'의 탈락으로 말미암아 응축된 형태의 '~니'와 '~데'로 정착된다. 이 ③단계의 변화가 일어나기 이전의 형태 '~니이다'와 '~데이다'에서 뒷부분 '~이다'에 청자높임법의 실현 요소가 포함되어 있다고 보기는 어렵다. 왜냐하면 그 '~이다'의 '~이~'에 의해 청자에 대한 높임의 문법 기능이 실현된다면, '~이다'의 삭제로 인해 청자를 높여서 예우하는 기능이 사라져야 할 것이다. 하지만 '~이다'의 탈락으로 남게 된 '~니'와 '~데'에는 청자를 높여서 예우하는 문법적 기능이 유지되고 있다. ②단계의 변화가 일어나기 이전의 형태 '~ᄂ이다'와 '~더이다'에 관여하는 '~이~'는 청자높임소의 문법 기능을 온전하게 수행하나, ②의 변화가 일어나고 난 뒤의 '~니이다'와 '~데이다'에 관여하는 '~이다'의 '~이~'는 청자높임소의 기능이 상실된 것으로 보인다. 즉 ②단계에서 움라우트 현상이 일어나는데, 후행 음절의 '이'가 선행 음절로 옮겨가면서 그것이 가진 청자 높임의 문법 기능까지 옮겨진다. 그렇지 않고 '~이~'의 문법적 기능은 후행 음절에 남아 있으면서 음성 형태만 선행 음절로 옮겨간다면, ③단계의 변화를 거친 '~니'와 '~데'에 의해서는 청자를 높여서 예우하는 문법적 관념이 실현되지 못할 것이다. 하지만 근대 국어의 종결어미 '~니'와 '~데'는 주지하는 바와 같이 청자를 약간 높여서 예우하는 예사높임법을 실현하므로, 이 두 서술어미의 형태를 이루는 어미구조체의 구성에 청자 높임의 문법적 관념을 수행하는 요소가 관여하지 않는다고 할 수 없다.

그렇다면 근대 국어에서 간소화의 과정을 거친 서술어미 '~니'와 '~데'의 형태를 이루는 어미구조체의 구성에 청자를 높여서 예우하는 문법 요소가 어떤 방법으로든 분석될 수 있어야 한다. 그러기 위해 우리는 간소화의 과정으로 말미암아 형성된 근대 국어의 종결어미 형태 '~니'와 '~데'를 기능한 한 정밀하게 재분석함으로써 이들 형태를 이루는 본디 어미구조체의 구성 요소를를 추출한다.

이 두 형태를 재분석하여 얻은 어미구조체는 (5)와 같아 나타낼 수 있다.

    (5) ㄱ. '~니' → 'ᄂ+이+∅'
       ㄴ. '~데' → '더+이+∅'

(5)에서 분석된 어미구조체의 구성을 보면, 우리가 앞에서 다룬 어미구조체의 일반적 유형의 하나인 'X+S+∅'와 동일한 구성이다. 이러한 구성의 어미구조체는 재구조화하는 과정에서 청자높임소 '~이~'가 '~이'로 그 기능이 변동하는 현상이 일어난다. 구조적으로 문장종결소가 없는 어미구조체의 구성은 종결어미의 기능을 갖지 못하기 때문에, 청자높임소 '~이~'가 기능을 변동하여 문장을 끝맺는 기능을 함께 수행하는 '~이'가 됨으로써 그 어미구조체가 비로소 종결어미로 정착될 수 있는 것이다.

문장종결소가 본디 빈칸으로 있는 어미구조체의 구성에서 청자높임소 '~이~'가 '~이'로 기능 변동하면 원래부터 수행하던 청자높임소 '~이~'의 청자 높임 기능이 약화된다. '~이'에 의해 수행되는 청자 높임의 기능이 '~이~'에 의해 수행되는 그것에 비해 약화되는 원인을 우리는 문법소가 갖는 기능부담량의 한계성에 기인하는 것으로 보았다. 즉 본디 청자 높임의 문법적 기능을 온전하게 수행하던 청자높임소 '~이~'가 문장을 끝맺는 기능을 가진 문장종결소의 기능까지 담당하게 되면 청자 높임의 기능이 약화된다는 것이다. 그런 결과로 중세 국어에서 '~ᄂ이다'와 '~더이다'는 화자가 청자를 가장 높여서 예우하는 아주높임법을 실현하고, 근대 국어에서 간소화의 과정을 거쳐 형성된 종결어미의 형태 '~니'와 '~데'는 청자를 약간 높여서 예우하는 예사높임법을 실현하게 된다. 그리고 근대 국어에서 이루어진 서술어미 '~니'와 '~데'는 현대 국어에 와서 '~

네'와 '~데'의 형태로 바뀌어 존재하지만, 근대 국어와 현대 국어에서 존
재하는 이들 두 형태에 의해 실현되는 청자높임법의 등급에는 별다른 차이
가 없다.

그런데 간소화의 현상이 일어난 것이 중세 국어가 근대 국어로 넘어오
면서 나타나는 현상에 국한하지 않을 수도 있음을 중세 국어의 자료에서
발견할 수 있다. 그것은 중세 국어의 문헌 자료에 나타나는 '~니'와 '~리'
가 서술어미 '~니이다'와 '~리이다' 혹은 의문어미 '~니잇가/고'와 '~리
잇가/고' 등의 형태에서 간소화 과정을 거쳐 형성된 종결어미의 형태로 상
정할 수 있기 때문이다.

그러면 '~니'와 '~리'가 나타나는 중세 국어의 문헌 자료를 (6)에서 살
펴본다.

    (6) ㄱ. 셰존이 나싫 둘 아니(월곡 9)
       ㄴ. 구의 묻ᄌᆞᆸ샤티 므스게 쓰시리(월석1:10)

(6ㄱ)의 '~니'와 (6ㄴ)의 '~리'에 의해 문장을 끝맺고 있는데, 이들 형태
는 각각 서술어미 '~니이다'와 의문어미 '~리잇가'가 간소화의 과정을 거
친 형태로 생각할 수 있는데, 그 당시의 문헌 자료에 '~니', '~리'와 함께
서술어미 '~니이다', '~리이다'와 의문어미 '~니잇가/고', '~리잇가/고'
등이 함께 존재하고 있었을 가능성이 충분히 있는 점에서 우리의 입장에서
그런 가설을 세울 수 있게 한다.

아래의 (7)을 살펴보기로 한다.

    (7) ㄱ. 이 ᄯᆞ리 너희 죵가 --- 진실로 우리 죵이니이다(월석8:94)
       ㄴ. 열반 득호물 부텨 ᄀᆞᄐᆞ시긔 ᄒᆞ리이다(석보6:4)
       ㄷ. 셩인이 계시니잇가(원각,서:68)
       ㄹ. 죄인들콰 모딘 즁싱이 하니잇고(월석 중21;25)

ㅁ. 악도ㅅ 일훔이 이시리잇가(월석7:58)
ㅂ. 한인 므스미 엇더ㅎ리잇고(용가 8:30)

　(6)의 문장에 결합된 '~니'와 '~리'가 서술어미나 의문어미의 형태로 처리할 수 있는 근거는 (7)과 같은 문장이 (6)과 같은 시대에 사용된 사실에서 찾아볼 수 있는데, 그런 경우가 어느 것이든 관계없이 그 가능성이 매우 큰 것으로 예상된다. 그 관계를 우리는 간소화[28]에서 찾고자 한다. 즉 (67)의 문장에 결합된 '~니'는 서술어미 '~니이다'의 형태가 간소화한 것으로 해석할 수 있고, 또 (6ㄴ)의 문장에 결합된 '~리'는 의문어미 '~리잇가/고'의 형태가 간소화한 형태로 해석할 수 있을 것이다.

　실제로 (6)과 (7)에서, 어떤 경우에는 간소화한 '~니'와 '~리'가 선택되고 또 어떤 경우에는 간소화하지 않은 형태 '~니이다'와 '~리잇가/고'가 선택되느냐에 대한 객관적인 구별은 되지 않는다. 그렇다면 이 선택의 문제는 글을 쓰는 사람의 취향이나 습관 등에 의한 것일 수 있다. 종결어미 '~니', '~리'와 '~니이다', '~리잇가/고'의 선택 기준이 분명하지 않다면, 그것은 간소화의 여부에 의한 형태상의 차이로 볼 수 있다.

　중세 국어에 존재한 어떤 문법 형태가 근대 국어에 와서 간소화의 과정을 거치는 현상을 통시적인 간소화라 한다면, 중세 국어 내에서의 그러한 변화 양상은 공시적인 간소화라 할 수 있을 것이다. 이러한 설명을 타당한 기술로 받아들이게 된다면, 앞에서 살펴본 근대 국어의 종결어미 '~니'와 '~데'의 형태는 통시적인 간소화에 의해 정착된 형태이고, 중세 국어에서 사용된 '~니'와 '~리'는 공시적인 간소화에 의한 종결어미 형태이다.

　이러한 간소화의 양상을 요약하여 나타내면 (8)과 같다.

---

28) 서정목(1992)에서는 간소화라는 용어 대신 '절단된 결핍형식'이라고 부르고, 절단된 결핍 형식은 완전한 형식보다 청자높임법의 등급이 낮아진다고 했다. 그러나 절단된 결핍형식이 왜 청자높임법의 등급이 낮아지느냐에 대한 설명은 하지 않았다.

(8) 간소화의 양상
　ㄱ. 공시적 간소화
　ㄴ. 통시적 간소화

　간소화 현상은 종결어미의 형태가 정착하는 과정에 관여하는 언어 현상의 하나로서, 공시적으로도 나타나고 통시적으로도 나타나는 것으로 보인다. 현대 국어의 종결어미 '~어'가 명령형으로 사용되는 경우가 많은데, 그런 경우에 '~어'는 '~어라'가 간소화한 형태로 해석할 수도 있다.[29]
　간소화 현상이 (8)과 같은 양상으로 존재한다면, 간소화가 보편적인 언어 현상의 하나라는 사실에 도달하게 된다. 이 간소화의 개념을 좀더 확대 해석할 경우, 현대 국어에서 흔히 접하는 아래 (9)와 (10)의 문장을 떠올리게 된다.

(9) ㄱ. 철수는 집에 간다고 한다.
　ㄴ. 비가 온다고 하는 보도가 있었다.

(10) ㄱ. 철수는 집에 간단다.
　ㄴ. 비가 온다는 보도가 있었다.

　(9ㄱ)에서 보문소 '~고'와 상위문 동사의 어간 '하~'가 탈락하면 (10ㄱ)의 문장이 되고, (9ㄴ)의 관계절에서 '~고 하~'가 탈락하고 나면 (10ㄴ)의 문장이 되는데, 이러한 현상도 크게 보아 간소화의 범주에 포괄될 수 있을 것이다. 간소화 현상은 종결어미의 형태를 이루는 어미구조체의 구성 요소 중에서 일부분이 줄어드는 현상을 두고 사용하는 용어이지만, 문장을 이루는 중요한 구성 요소 중에서 일부분이 줄어드는 현상까지도 간소화 현상에 포함하여부를 수 있다.

---

29) 김종택(1981)에서는 '~어'가 '~어라'에서 줄어든 형태라고 하였다.

국어의 간소화 양상을 나타낸 (8ㄱ)의 공시적인 간소화에 의해 형성된 중세 국어의 종결어미 '~니'와 '~리'는 그 당시의 종결어미 형태 '~니이다'와 '~리이다' 등과 공존하는 것으로 파악되는 반면, (8ㄴ)의 통시적인 간소화에 의해 형성된 현대 국어의 '~네', '~데', '~게', '~세' 등은 이들 형태가 간소화하기 이전 형태와 공존하는 것으로는 파악되지 않는다. 통시적인 간소화에 의해 정착된 '~네', '~데', '~게', '~세' 등의 형태 중에서 서술어미 '~네'와 '~데'에 대해서는 앞에서 살펴보았으나, 명령어미 '~게'와 청유어미 '~세'의 형태에 대해서는 아래의 (11)에서 다시 보기로 한다.

(11) ㄱ. 이제 세존올 ᄆᆞᄌᆞ막 보ᅀᆞ보니 측ᄒᆞᆫ ᄆᆞᅀᆞ미 업거이다.
(월인석보 10:8)
ㄴ. 자식의 일홈을 아비 이시며 어미 이샤 일정ᄒᆞ사이다.
(월ㄴ석보 8:83)

현대 국어의 종결어미 '~게'와 '~세'의 형태가 중세 국어에 소급될 수 있는 형태 '~거이다'와 '~사이다'가 사용되는 문헌 자료를 (11)에서 볼 수 있다. 물론 (11ㄴ)의 '~사이다'는 근대 국어에서 '~새'로 간소화되고, 이것이 현대 국어에서 다시 '~세'로 정착하였다.

현대 국어의 종결어미 '~네', '~데', '~게', '~세' 등의 형태가 근대 국어에서 '~늬', '~데', '~게', '~새' 등의 형태로 사용되었음을 <첩해신어>에서 찾아볼 수 있다.

아래 (12)는 <첩해신어>에 나타난 문헌 자료이다.

(12) ㄱ. 자네 일홈은 무어신고 싱각ᄒᆞ야 예홀 제 술오려 ᄒᆞ늬 (첩해신어 7:8)
ㄴ. 견의논 처음으로 보옵고 그지 업서 ᄒᆞ옵데(첩해신어 3:4)
ㄷ. 짐쟉이 계실 쩌시니 니ᄅᆞ옵소 듯줍새(첩해신어 5:8)

ㄹ. 차례는 명일 ᄒᆞ오니 ~~~나실 양으로 ᄒᆞ쇼셔~~~아읍게
   (첩해신어 1:17)

(12)에서는 근대 국어의 모습을 보여주고 있는 바, '~니', '~데', '~새', '~게' 등의 형태가 <첩해신어>에서 자연스럽게 사용되고 있다. 이들 형태는 중세 국어의 '~ᄂᆞ이다', '~더이다', '~사이다', '~거이다' 등의 형태로 사용되었을 가능성이 있음을 알 수 있는데, 이것들의 간소화 결과로 근대 국어의 '~니', '~데', '~새', '~게' 등의 형태가 정착된 것으로 본다. 앞에서도 언급하였듯이 간소화의 결과로 정착된 형태들은 간소화하기 이전의 형태에 비해 청자높임법의 등급이 상당히 낮아진다. 이러한 현상을 우리는 하나의 문법 형태소가 수행하는 기능부담량의 한계성에 말미암은 것으로 보았다.

그런데 근대 국어의 종결어미 '~데'와 '~게'는 현대 국어에서 형태상의 아무런 변화 없이 그대로 사용되는데, 근대 국어의 '~니'와 '~새'는 현대 국어에서 각각 '~네'와 '~데'의 형태로 정착하였다. 근대 국어에서 현대 국어로 오면서 일어난 '~니>~네', '~새>~세'의 변화는 유추에 의한 현상으로 판단된다. 즉 간소화에 의해 정착된 두 형태 '~니'와 '~새'가 같은 간소화의 과정을 겪은 서술어미 '~데'와 명령어미 '~게'의 형태에 이끌리어 각각 '~네'와 '~세'의 형태로 정착된 것으로 보인다.[30]

2.3.5 'Ø+Ø+T'의 구조

이 구조를 가지고 있는 종결어미의 형태를 이루는 어미구조체의 구성에는 문장종결소만 관여하고, 청자를 높여서 예우하는 문법소나 그 밖의 어

---

[30] 권재일(1996:424)에서는 현대적 문법화 연구의 창시자 A. Meillet가 새로운 문법 형태는 유추와 문법화의 두 가지에 의해 생겨난다고 한 내용을 중요하게 다룬 바 있다.

떤 문법 요소도 관여하지 않는다. 따라서 이 어미구조체에 의한 종결어미
는 문장을 끝맺는 기능을 수행하는 문장종결소 하나에 의해 이루어진 형태
이다.

이래의 문장 (1)을 살펴보기로 한다.

    (1) ㄱ. 이것은 국어책이다.
       ㄴ. 이것은 국어책이니?
       ㄷ. 같이 학교에 가자.

문장 (1)의 서술어미 '~다', 의문어미 '~니', 청유어미 '~자' 등이 이 어
미구조체의 구성에 속하는 종결어미들인데, 이들 형태에는 청자를 높여서
예우하는 문법 요소나 그 밖의 어떤 구성 요소도 관여하지 않는다. 그러므
로 이 어미구조체에 의해 이루어진 종결어미의 형태는 청자높임법상으로
무표적이라 할 수 있다.[31] 청자높임법상으로 무표적인 종결어미의 형태가
문장의 끝에 선택되면, 그 문장은 청자에 대해 어떠한 높임의 문법 관념이
드러내지 않으므로 안높임법을 실현한다. 그리고 그런 유형의 종결어미가
서술어의 마지막 부분에 결합되면, 문장을 단순하게 끝맺음으로써 마침법
의 어느 한 범주를 실현하게 된다. 이러한 사실을 (1)을 통해 쉽게 확인할
수 있다. 즉 (1)의 문장들은 청자에 대해 어떤 높임 관념도 나타내지 않으면
서, (1ㄱ)의 문장은 서술법을 실현하고 (1ㄴ)의 문장은 의문법을 실현하며,
(1ㄷ)의 문장은 청유법을 실현한다.

---

[31] 청자높임법상으로 무표적인 종결어미는 안높임법을 실현하는 반면에 청자높임
    법상으로 유표적인 종결어미는 높임법을 실현하는데, 이것에 대해서는 다음 장
    에서 좀더 자세하게 다루기로 하겠다.

2.3.6 'Ø+S+Ø'의 구조

이 어미구조체에 해당하는 종결어미의 형태에는 '~오', '~이' 등이 있는데, 이들 종결어미의 형태를 이루는 어미구조체의 구성에는 본디 문장종결소와 그 밖의 요소가 관여하지 않은 채 청자높임소만 관여한다. 따라서 '~오'와 '~이'의 형태는 그 어미구조체의 구성에서, 빈칸의 문장종결소 바로 앞 요소인 청자높임소가 문장을 끝맺는 문장종결소로 기능이 변동함으로써 종결어미로서의 기능을 수행하게 된 형태들이다.

아래 (1)의 문장을 살펴보기로 한다.

(1) ㄱ. 이것은 나의 책이오.
    ㄴ. 나도 잘 지냈으이.

(1ㄱ)과 (1ㄴ)의 문장은 청자를 어느 정도 높여서 예우하는 청자높임법이 실현되고 있다. 그렇다면 이 두 형태를 이루는 어미구조체의 구성에는 청자높임소가 관여하는 것으로 보아야 하는데, 그것이 관여하여 종결어미의 형태로 재구조화하는 과정은 (1ㄱ)의 '~오'와 (1ㄴ)의 '~이'가 같은 양상을 보여준다.

아래 (2)에서는 종결어미 '~오'와 '~이'의 형태를 이루는 어미구조체를 나타낸다.

(2) ㄱ. '~오' → 'Ø + 습 + Ø'
    ㄴ. '~이' → 'Ø + 이 + Ø'

(2)는 종결어미 '~오'와 '~이'의 형태를 이루는 어미구조체인데, 그 어미구조체의 구성에는 본디 청자높임소만 관여하고 문장종결소나 그 밖의

다른 요소는 관여하지 않았다. 이러한 어미구조체가 종결어미의 형태로 재구조화하는 과정에서 청자높임소가 문장종결소로 기능 변동하게 된다. (27)의 어미구조체에서 청자높임소 '~습~'은 15세기 국어에서는 객체를 높여서 예우하는 문법소였으나, 근대 국어에서부터 청자를 높여서 예우하는 문법소로 바뀌었다. 그러므로 (27)의 어미구조체에 관여하는 '~습~'은 청자를 높여서 예우하는 기능을 수행하는 청자높임소이다. 이 어미구조체의 구성은 'X+S+Ø'의 구성과와 마찬가지로 문장종결소가 빈칸이어서 바로 앞 요소인 청자높임소'~습~'이 문장종결소로 기능 변동함으로써 문장을 끝맺는 기능을 획득하게 된다. 따라서 청자높임소 '~습~'은 문장종결소 '~오'로 기능 변동함으로써 (27)의 '~오'가 종결어미의 기능을 획득하게 된다.[32]

그런데 최명옥(1976)과 한동완(1988)에서는 선어말어미 '~습~'이 관여하여 어말어미 '~오'가 형성되는 과정에 청자높임소 '~이~'가 함께 관여한 것으로 설명하였는데[33], 우리는 그것을 부분적으로 수용하면서 어미구조체의 일반적인 유형을 중시하는 관점으로 이것을 기술하는 것이다. (2ㄴ)에서도 (27)과 마찬가지로 문장종결소가 빈칸이어서 바로 앞 요소인 청자높임소 '~이~'가 '~이'로 기능 변동함으로써 종결어미의 기능을 획득하게 된다. (1ㄴ)의 문장이 청자에 대해 예사 높임으로 예우하는 것은, 기능 변동한 '~이'가 청자높임소 '~이~'가 수행하던 높임의 등급을 그대로 유지하지 못하고 상당하게 낮아진 등급의 높임을 수행하기 때문이다. 그것은 하나의 문법소가 수행하는 기능부담량의 한계성에 기인하기 때문이라는 것을 이미 앞절에서 지적한 바 있다. 그리고 (17)의 문장이 (1ㄴ)의 문장에

---

32) 종결어미 '~오'가 선어말어미 '~습~'에 소급될 수 있음은 최명옥(1976), 이현희(1982), 한동완(1988), 허웅(1991) 등을 참조..

33) 종결어미 '~오'의 형성 과정을 한동완(1988:241)에서는 최명옥(1976)을 받아들여서 '~ᅀᆞᄫᅵ' > '~ᅌᆞ오이' > '~오이' > '~외' > '~오'와 같이 제시하였다.

비해 청자높임법의 등급이 더 높은 것은, 최명옥(1976)과 한동완(1988)에서 제시한 종결어미 '~오'의 형성 과정을 참조하면 도움이 될 것이다. 즉 종결어미 '~오'의 형성 과정에는 이중의 청자높임소가 관여하는 반면, 종결어미 '~이'의 형성 과정에는 한 개의 청자높임소만 관여하기 때문이다.[34] 그러니까 종결어미 '~이'의 형성에는 청자를 높여서 예우하는 요소가 하나만 관여하는 반면, '오'의 형성에는 청자를 높여서 예우하는 요소가 둘 관여한 것으로 보는 것이다. 이렇게 되면 '~오'의 형태를 이루는 어미구조체를 별도로 설정해야 하겠지만, 여기에서는 잠정적으로 2.3.6에 포함시켰다.

주지하는 바와 같이 종결어미 '~오'는 (1)에서는 서술어미로 기능하지만 의문어미, 명령어미, 그리고 청유어미 등으로도 실현된다.

(3) ㄱ. 언제 집에 가오?
　　ㄴ. 빨리 집으로 가오.
　　ㄷ. 우리 함께 가오.

(3ㄱ)의 '~오'는 의문법을 실현하고, (3ㄴ)의 '~오'는 명령법을 실현하며, (3ㄷ)의 '~오'는 청유법을 실현한다. 이렇게 마침법의 여러 하위 범주를 두루 실현하는 '~오'는 형태 구성상으로는 아무 차이다 없다. 다만 각각의 마침법에 따라 음운론적 실현 종결소의 차이가 있을 뿐인데, 이것에 대해서는 뒤에서 다시 살펴보기로 한다.

---

34) 한동완(1988:231)에는 청자높임법 등급 결정의 형태 원리를 아래와 같이 두 가지를 제시한 바 있다. 가. 청자높임법의 등급은 1차적으로 선어말어미 '~이~'의 개재에 의해 한 단계 높아진다. 나. 청자높임법의 등급은 2차적으로 선어말어미 '~삽~'의 개재에 의해 한 단계 더 높아진다.

3. 종결어미의 형태 유형

3.1 문장종결소의 지위

종결어미의 형태 분석을 통해 드러난 사실은, 종결어미의 형태를 이루는 어미구조체의 구조에 따라 그 구성 요소가 일정하지 않다는 점이다. 종결어미의 형태를 이루는 어미구조체의 구성 요소에는 문장종결소와 청자높임소 그리고 그 밖의 갖가지 문법 요소가 관여하는데, 어떤 어미구조체의 구성에는 이들 요소가 모두 갖추어져 있기도 하지만 또다른 어떤 어미구조체의 구성에는 위의 요소들 중에서 유일하게 어느 한 요소만 갖추어져 있는 경우가 있다. 하나의 종결어미 형태를 이루는 어미구조체가 재구조화하여 문장을 끝맺는 마침법의 기능을 수행하는 종결어미의 기능을 획득하기 위해서는 여러 구성 요소 중에서 문장을 끝맺는 기능을 가진 문장종결소가 반드시 관여해야 한다.

여기서 중요한 것은 종결어미의 형태를 이루는 어미구조체의 구성 요소 중에서 가장 핵심이 되는 요소가 곧 문장종결소라는 사실이다. 문장종결소는 종결어미의 형태 구성에 관여하여 그 형태가 문장을 끝맺는 기능을 수행하는 문법소이다. 문장종결소가 어미구조체의 구성에 관여함으로써 그 어미구조체의 재구조화에 의해 이루어진 종결어미의 형태가 문장의 끝에 결합하여 문장을 끝맺는 기능을 수행하게 된다. 우리가 앞절에서 살펴본 어미구조체의 구조는 크게 6가지의 유형으로 나누어 볼 수 있었다. 그 중에서 4가지의 유형은 어미구조체의 구성에 문장종결소가 관여하고 있으나, 오직 2가지 유형의 어미구조체 구성에는 본디 문장종결소가 관여하지 않았다. 문장종결소가 어미구조체의 구성에 관여하지 않은 어미구조체에서는, 그것이 재구조화하는 과정에 Ø형태의 문장종결소 바로 앞에 놓여진 요소가 문장종결소로 기능 변동함으로써 비로소 그 형태가 종결어미의 기능을 수행할 수 있게 됨을 보았다. 결국 종결어미의 형태를 이루는 모든 어미구조체에 문장종결소가 관여하게 되는 양상을 보였는데, 그것은 곧 문장을 끝맺는 기능을 수행하는 문장종결소가 종결어미의 형태를 이루는 어미구조체의 구성 요소 중에서 가장 핵심적인 요소이며 동시에 필수적인 요소라는 사실을 보여주는 것이다.

실제로 종결어미의 형태 구성에 관여하는 문장종결소는 그 형태를 이루는 어미구조체의 구성 요소 중에서 필수요소이다. 종결어미의 형태를 이루는 어미구조체의 구성에 청자높임소나 그 밖의 요소는 관여하지 않더라도 문장종결소는 반드시 관여해야 하는 사실이 분명한 것은 앞에서 이미 살펴본 바와 같다. 따라서 종결어미에 대한 지금까지의 많은 앞선 논의들에서 종결어미를 이루는 어미구조체의 구성에 관여하는 문장종결소에 대한 인식 내용이나 구체적인 설명이 전혀 이루어지지 않았다. 그러한 결과로 대부분의 논자들은 종결어미의 문법 기능과 의미 기능에 대한 분석을 하면서도 종결어미의 형태를 이루는 어미구조체와 관련성을 짓지 않았다. 그러므로 그들의 논의 내용이 형태론적 분석의 결과와는 무관하게 기술될 수밖에 없었으며, 그리고 더욱이 구체적인 기술이 이루어지기 어려웠다는 사실을 함께 지적하지 않을 수 없다.[35]

요컨대 문장종결소는 종결어미의 형태를 이루는 어미구조체의 구성에 관여하는 핵심요소이다. 만약 어미구조체의 구성에 문장종결소가 관여하지 않으면, 그 어미구조체는 재구조화하더라도 종결어미의 기능을 수행하지 못하는 것을 보더라도 어미구조체의 구성에서 문장종결소의 중요성을 어느 정도 알 수 있다. 문장종결소의 유형에 대해서는 뒤에서 자세하게 살펴보겠지만, 종결어미의 형태를 이루는 어미구조체의 구성에 만약 형태론

---

[35] 물론 형태론적 층위에서 종결어미의 기능과 의미가 완전하게 분석되기 어려운 점이 있긴 하나, 가능하면 형태적 정보와 관련하여 종결어미의 기능과 의미를 기술하는 것이 더욱 바람직할 것이다.

적 층위의 문장종결소가 관여하지 않을 경우에는 그것과 동일한 기능을 가진 음운론적 층위의 문장종결소가 관여함으로써 비로소 그 형태가 문장을 끝맺는 마침법의 기능을 온전하게 수행할 수 있게 되는 것이다.

3.2 문장종결소의 유형

문장종결소는 종결어미의 형태를 이루는 어미구조체의 구성에 관여하여 문장을 끝맺는 기능을 수행하는 문법소이다. 종결어미의 어미구조체에 문장종결소가 관여하지 않으면 그것이 문장을 끝맺는 기능을 획득하지 못하므로, 문장종결소의 관여는 필수적이라 할 수 있다.

국어 종결어미의 많은 형태 중에는 대부분의 경우 형태론적 층위의 문장종결소가 관여하는 것이 보편적인데, 어떤 종결어미의 형태를 이루는 어미구조체의 구성에는 형태론적 층위의 문장종결소가 관여하지 못하고 그 대신에 음운론적 층위의 문장종결소가 관여하는 경우가 존재한다. 문장을 끝맺는 기능을 수행하는 문법소가 형태론적 층위에만 반드시 존재하는 것이 아니고 음운론적 층위에서도 존재한다는 것이다. 음운론적 층위의 문장종결소는 종결어미의 형태를 이루는 어미구조체의 구성에서 유형적으로 분석할 수는 없지만, 문장의 실제 발화상에서 음운론적 문장종결소의 분석이 가능하다. 따라서 음운론적 문장종결소는 유형적으로 분석되는 것이 아니고 무형적으로 분석될 수 있다.

따라서 문장을 끝맺는 기능을 수행하는 문장종결소의 유형은[36] 아래의 (1)과 같이 나타낼 수 있다.

(1) 국어 문장종결소의 유형

　ㄱ. 형태론적 문장종결소
　　① 서술형 : '~다'

---

36) 국어 문장종결소의 유형에 대해서는 김태엽(1997)을 참조..

② 의문형 : '~냐'
③ 명령형 : '~라'
④ 청유형 : '~자'

ㄴ. 음운론적 문장종결소
① 끊어짐의 수행~억양
② 범주 결정의 수행~억양

국어 문장종결소의 유형을 (1)과 같이 정리하면, 종결어미의 기능을 수행하는 모든 형태는 그 형태를 이루는 어미구조체의 구성에 어떤 유형의 문장종결소이든 반드시 관여하는 것으로 볼 수 있다.

3.2.1 형태론적 문장종결소

종결어미의 형태를 이루는 어미구조체의 구성에 관여하는 문장종결소가 형태론적 층위의 요소일 때, 그것을 우리는 형태론적 문장종결소라 부른다.

(1)에 제시한 형태론적 문장종결소는 마침법의 하위 범주를 각각 대표하는 문장종결소이다. 좀더 자세하게 설명하면 서술법을 실현하는 모든 종결어미의 형태 구조에는 (17)~①의 '~다'로 대표되는 문장종결소가 관여한다는 뜻이고, 의문법을 실현하는 종결어미의 형태 구조에는 (17)~②의 '~냐'로 대표되는 문장종결소가 관여한다는 뜻이며, 명령법을 실현하는 종결어미의 형태 구조에는 (17)~③의 '~라'로 대표되는 문장종결소가 관여한다는 뜻이다. 그리고 청유법을 실현하는 종결어미의 형태 구조에는 (17)~④의 '~자'로 대표되는 문장종결소가 관여한다는 뜻이다.

그러면 아래 (2)에서 '~다'를 두고 서술법을 실현하는 문장종결소의 대표형으로 잡은 배경을 살펴본다.

(2) ㄱ. 바람이 많이 불겠는걸.
    ㄴ. 나는 내일 거기에 가마.
    ㄷ. 비가 계속 오는구나.

(27)의 서술어미의 형태 '~는걸'은 문장의 명제 내용에 대한 화자의 생
각을 안으로 향해 나타내고 있으며[37], (2ㄴ)의 서술어미 '~으마'는 문장의
명제 내용을 청자에게 화자가 스스로 약속하여 나타내고 있고, (3ㄷ)의 서
술어미 '~구나'는 문장의 명제 내용을 스스로의 느낌으로 표현하고 있다.
허웅(1995)에 따르면, (17)의 '~는걸'과 (1ㄷ)의 '~구나'는 안을 향한 화자
의 마음 가짐을 서술하는 형태이고, (1ㄴ)의 '~으마'는 밖을 향하여 청자를
강하게 의식하는 서술 형태에 속한다고 설명하였다. 여기서 안을 향한 화
자의 마음이란 청자에 대한 의식함이 없이 화자가 스스로 생각하거나 느낀
바라는 것으로 이해되며, 밖을 향하여란 청자를 의식함을 뜻하는 것으로
이해된다.

그런데 (2)의 문장에 결합된 종결어미의 형태 '~는걸', '~으마', '~구
나' 등은 어떤 문장의 경우에나 그대로 유지되는 것이 아니고, 이들 문장을
중심으로 좀더 확대된 문장으로 바꾸면 그 종결어미의 형태 대신에 다른
종결어미의 형태로 교체되는 현상을 보인다.

예컨대 (2)는 철수에 의해 발화된 문장으로 보고, (2)를 확대된 문장의 동
사구 내포문(간접인용문)으로 바꾸면 문장 (3)과 같이 실현된다.

(3) ㄱ. 철수는 바람이 많이 불겠다고 말했다.
    ㄴ. 철수는 내일 거기에 간다고 말했다.
    ㄷ. 철수는 비가 계속 온다고 말했다.

---

37) 허웅(1995:525)에서는 서술법을 크게 두 갈래로 나누었는데, 하나는 청자를 강하
    게 의식(밖을 향함)하며 서술하는 것이고 다른 하나는 화자의 마음 가짐(안을 향
    함)을 서술하는 것이다.

　문장 (2)의 서술어미 '~는걸', '~으마', '~구나' 등의 형태는 (3)에서 모두 '~다' 또는 '~ㄴ 다'의 형태로 중화되어 나타난다. 문장 (2)를 확대된 문장인 간접인용문의 내포문으로 바꾸었을 때, 내포문에 결합된 내포어미가 본디 형태인 '~는걸', '~으마', '~구나' 등으로 유지되지 못하고 모두 '~다' 또는 '~ㄴ 다'의 형태로 교체되고 말았다. 김태엽(1994)에서는 간접인용문의 내포어미는 화자의 주관적 태도가 중화되어 나타나므로, 그것은 하나의 객관적인 통사적 장치가 될 수 있는 것으로 처리한 바 있다. (2)의 문장이 간접인용문에 내포된 (3)에서는 본디 문장의 종결어미 형태가 모두 중화된 내포어미의 형태 '~다/ㄴ 다'로 나타나는 현상을 두고, 김태엽(1994)에서는 화자나 인용화자 어느 누구의 심리적 태도도 반영되지 않았기 때문에 그같은 중화된 형태가 나타난다고 하였다. 간접인용문의 내포문에 화자나 인용화자의 심리적 태도가 전혀 반영되지 않은 내포어미가 선택되는 것은 그 자체가 객관적인 통사적 장치가 될 수 있는 것이다. 그렇기 때문에 흔히 (2ㄴ)의 종결어미 '~으마'가 약속법을 실현하고, (2ㄷ)의 '~구나'가 감탄법을 실현하는 것으로 마침법을 하위 분류하는 태도는 고쳐져야 한다. 왜냐하면 객관적인 통사적 장치라 할 수 있는 간접인용문의 내포문에서 중화된 형태로 나타나지 못하는 내포어미의 형태는 마침법의 독립된 하위 범주로 설정할 수 없기 때문이다. 그러므로 일부의 앞선 논자들이 약속법과 감탄법을 마침법의 하위 범주로 설정하는 태도는 바람직하지 못한 방법이라는 것이 이런 점에서 잘 드러나고 있는 것이다.

　따라서 서술법을 실현하는 종결어미의 형태 구조에 관여하는 문장종결소는 '~다'의 형태로 대표될 수 있다.

　다음에는 의문어미의 경우를 (4)에서 살펴본다.

　　(4) ㄱ. 너는 어디 가는데?
　　　　ㄴ. 이것은 누구 책인가?

ㄷ. 너도 거기 갈려고?

예컨대 (4)를 영수가 발화한 문장이라고 보고 (4)의 의문문을 동사구 내
포문으로 내포시키면 (5)와 같이 실현된다.

(5) ㄱ. 영수는 내가 어디 가느냐고 묻더라.
    ㄴ. 영수는 이것이 누구 책이냐고 묻더라.
    ㄷ. 영수는 나도 거기 가려느냐고 묻더라.

(4)의 의문어미 '~는데', '~ㄴ가', '~고' 등의 형태가 간접인용문의 (5)
에서는 모두 내포어미 '~냐'[38]의 형태로 중화되어 나타남을 볼 수 있다.
간접인용문의 내포문에 결합된 내포어미에는 본디 화자와 인용화자의 심
리적 태도가 전혀 반영되지 않기 때문에, 그것을 하나의 객관적인 통사적
장치로 보았다. 그렇다면 (4)의 각 문장에 결합된 의문어미의 대표적 형태
는 간접인용문 (5)의 내포문에 결합된 내포어미의 형태 '~냐'라 할 수 있을
것이다. 따라서 의문어미의 여러 형태를 이루는 어미구조체에 관여하는 문
장종결소의 대표형은 '~냐'라 할 수 있다.
　다음에는 청유법과 명령법의 경우를 살펴본다.

(6) ㄱ. 자네도 같이 가게.
    ㄴ. 자네도 같이 가세.

(6ㄱ)의 '~게'는 청유어미이고 (6ㄴ)의 '~세'는 명령어미이다. 문장 (6)이
동사구 내포문으로 내포되면, 내포문에 결합된 내포어미의 형태는 각각

---

38) 흔히 '~느냐'를 의문어미로 처리하지만, 이 형태의 어미구조체 '느+냐'에서 '~
　느~'는 직설의 서법소로 따로 분리될 수 있다. 이것은 서술어미 '~는다'의 형
　태를 이루는 어미구조체 '느+ㄴ+다'에서 '~느~'가 직설의 서법소로 분리될
　수 있는 것과 마찬가지다.

‘~라’와 ‘~자’로 중화되어 실현된다.

내포어미가 ‘~라’와 ‘~자’로 중화됨을 (7)에서 보기로 한다.[39]

    (7) ㄱ. 아저씨는 나도 같이 가라고 말씀하셨다.

       ㄴ. 아저씨는 나도 같이 가자고 말씀하셨다.

(7ㄱ)의 내포어미는 ‘~라’이고 (7ㄴ)의 내포어미는 ‘~자’이다. 따라서 여러 종류의 명령어미와 청유어미의 형태를 이루는 어미구조체의 구성에 관여하는 문장종결소는 각각 ‘~라’와 ‘~자’로 대표될 수 있을 것이다.[40] 앞에서 기술한 이러한 논의의 내용과 방향이 매우 흡사한 내용이 일찍이 남기심(1973)서 구체적으로 기술된 바 있다.

남기심(1973:52)에서는 문말 서법의 간접화를 설명하면서, 서법의 간접화[41] 규칙을 (8)과 같이 제시했다.

    (8) 서법의 간접화

$$X\sim[X\sim V\sim mood]''s''\sim X$$

     1 234 5 →

     [+서술]

     [+의문]

     [+청유]

     [+명령]

---

39) (6)의 화자가 아저씨라고 전제한 문장이 (7)이다.

40) 여기서 말하는 문장종결소의 대표형 ‘~다’, ‘~냐’, ‘~자’, ‘~라’ 등은 그 자체가 하나의 종결어미 형태를 이루는데, 이것은 형태소가 모여서 낱말을 이루는 것과 비슷한 현상으로 이해할 수 있다. 즉 하나의 형태소가 하나의 낱말을 이루기도 하고 둘 이상의 형태소가 모여서 하나의 낱말을 이루기도 하듯이, 문장종결소 하나만으로 종결어미의 형태를 이루기도 하고 문장종결소와 다른 문법소가 모여서 종결어미의 형태를 이루기도 하는 것과 비슷하다.

41) 서법의 간접화는 한 문장을 간접인용문으로 내포시키는 것과 마찬가지 현상이다.

서법의 간접화 규칙 (8)은, 곧 (2), (4), (6)의 문장을 각각 (3), (5), (7)과 같이 동사구 내포문으로 내포시켰을 때 내포어미가 중화된 형태로 나타나는 규칙과 동일한 현상이다. (8)의 내포어미를 지표 4로 나타내고 그 4는 [+서술], [+의문], [+청유], [+명령] 등으로 실현될 수 있으며, [+서술]에 해당하는 형태는 '~다', [+의문]에 해당하는 형태는 '~냐', [+청유]에 해당하는 형태는 '~자', 그리고 [+명령]에 해당하는 형태는 '~라'와 같이 중화된다.

한편 고영근(1974:154)에서는 마침법의 하위 범주를 설명법, 의문법, 감탄법, 명령법, 허락법, 공동법, 약속법, 경계법 등 8개로 나누었는데, 이러한 분류는 엄격하고 객관적인 분류 기준에 의하지 않고 종결어미의 의미에 따른 분류로 보인다. 마침법의 하위 범주가 과연 그렇게 여러 종류로 분류될 수 있느냐에 대해서 우리는 관점을 달리한다. 그러나 이 연구에서 한 가지 참고가 되는 중요한 사항은 마침법의 하위 범주에 따라 기본형을 설정한 점인데, 고영근(1974)에서 설정한 기본형이 앞에서 살펴본 남기심(1973)의 그것과 일치한다.

요컨대 형태론적 문장종결소의 대표형 '~다', '~냐', '~라', '~자' 등은, 각 마침법을 실현하는 종결어미의 형태를 이루는 어미구조체에 관여하는 많은 문장종결소 중에서 대표성을 갖는 다는 것이다. 이것은 여러 종류의 이형태가 존재하는 경우에, 그 중에서 대표되는 형태를 기본적인 형태소로 잡는 방법과 동일한 것으로 이해할 수 있다. 왜냐하면 문장종결소의 음성 형태가 서로 다르다 하더라도 동일한 마침법으로 문장을 끝맺는 기능을 수행한다면 그것들은 대표적인 하나의 문장종결소로 묶여질 수 있기 때문이다.

3.2.2 음운론적 문장종결소

문장종결소는 형태론적 문장종결소와 음운론적 문장종결소로 나뉘어진다. 형태론적 문장종결소는 종결어미의 형태를 이루는 어미구조체의 구성에 유형의 형태로 관여하는 반면, 음운론적 문장종결소는 무형의 음운으로 관여하는 차이가 있다. 따라서 형태론적 문장종결소는 그 종결어미의 형태를 이루는 어미구조체의 구성에 유형적이고 명시적인 언어 요소로 관여하기 때문에 형태론적 층위에서 분석될 수 있으나, 음운론적 문장종결소는 무형적이고 비명시적인 언어 요소로 어미구조체의 구성에 관여하기 때문에 형태론적 층위에서는 분석되지 않는다. 따라서 형태론적 문장종결소가 분절적 문장종결소라면, 음운론적 문장종결소는 비분절적 문장종결소라 할 수 있다.

음운론적 문장종결소는 단지 문장을 끝맺는 기능만을 갖는 수행~억양이 있고, 문장을 끝맺으면서 동시에 마침법의 하위 범주를 결정하는 수행~억양이 있다. 전자에 의해서는 문장을 끝맺기는 하나 마침법의 하위 범주가 결정되지 않지만, 후자에 의해서는 그 두 가지가 동시에 결정되는 차이가 있다.

아래의 문장 (1)을 보기로 한다.

(1) ㄱ. 비가 오니까 우산이 필요하다.
　　ㄴ. 비가 오는데 어디 가느냐?

(1)의 '~니까'와 '~는데'는 선행절과 후행절을 이어주는 기능을 수행하는 연결어미이다. 그런 경우에 이 두 형태에 얹히는 수행~억양은 '이어짐'이지만, 아래 (2)의 '~니까'와 '~는데'에 얹히는 수행~억양은 '끊어짐'이다.[42] 즉 어말어미 '~니까'와 '~는데'가 연결어미로 기능할 때는 이들 형태에 이어짐의 수행~억양이 얹히고, 종결어미로 기능할 때는 끊어짐의 수

---

42) 끊어짐의 수행~억양을 박창해(1990:195)에서는 '절종결'이라 하였는데, 여기에서는 임홍빈(1984:147)을 따라 수행~억양이라 부르기로 한다.

행~억양이 얹혀진다.

    (2) ㄱ.비가 오니까.
        ㄴ. 비가 오는데.

   (2)에서는 '~니까'와 '~는데'가 종결어미로 기능한다.[43] (1)에서는 '~니까'와 '~는데'의 형태가 앞뒤의 문장을 이어주는 연결어미의 기능을 수행하는 반면, (2)에서의 그것들은 문장을 끝맺는 기능을 수행한다. '~니까'와 '~는데'는 형태상의 아무런 변화를 동반하지 않은 채 두 가지 서로 다른 기능을 수행하는 것이다.

   연결법과 마침법을 모두 실현하는 어말어미 '~니까'와 '~는데'는 형태상으로 아무런 차이가 없지만, 이들 형태가 연결어미로 기능할 때는 그 형태에 이어짐의 수행~억양이 얹히는 반면, 종결어미로 기능할 때는 끊어짐의 수행~억양이 얹힌다. 본디 연결법을 실현하는 '~니까'와 '~는데'가 형태상으로 아무 변화없이 공시적으로 마침법을 실현하기도 하는데, 그 두 범주를 실현할 때의 차이는 단지 그들 형태에 얹히는 수행~억양의 차이가 있을 뿐이다. 문제의 형태 '~니까'와 '~는데'가 종결법을 실현할 경우, 그 형태에 얹히는 끊어짐의 수행~억양은 문장종결소와 동일한 기능을 수행한다. 즉 일반적인 종결어미의 형태를 이루는 어미구조체에는 형태론적 층위의 문장종결소가 관여함으로써 그 어미가 문장을 끝맺는 기능을 획득하게 되지만, '~니까', '~는데'와 같이 연결법을 실현하는 어말어미가 그 기능이 전용되어 마침법을 실현할 때는 끊어짐의 수행~억양이 얹힘으로써 그 어미가 문장을 끝맺는 기능을 획득하게 된다는 것이다.

---

43) 허웅(1995:599)에서는 '~니까'와 '~는데'가 본디 '이음의 씨끝에서 뒷마디가 줄어져서 마침으로 바뀐 것'이라 하였고, 이러한 현상을 김태엽(1998:186)에서는 비종결어미의 종결어미화로 처리하였다.

종결어미로 기능이 전용되는 어말어미의 형태에 얹히는 끊어짐의 수행~억양은 문장종결소와 동일한 기능을 수행하므로, 이것은 음운론적 문장종결소라 부르며 형태론적 문장종결소와 함께 문장종결소의 하위 범주를 이룬다. 그런데 3.2의 (1)에 제시한 내용에서는 음운론적 문장종결소에는 끊어짐의 수행~억양과 함께 마침법의 하위 범주를 결정하는 수행~억양도 있다고 하였다. 후자의 기능을 수행하는 수행~억양에 대해서는 잠시 뒤에 다시 살펴보기로 하겠다.

한편 권재일(1986:294)에서는 동일 형태의 문법형태소의 성격을 논의하면서 (3)과 같이 그 성격을 3가지로 구분하였는데, 이것은 기능 전용된 종결어미에 대한 우리의 견해 전개에 직접적이고도 구체적인 도움이 된다.

  (3) 같은 형태의 문법형태소의 성격
    ㄱ. 다의어적 문법형태소
    ㄴ. 기능이 전용된 문법형태소
    ㄷ. 동음이어적 문법형태소

동일한 음성 형태를 가진 문법형태소의 성격을 나타낸 (3)에서, (3ㄱ)의 다의어적 문법형태소에는 마침법의 하위 범주에 두루 통용되는 '~어', '~지', '~오' 등의 형태와 내포어미와 연결어미에 통용되는 '~고', '~어', '~어야' 등의 형태를 예로 들었다. 그리고 (3ㄴ)의 기능이 전용된 문법형태소로는 연결어미 '~는데', '~거든'과 명사화 내포어미 '~음', '~기' 등이 마침법으로 전용되는 것으로 설명하였으며, (3ㄷ)의 동음이어적 문법형태소에는 '~어', '~지', '~게' 등이 내포어미와 마침법어미로, '~자'가 연결어미와 마침법어미로, '~은/는/을' 등이 어미와 조사로 쓰이는 예를 제시했다.

(1)과 (2)를 비교하여 본디 연결어미인 '~니까'와 '~는데'가 종결어미로 그 기능이 전용된 것으로 보는 관심은, 이미 권재일(1986)에서 동일한 문법

형태소의 성격을 정리한 내용을 통해 좀더 구체화할 수 있는 것이다. 그리고 허웅(1995:599)에서는 '~니까'와 '~는데'가 연결어미로 기능하다가 접속문의 후행절이 줄어들면서 이 두 형태가 종결어미로 바뀌는 것으로 설명하였다. 권재일(1986)과 허웅(1995)를 통해 연결법을 실현하는 형태 '~니까'와 '~는데'가 기능이 전용되어 종결법을 실현하게 됨을 알 수 있으며, 허웅(1995)와 김태엽(1998)을 통해서는 문제의 어말어미가 종결어미로 기능이 전용되는 과정에는 후행절이 탈락함으로써 선행절만으로 독립된 문장이 성립된다는 사실이 드러난다.

어말어미 '~니까', '~는데' 등과 같이 다른 문법 범주를 실현하는 형태가 그 기능의 전용으로 말미암아 마침법을 실현하는 경우에는, 그 형태를 이루는 어미구조체의 구성에 형태론적 층위의 문장종결소가 관여하지 않는다. 기능이 전용된 종결어미의 형태에는 형태론적 문장종결소가 관여하지 않는 대신에 음운론적 문장종결소가 관여한다. 그런 종결어미에 관여하는 음운론적 문장종결소는 형태론적 문장종결소와 마찬가지로 문장을 끝맺는 기능을 수행하므로, 그런 종결어미가 결합됨으로써 마침법을 실현하게 되는 것이다. 따라서 음운론적 문장종결소는 형태론적으로 분석될 수는 없지만, 문장을 끝맺는 기능은 조금도 다르지 않은 하나의 비분절음소이다.

비분절음소라 할 수 있는 음운론적 문장종결소에는 끊어짐의 수행~억양과 마침법의 하위 범주를 결정하는 수행~억양이 있는데, 후자에 해당하는 수행~억양이 얹힘으로써 마침법이 결정되는 종결어미의 형태에는 '~어', '~지', '~오' 등이 있다.

    (4) ㄱ. 너는 책을 읽어.
        ㄴ. 너는 책을 읽지.
        ㄷ. 철수는 내일 오오.

(4)의 문장에는 종결어미의 형태로 '~어', '~지', '~오' 등이 선택되어 있다. 그런데 이들 종결어미의 형태는 문장을 끝맺는 기능은 수행하지만, 그 문장이 마침법의 하위 범주 중에서 어느 범주인지에 대해서는 발화 상황에 기대지 않고는 중립적이다. 다시 말하면 (4)의 문장에 결합된 종결어미의 형태에 마침법을 결정하는 수행~억양이 얹히기 전에는 마침법의 하위 범주가 결정되지 않은 중립적인 문장으로 볼 수 있다는 것이다.

문장 (4)와 같이 '~어', '~지', '~오'의 종결어미가 문장의 끝에 선택되었을 때, 그것에 어떤 종류의 수행~억양이 얹히느냐에 따라 서술법, 의문법, 명령법, 청유법 중의 어느 한 마침법이 결정된다. 따라서 (4)의 종결어미에 구체적인 수행~억양이 얹혀지기 전에는 마침법의 하위 범주가 결정되지 못한다. 그런 경우 마침법 결정의 수행~억양이 얹히는 것은 발화 상황에 의한 것으로 보고, '~어', '~지', '~오' 등과 같은 종결어미를 상황의 존형어미라 부르기도 한다.44) 결국 발화 상황에 따라 마침법 결정의 수행~억양이 달라지므로, 이러한 상황의존어미는 그것에 얹히는 수행~억양에 따라 마침법의 하위 범주가 정해진다고 본다. 이와 같은 상황의존어미는 그 형태에 얹히는 수행~억양에 따라 마침법의 어느 하위 범주가 결정되기 때문에, 마침법의 어느 한 범주에만 귀속시킬 수 없다.

요컨대 음운론적 문장종결소는 형태적으로 분석될 수 있는 분절적 요소가 아닌 점에서 비분절적 요소라 할 수 있다. 이러한 문장종결소는 문장을 끝맺는 기능을 갖는 수행~억양과 마침법의 하위 범주를 결정하는 수행~억양으로 나뉘어진다. 전자의 기능을 갖는 수행~억양은 다른 문법 기능을 수행하던 형태가 마침법을 실현할 경우에 그 형태에 얹힘으로써 문장을 끝맺는 기능을 수행하고, 후자의 기능을 갖는 수행~억양은 발화 상황에 따라 마침법의 하위 범주를 결정한다. 그 중에서 마침법의 하위 범주를 결정

____

44) 권재일(1992:99)에서는 상황의존어미로 '~어', '~지', '~오' 외에 '~소', '~구려' 등을 제시하였다.

하는 기능을 가진 수행~억양은 발화 상황에 의해 선택되므로, 이 수행~
억양이 얹히는 종결어미를 흔히 상황의존어미라 부르기도 한다.

3.3 비종결어미의 종결어미화

현대 국어의 종결어미 형태 목록에는 본디부터 마침법을 실현하는 종결
어미의 형태를 포함하여 처음에는 마침법을 실현하지 않던 다른 어말어미
가 그 문법적 기능이 전용되어 종결어미로 기능하는 것이 포함되어 있다.
그런 종결어미에 해당하는 형태는 처음부터 종결어미의 기능을 수행하는
형태와 같이 그 형태 구성을 이루는 어미구조체의 유형으로 분석하기 어렵
다. 왜냐하면 그런 형태는 본디 다른 문법 기능을 수행하다가 공시적으로
종결어미로 문법 기능이 전용된다 하더라도, 그 문법 기능이 전용되기 이
전의 형태와 전용되고 난 뒤의 형태가 동일하기 때문이다.

마침법을 실현하지 않던 어말어미가 그 문법 기능이 전용되어 마침법을
실현하게 되는 현상을 우리는 비종결어미의 종결어미화라 부른다. 본디 종
결어미로 기능하지 않던 문법 형태가 마침법을 실현하는 종결어미로 기능
이 전용되는 경우에는, 그 문법 형태에는 아무런 변화가 없고 다만 기능만
바뀐다. 여기에 속하는 종결어미의 형태는 형태론적 층위에서는 아무런 변
화가 없으나 음운론적 층위에서는 차이가 있다. 즉 문법 기능이 전용되기
이전과는 달리 전용되고 난 뒤의 형태가 실제 문장에서 종결어미로 선택되
면 그 종결어미의 형태에 음운론적 문장종결소가 관여한다. 다른 문법 기
능을 수행하던 문법 형태가 공시적으로 종결어미로 기능이 전용되는 형태
에는 본디 종속적 연결어미[45], 보조적 연결어미, 그리고 명사화 내포어미
등으로 기능하던 것들이 있다.

---

45) 남기심(1985), 유현경(1986)에서는 종속접속문을 부사절로 처리하였고, 최재희
  (1997)에서는 내포문에 포괄하려는 논의가 있었으나, 여기에서는 종래와 마찬가
  지로 종속접속문에 사용되는 연결어미를 종속적 연결어미라 부른다.

본디 마침법을 실현하지 않던 어말어미가 그 문법 기능이 전용되어 종결어미로 기능하는형태에는 '~거든', '~지', '~음' 등이 있는데, 아래의 문장 (1)에서 그런 경우를 살펴보기로 한다.

    (1) ㄱ. 눈이 많이 내렸거든.
       ㄴ. 나는 책을 많이 읽지.
       ㄷ. 철수가 어제 왔음.

(1)에서 '~거든', '~지', '~음' 등은 마침법을 실현하는 종결어미이다. 실제로 이 형태들은 본디 각각 종속적 연결어미, 보조적 연결어미, 명사화 내포어미 등으로 기능했으나, 문장 (1)에서는 종결어미로서 온전하게 그 기능을 수행한다.

아래의 문장 (2)에서 이들 형태가 종결어미로 기능이 전용되기 이전의 문법 기능을 수행하는 경우의 문장을 살펴보기로 한다.

    (2) ㄱ. 눈이 많이 내렸거든 오늘 떠나지 마라.
       ㄴ. 나는 책을 많이 읽지 못했다.
       ㄷ. 나는 철수가 어제 왔음을 몰랐다.

문장 (2)에서 '~거든', '~지', '~음' 등은 문장 (1)의 경우와는 다른 기능을 수행한다. 즉 (2ㄱ)의 '~거든'은 종속적 연결어미로 기능하고, (2ㄴ)의 '~지'는 보조적 연결어미로 기능하며, (2ㄷ)의 '~음'은 명사화 내포어미로 기능한다. 따라서 마침법을 실현하는 종결어미로 그 문법 기능이 전용되는 어말어미에는 종속적 연결어미, 보조적 연결어미, 명사화 내포어미 등이 있는 것으로 보고, 이것들의 종결어미화 과정을 아래에서 차례대로 살펴보기로 한다.

3.3.1 종속 연결어미의 종결어미화

접속문은 둘 이상의 문장이 연결어미를 매개로 하여 계층구조상으로 수
평적이며 대등적인 구성을 한 복합문이다. 보편적으로 접속문은 크게 등위
접속문과 종속접속문의 두 유형으로 가른다. 등위 접속문의 접속절들은 각
각 의미적 독립성이 강한 데 반하여, 종속 접속문의 접속절들은 서로 의미
적 의존성이 강하다. (김영희:1987,57)

둘 이상의 문장이 연결어미를 매개로 하여 대등한 계층구조를 이루면서
의미적으로 의존성이 강한 종속 접속문을 구성하는 종속 연결어미들 가운
데서, 그것의 문법 기능 변동으로 종결어미화하는 현상이 가장 뚜렷한 것
으로 보이는 '~거든', '~ㄴ데', '~니까' 등의 형태를 대상으로 기능 변동
의 과정을 (3)에서 살펴보기로 한다.[46]

     (3) ㄱ. 바람이 그치거든 집에 가거라.
        ㄴ. 비가 많이 오는데 넌 어디 가느냐?
        ㄷ. 비가 너무 많이 오니까 집에 가지 못한다.

(3)에 열거한 접속문은 두 개의 하위절이 상위문에 직접 관할되는 방식
의 구성을 이루는데, 하위절은 다시 선행절과 후행절로 되어 있다. 그런 점
에서 접속문은 단순문의 확대 구성의 하나라 할 수 있으며, 그렇게 확대된
문장의 구성은 담화 상황에 따라서는 얼마든지 축소될 수도 있을 것이다.

문장 (3)에서는 연결어미로 기능하던 '~거든', '~ㄴ데', '~니까' 등의
형태가 그 문법 기능이 전용되어 마침법을 실현하는 종결어미로 기능하는

---

46) 종속 연결어미 중에는 이들 형태 외에도 종결어미화하는 현상이 차츰 짙어지는
   경향이 나타내고 있으나, 여기에서는 이 세 형태만을 다루기로 한다. 앞으로 종
   속 연결어미의 종결어미화가 더 많이 일어날 것으로 예측된다.

경우를 흔히 볼 수 있는데, 아래의 문장 (4)가 그런 경우이다.

(4) ㄱ. 바람이 그치거든.
　　ㄴ. 비가 많이 오는데.
　　ㄷ. 비가 너무 많이 오니까.

(4)와 같은 문장은 담화상에서 (3)의 후행절이 삭제됨으로써 나타날 수 있다. 즉 화자와 청자가 후행절 부분이 삭제되더라도 서로의 정보 교류에 문제가 없는 담화 상황에서는 (4)만으로 나타나기도 한다는 것이다.[47] 언어는 경제성을 매우 중시한다. (4)만으로 (3)과 동일한 정보의 교류가 이루어진다면, 화자가 굳이 문장이 긴 (3)보다는 (4)를 발화하는 것이 훨씬 더 경제적이라 할 수 있다.

(3)에서 접속법을 실현하는 연결어미 '~거든', '~ㄴ데', '~니까' 등이 (4)에서는 마침법을 실현하는 종결어미의 기능을 수행한다. 이런 현상을 권재일(1986)과 김태엽(1998)에서는 그 형태의 기능 전용에 의한 결과로 나타나는 언어 현상이라고 기술하였다. 그리고 특히 김태엽(1998:178)에서는 연결어미가 기능 전용되어 종결어미화하는 과정을 아래의 (5)와 같이 제시한 바 있다.

(5) 비종결어미의 종결어미화 과정[48]
　　ㄱ. 후행절의 삭제
　⇒ㄴ. 끊어짐의 수행~억양 없힘
　⇒ㄷ. 문장 종결 기능 획득

---

47) 허웅(1995)에서는 종결어미로 기능하는 '~는데'에 대해 '이음의 씨끝에서 뒷마디가 줄어져서 마침으로 바뀐 것'이라 하고, '~니까'에 대해서는 '본디 이것은 이유나 조건을 나타내는 이음법의 씨끝인데, 앞마디만 말을 하고 난 뒤 뒷마디를 줄이거나 뒷마디에 담길 뜻이 이미 앞에 나와 있을 경우에 쓰인다'고 하였다.
48) 여기에 제시한 종결어미화의 과정이 모두 동시에 이루어지겠지만, 이해를 돕기 위해 그 과정을 단계적으로 나타내었다.

(3)과 (4)를 비교하여 살펴봄으로써 (5)의 종결어미화 과정을 어느 정도 이해할 수 있을 것이다. 비종결어미의 종결어미화가 이루어지는 첫 번째의 과정은 그 문장를 이루는 구조의 일부가 삭제되는 현상인데, 접속문의 후행절 부분이 담화 상황에 따라 삭제되더라도 선행절만으로 화자와 청자 사이에 정보 교류가 가능할 경우에 이러한 현상이 나타난다. 즉 (3ㄱ)의 후행절 부분이 삭제되고 나면 선행절만 남게 되는데, 그것은 결국 (4ㄱ)과 같은 독립된 문장으로 존재하게 된다.

다음에는 (5ㄴ)의 과정인데, (3)과 같은 접속문에서는 연결어미 '~거든', '~ㄴ데', '~니까' 등의 형태에 이어짐의 수행~억양이 얹힌다. 그러나 접속문의 후행절이 삭제되어 버리면 선행절만으로 문장이 끝나야 하므로 (4)에서는 이들 형태에 이어짐의 수행~억양 대신 끊어짐의 수행~억양이 얹힌다. 이들 형태에 이어짐의 수행~억양이 얹힐 때는 접속법을 실현하는 연결어미의 기능을 수행하지만, 후행절의 삭제에 의해 선행절만으로 문장을 끝맺어야 하므로 거기에는 끊어짐의 수행~억양이 얹혀져야 한다. 바꾸어 말하면 끊어짐의 수행~억양이 얹힘으로써 문장을 끝맺는 기능을 획득하는 (5ㄷ)의 과정을 거쳐 접속법을 실현하던 형태가 그 문법 기능이 전용되어 마침법을 실현하게 되는 것이다.

3.3.2 보조적 연결어미의 종결어미화

보조적 연결어미는 이른바 보조용언 구성에서 본용언에 결합하여 본용과 보조용언을 이어주는 기능을 수행한다. 본용언 뒤에 보조용언이 통합하여 보조용언 구성을 이루는 것도 문장을 확대하는 방법의 하나라 할 수 있는데, 담화 상황에 따라서는 확대된 부분이 다시 삭제될 수 있을 것이다.

(6) ㄱ. 철수가 책을 다 읽었다.
　　 ㄴ. 영수는 그 사과를 먹었느냐?

(7) ㄱ. 철수가 책을 다 읽어 버렸다.

　　ㄴ. 영수는 그 사과를 먹어 보았느냐?

문장 (6)은 본용언만으로 서술 기능을 수행하는 단순문이지만, 문장 (7)은 본용언 뒤에 보조용언이 통합된 보조용언 구성의 문장이다. 문장 (6)과 (7)은 문장의 명제 내용면에서는 별다른 차이가 없으나, 문장 (7)은 본용언 뒤에 보조적 연결어미를 결합시킨 후에 다시 보조용언을 통합한 확대된 문장의 구성이다. 본용언과 보조용언이 통합된 보조용언의 구성은 형식상으로는 용언이 두 개지만, 하나의 서술기능을 수행한다.[49] 문장 (7ㄱ)의 보조용언 '버리다'는 어휘적 의미가 상실되고 문법적 의미만 유지하고 있으며, (7ㄴ)의 보조용언 '보다' 역시 어휘적 의미는 거의 갖지 못하고 문법적 의미만 가지고 있다. 사실 문장 (7)의 보조용언 '버리다'와 '보다'에서 각각 '책을 버리다'와 '사과를 보다' 등의 독립된 문장으로서의 의미 해석은 불가능하다. 따라서 문장 (7)과 같은 보조용언 구성체에서 본용언은 주로 서술기능에 관여하고 보조용언은 문법적 기능을 수행하는 것으로 보인다.

그렇지 않고 본용언과 보조용언이 각각 하위문과 상위문의 서술기능을 수행하는 독립된 동사라면, 문장 (6)과 (7)의 명제 내용이 전혀 달라야 할 터인데, 실제로는 문장 (6)과 (7)의 명제 내용은 별다른 차이가 없다. 문장 (7)의 보조용언이 독립된 서술 기능을 수행하지 않음은 (7)을 문장 (8)로 고쳐 놓으면 더욱 분명하게 드러난다.

---

49) 또다른 관점으로는 본용언을 하위문의 동사로 보고 보조용언을 상위문의 동사로 처리하는 논의가 있는데, 그런 논의에서는 본용언과 보조용언이 각각 별개의 서술 기능을 수행하는 것으로 설명한다. 하지만 여기에서는 본용언과 보조용언이 하나의 서술 기능을 수행하는 것으로 본다. 왜냐하면 보조용언이 독립적인 서술 기능을 수행하려면 어휘적 의미를 가져야 하는데, 실제로 보조용언은 어휘적 의미를 실현하기보다는 문법적 의미를 실현하는 경향이 강하게 나타나기 때문이다.

(8) ㄱ. 철수가 책을 다 읽었어.

ㄴ. 영수는 그 사과를 다 먹었어?

문장 (8)과 문장 (7)의 명제 내용은 문장 (7)과 문장 (6)의 그것보다 더욱 가깝다. 문장 (8)에는 보조용언 '버리다'와 '보다'가 삭제되고 없지만, 문장 (7)의 보조용언에 결합된 시제 선어말어미 '~었~'이 본용언에 옮겨져 결합되어 있어서 문장 (7)과 문장 (8)은 거의 비슷한 의미로 파악된다. 문장 (7)에서는 다만 보조용언 '버리다'와 '보다'에 의한 양태적 의미가 덧붙어 있을 뿐, 그 밖의 의미 내용은 문장 (8)과 거의 동일하다.50) 일반적으로 보조용언이 본용언 뒤에 통합됨에 따라 양태, 상, 강조, 부정, 사동, 피동, 등의 문법적 의미가 더해지는 특징을 가지는 것이 보조용언 구성의 문장이다.51)

그런 점에서 본용언 뒤에 보조용언을 통합하는 것은 본용언만으로 나타낼 수 없는 문법적 의미를 더하기 위해 이루어지는 문장 확대 방법의 하나라고 볼 수 있다. 보조용언 구성에 의해 확대된 문장 구조는 어느 부분을 삭제함으로써 다시 문장의 구조를 축소시킬 수도 있어야 하는데, 문장 (7)에서 본용언만의 축소된 문장 구조로 바뀌어진 것이 문장 (8)이라 할 수 있다. 문장 (7)에서는 각각 서술의 문장종결소 '~다'와 의문의 문장종결소 '~냐'에 의해 문장이 끝맺어지는데 반해, 문장 (8)에서는 본디 보조적 연결어미였던 '~어'가 종결어미로 기능이 전용됨으로써 문장이 끝맺어진다. 이 때의 '~어'는 보조적 연결어미에서 그 문법 기능이 전용되어 마침법을

---

50) (8)에는 '~어 버리다'와 '~어 보다'가 통합되지 않은 까닭으로 각각 '종결'과 '시도'라는 문법적 의미가 나타나지 않는 점이 (7)과 다르다.

51) 보조용언의 문법적 기능과 의미에 대해서는 박형달(1976), 이기동(1976), 황병순(1979), 김용석(1983), 김석득(1986), 권재일(1986), 김기혁(1987), 옥태권(1987), 손세모돌(1991), 김영태(1997) 등을 참조..

실현하는 종결어미로 바뀐 것이다. 따라서 이 형태에는 문장을 끝맺는 기능을 수행하는 끊어짐의 수행~억양이 얹혀지며, 그렇게 됨으로써 비로소 '~어'가 종결어미의 기능을 획득하게 된다.

다음에는 '~어'와 함께 보조적 연결어미로 기능하는 '~지', '~게', '~고' 등의 형태가 그 문법 기능의 전용에 의해 마침법을 실현하는 종결어미로 바뀌어지는 과정을 아래의 문장 (9)와 (10)에서 살펴보기로 한다.

    (9) ㄱ. 너는 그 책을 읽지 않았느냐?
       ㄴ. 내가 그 책을 읽게 했느냐?
       ㄷ. 너는 어제 그 책을 읽고 있었느냐?

문장 (9)는 보조적 연결어미 '~지', '~게', '~고' 등이 본용언의 어간에 결합하고 그 뒤에 각각 보조용언 '아니하다', '하다', '있다' 등이 통합된 보조용언 구성의 문장이다. 문장 (9)에서도 본용언과 보조용언의 두 개 용언이 하나의 서술 기능을 수행하는데, 앞쪽의 본용언은 서술 기능의 중심 역할을 하고 뒤쪽에 통합된 보조적 연결어미와 보조용언은 주로 문법적 기능을 수행하는 역할 분담을 볼 수 있다. 즉 문장 (9ㄱ)의 '~지 아니하다'는 '부정'의 의미를 나타내고, 문장 (9ㄴ)의 '~게 하다'는 '시킴'의 의미를 나타내며, 문장 (9ㄷ)의 '~고 있다'는 '진행'의 의미를 나타낸다.

그런데 담화 상황에 따라서는 문장 (9)의 각 보조용언 구성체에서 뒤쪽에 결합되어 있는 보조용언이 삭제되는 모습을 보여주기도 하는데, 그렇게 됨으로써 본디 문장 구조가 축소되어 실현되는 경우가 있다.

    (10) ㄱ. 너는 그 책을 안 읽었지?
       ㄴ. 내가 그 책을 읽었게?
       ㄷ. 너는 어제 그 책을 읽었고?

문장 (10)은 문장 (9)에서 보조용언이 삭제됨으로써 구조가 축소된 문장이다. 문장 (10)은 보조용언이 삭제됨으로써 문장의 구조가 축소되었는데, 문장 (9)와 (10)을 견주어 보면 단순하게 문장의 일부 구조가 축소되는 것만으로 끝나지 않았다. 즉 문장 (10ㄱ)에는 (9ㄱ)의 보조용언에 결합된 과거시제 선어말어미 '~었~'이 본용언으로 옮겨져 결합되어 있을 뿐 아니라, 부정소 '아니'마저 본 용언의 앞쪽으로 이동하여 배열되어 있다. 그리고 문장 (10ㄴ)과 (10ㄷ)에는 (9ㄴ)과 (9ㄷ)의 보조용언에 결합되었던 과거시제 선어말어미 '~었~'이 각각 본용언으로 옮겨져 결합되어 있다.[52] 즉 보조용언 구성의 문장에서 보조용언의 삭제로 말미암아 본디 보조용언에 결합되어 있던 문법 요소가 본용언으로 이동하여 결합되어 있는 현상이 나타난다.

한편 문장 (9)의 보조적 연결어미 '~지', '~게', '~고' 등의 형태에는 이어짐의 수행~억양이 얹혀졌으나, 문장 (10)의 '~지', '~게', '~고' 등의 형태에는 끊어짐의 수행~억양이 얹혀짐으로써 문장을 끝맺는 종결어미의 기능을 획득하게 되었다. 여기서 끊어짐의 수행~억양은 음운론적 문장종결소인데, 이것은 형태론적 문장종결소와 마찬가지로 문장을 끝맺는 기능을 수행한다.

지금까지 문장 (6)~(10)을 통해 보조적 연결어미가 마침법을 실현하는 종결어미로 기능이 전용되는 과정에 대해 살펴보았는데, 보조적 연결어미가 종결어미화하는 과정을 요약하여 대강 나타내면 (11)과 같다.

(11) 보조적 연결어미의 종결어미화 과정
　　ㄱ. 보조용언 삭제
　⇒ㄴ. 문법 기능 이동
　⇒ㄷ. 끊어짐의 수행~억양 얹힘
　⇒ㄹ. 문장 종결 기능 획득

---

52) (9ㄴ)과 (10ㄴ)은 다른 예문에 비하여 구조와 의미면에서 다소 차이가 있긴 하나, 이것은 전체적인 설명의 편의를 위해 제시된 예문이다.

보조적 연결어미 '~어', '~지', '~게', '~고' 등이 기능 전용되어 마침법을 실현하는 종결어미로 바뀌는 과정을 (11)과 같이 단계적으로 나타낼 수 있다. (11)에서 문제의 형태가 종결어미화하는 과정을 차례대로 나타낸 것은 어디까지나 명시적으로 보이기 위한 단계에 지나지 않으며, 실제로는 모든 과정이 동시적으로 진행된다. 보조적 연결어미가 문법 기능 전용에 의해 종결어미로 바뀌는 과정 (11)이 종속적 연결어미의 종결어미화 과정과 매우 흡사한 점에서 그 과정의 타당성을 엿볼 수 있다. .

앞선 논자들에 의해 정리된 현대 국어의 종결어미 형태 목록에는 '~어'와 '~지'는 대개 포함되어 있으나, '~게'와 '~고'는 포함되어 있지 않다. 그러나 우리의 이러한 논의 내용이 타당하게 받아들여진다면 '~어', '~지'와 함께 '~게'와 '~고'도 종결어미의 형태 목록에 당연히 포함되어야 한다. 그것은 보조적 연결어미의 종결어미화 과정을 통해 확인할 수 있는 바, '~게', '~고'가 '~어', '~지'와 함께 마침법을 실현하는 종결어미의 기능이 분명하게 드러났기 때문이다. 그리고 이들 형태는 종결어미로서 몇 가지 공통되는 통사적 특성을 가지고 있는 사실에서도 동일한 종결어미의 범주에 묶여져야 한다.

종결어미 '~어', '~지', '~게', '~고' 등의 형태가 갖는 몇 가지 공통되는 통사적 특성을 (12)와 같이 나타낼 수 있다.

(12) 종결어미 '~어', '~지', '~게', '~고'의 통사 특성
   ㄱ. 높임보조사 '~요'의 결합에 제약이 없다.
   ㄴ. 두 가지 이상의 마침법에 통용된다.
   ㄷ. 동일한 등급의 청자높임법을 실현한다.

(12)는 종결어미 '~어', '~지', '~게', '~고' 등의 형태가 공통적으로 갖는 통사적 특징을 제시한 것인데, 적어도 이러한 공통적인 특징을 공유하는 이들 형태는 모두 같은 종결어미의 범주에 포함되어야 할 당위를 가진

다.

그러면 '~어', '~지', '~게', '~고' 등이 종결어미로 기능하는 문장을 통해, 이들 형태가 가지는 공통적인 통사 특성을 제시한 (12)에 대해 하나씩 차례대로 살펴보기로 한다.

우선 아래의 문장 (13)을 살펴보기로 한다.

    (13) ㄱ. 철수가 책을 다 읽었어~요?
        ㄴ. 영수는 어디 갔지~요?
        ㄷ. 나는 어제 뭐 했게~요?
        ㄹ. 철이는 책을 다 읽었고~요?

문장 (13)은 문제의 종결어미들이 갖는 공통적인 특징 중에서 첫째인 (12ㄱ)에 제시된 내용을 검증하기 위한 문장이다. 종결어미 '~어', '~지', '~게', '~고' 등이 의문어미로 기능하는 문장 (12)에서 높임보조사 '~요'의 결합에 아무런 제약이 없다. 그러나 중세 국어에서 근대 국어로 넘어오면서 간소화의 과정을 거쳐 정착한 현대 국어의 종결어미 '~게'는 보조적 연결어미에서 종결어미로 기능이 전용된 (13ㄷ)의 '~게'와는 통사적 제약이 같지 않다.

첫째, 근대 국어에서 간소화 과정을 거쳐 정착한 종결어미 '~게'는 그 뒤에 높임보조사 '~요'의 결합에 제약이 있으나, 연결어미에서 문법 기능이 전용된 종결어미 '~게'는 '~요'의 결합에 제약이 없다. 둘째, 전자의 '~게'는 마침법 중에서 명령법만 실현하는 반면에, 후자의 '~게'는 둘 이상의 마침법을 실현한다. 근대 국어에서 간소화 과정을 거쳐 정착한 '~게'가 현대 국어에서 기능 전용된 '~게'와 달리 높임보조사 '~요'의 결합에 제약이 있음은 아래 (14)에서 확인할 수 있다.

    (14) ㄱ. 빨리 집에 가게/*가게~요.

ㄴ. 여기 앉게/*앉게~요.

　문장 (14)에서는 간소화 과정을 거쳐 종결어미로 정착된 '~게'에 의해 마침법이 실현되는데, 두 문장 모두 청자높임보조사 '~요'의 결합에 제약을 보인다. 하지만 연결어미에서 기능이 전용되어 마침법을 실현하는 종결어미로 기능하는 '~게'가 선택된 문장 (13ㄷ)에서는 '~요'의 결합에 아무런 제약이 없다. 따라서 (13ㄷ)에 선택된 종결어미 '~게'와 (14)의 두 문장에 선택된 '~게'는 분명한 차이가 있음을 알 수 있다.

　연결어미에서 종결어미로 기능이 전용된 '~어', '~지', '~게', '~고 등이 가지는 공통적 통사 특성의 두 번째는 이들 형태가 둘 이상의 마침법을 실현한다는 것인데, 문장 (13)에서는 의문법을 실현하지만 아래의 문장 (15)에서는 서술법을 실현한다.

　　(15) ㄱ. 철수는 그 책을 다 읽었어.
　　　　ㄴ. 철수는 그 책을 다 읽었지.
　　　　ㄷ. 그러면 나는 할 일이 없게.
　　　　ㄹ. 영수도 거기에 없었고.

　문장 (15)에서는 문제의 종결어미 '~어', '~지', '~게', '~고' 등이 모두 서술법을 실현하고, 문장 (13)에서는 이들 형태가 모두 의문법을 실현한다. 하지만 근대 국어에서 간소화의 과정을 거쳐 정착한 종결어미 '~게'는 앞에서 살펴본 대로 다만 명령법만을 실현하므로, 연결어미에서 기능이 전용된 종결어미 '~게'가 둘 이상의 마침법을 실현하는 것과는 서로 다른 통사적 제약이 있음을 알 수 있다.

　마지막으로 (12ㄷ)에 제시한 내용과 같이, 이들 형태가 종결어미로 기능하는 문장은 모두 동일한 청자높임법을 실현하는 사실을 아래 문장 (16)을 통해 살펴본다.

> (16) ㄱ. 자네는 그 책을 다 읽었어?
>   ㄴ. 자네도 그 책을 읽었지?
>   ㄷ. 그러면 자네는 할 일이 없게?
>   ㄹ. 자네도 철이를 봤고?

문장 (16)에서는 2인칭 대명사 '자네'가 모두 주어로 선택되었다. '자네'라는 청자를 동일인으로 하는 (16)의 4개 문장에서는 청자높임법의 등급이 서로 다르지 않다. 본디 연결법을 실현하던 형태가 마침법을 실현하는 종결어미로 기능이 전용된 문장 (13), (15), (16)의 '~어', '~지', '~게', '~고' 등은 일반적인 종결어미와 같이 그 형태의 어미구조체를 분석하지 못한다.53) 이것은 종속적 연결어미에서 종결어미로 기능이 전용된 '~거든', '~ㄴ데', '~니까' 등의 형태도 그 어미구조체를 분석하지 못하는 것과 마찬가지 현상이다.

따라서 이들 형태에 속하는 종결어미는 다른 일반적인 종결어미의 형태를 이루는 어미구조체의 유형과 동일한 어미구조체를 분석하지 못하므로, 이들 종결어미가 선택되는 담화 상황에 기대어 마침법의 하위 범주와 청자높임법이 결정된다.

3.3.3 명사화 내포어미의 종결어미화

명사구 내포문 구성의 특징은 상위문이 하위문을 명사구를 통해 관할하는 구조이다. 명사구 내포문 구성은 명사화 내포문 구성과 관형화 내포문

---

53) 한편 허웅(1995:686~697)에서는 다른 갈래에서 종결어미로 유용된 것으로 '~아/어', '~지', '~을래', '~고서', '~는데', '~으려고', ~어야지 등을 제시하였는데, 이것은 종결어미의 형태 중에는 다른 기능어에서 전용된 형태가 많다는 사실을 뒷받침해 준다.

구성으로 나뉘어지는데, 명사구 내포문은 내포문 단독으로 명사구를 구성하는 반면에 관형화 내포문은 관형절과 내포문 명사가 함께 명사구를 구성한다.54)명사구 내포문 구성 중에서 관형화 내포문을 형성하는 내포어미가 마침법을 실현하는 종결어미로 기능이 전용되는 경우가 없는데 비해, 명사화 내포문을 형성하는 내포어미 '~(으)ㅁ'과 '~기'는 그 기능이 전용되어 마침법을 실현하는 종결어미로 기능하는 경우가 있다.

　접속문의 경우에는 연결어미가 선행절 뒤에 결합하여 후행절이 접속됨으로써 문장이 확대되고, 보조용언 구성의 문장에서는 보조적 연결어미가 본용언에 결합하고 그 뒤에 보조용언이 통합함으로로써 문장의 구조가 확대된다. 그리고 명사구 내포문 중에서 명사화 내포문과 관형화 내포문의 경우에 이른바 보문소에 의해 내포문이 상위문에 내포되는데, 명사화 내포문과 관형화 내포문이 상위문에 내포됨으로써 그 문장의 구조가 확대된다.

　명사화 내포어미에는 '~(으)ㅁ'과 '~기'가 있는데, 이 두 형태에 의해 형성된 명사구 내포문이 상위문에 관할되는 문장을 아래 (1)에서 본다.

(1) ㄱ. 철수는 영수가 어제 왔음을 몰랐다.
　　ㄴ. 철수는 영수가 아침에 일찍 일어나기를 바란다.

　문장 (1ㄱ)은 명사화 내포어미 '~(으)ㅁ'에 의해 형성된 명사화 내포문이 상위문의 삭제에 관할된 문장이고, (1ㄴ)은 명사화 내포어미 '~기'에 의해 형성된 명사화 내포문이 상위문에 관할된 문장이다. 내포문이 상위문에 관할됨으로써 문장의 구조가 확대되는데, 이런 문장은 담화 상황에 따라 상위문이 삭제될 수 있다. 그렇게 되고 나면 본디 상위 문장의 구조가 줄어든 내포문만 남는다.

　문장 (2)는 문장 (1)에서 상위문이 삭제되고 내포문만 남은 문장이다.

---

54) 내포문의 유형에 대해서는 권재일(1992:291)을 참조..

(2) ㄱ. 영수가 어제 왔음.

　　ㄴ. 영수가 아침에 일찍 일어나기.

문장 (2)의 끝에 결합된 '~(으)ㅁ'과 '~기'는 마침법을 실현하는 종결어미이다. 본디 비종결어미로 기능하는 명사화 내포어미 '~(으)ㅁ'과 '~기'가 상위문에 의해 문장의 마지막에 배열되고 마는데, 거기에는 끊어짐의 수행~억양이 얹혀져서 문장을 끝맺는 종결어미의 기능을 수행하게 된다. 이와 같이 (1)의 문장에서 상위문이 삭제되면 (2)와 같은 문장 구조로 축소되며, 아울러 문장의 마지막 요소에 끊어짐의 수행~억양이 얹혀져서 '~(으)ㅁ'과 '~기'가 종결어미로 기능하게 되는 것이다.

이상에서 살펴본 명사화 내포어미의 종결어미화 과정을 요약하여 나타내면 (3)과 같다.

(3) 명사화 내포어미의 종결어미화 과정

　　ㄱ. 상위문 삭제

⇒ ㄴ. 끊어짐의 수행~억양 얹힘

⇒ ㄷ. 문장 종결 기능 획득

명사화 내포어미가 종결어미로 기능 전용하는 과정이 순차적인 것은 아니지만, (3)과 같이 나타냄으로써 동시적으로 일어나는 그 과정들을 좀더 명시적으로 보일 수 있다.

우리는 비종결어미의 종결어미화를 이해하기 위해 지금까지 종속적 연결어미, 보조적 연결어미, 명사화 내포어미등이 마침법을 실현하는 종결어미로 기능이 전용되는 과정을 살펴보았다. 그 모든 과정을 자세하게 살펴본 바, 그것들이 종결어미화하는 대부분의 과정 내용이 모두 일치하는 양상을 드러내었다. 즉 본디 문장의 구조 일부가 삭제됨으로써 구조의 일부가 줄어드는 공통점이 그 첫째고, 두 번째는 문장의 구조 일부가 줄어든 뒤 나머지 구조의 끝에 결합된 문법 형태에 끊어짐의 수행~억양이 얹히는 점이 또한 공통점이며, 세 번째는 그렇게 됨으로써 문장의 끝부분에 결합된 문법 형태가 문장을 끝맺는 기능을 획득하여 마침법을 실현하게 되는 점이다.

따라서 종속적 연결어미, 보조적 연결어미, 명사화 내포어미, 그리고 등이 마침법을 실현하는 종결어미로 문법 기능이 전용되는, 즉 비종결어미의 종결어미화 과정을 종합하여 정리하면 아래의 (4)와 같이 나타낼 수 있을 것이다.

(4) 비종결어미의 종결어미화 과정
　ㄱ. 문장 구조의 축소
⇒ ㄴ. 끊어짐의 수행~억양 얹힘
⇒ ㄷ. 문장 종결 기능의 획득

비종결어미의 종결어미화 과정의 (47)이 종속적 연결어미의 종결어미화 과정에서는 후행절의 삭제로 나타나고, 보조적 연결어미의 종결어미화 과정에서는 보조용언의 삭제로 나타나며, 그리고 명사화 내포어미의 종결어미화 과정에서는 상위문의 삭제로 나타난다. 확대된 문장의 구조에서 그 문장 구조의 일부가 삭제됨으로써 본디 문장의 구조가 축소되고, 그것으로 말미암아 축소된 문장 구조의 끝에 결합된 문법 요소에 끊어짐의 수행~억양이 얹힌다. 이 경우 끊어짐의 수행~억양은 곧 음운론적 문장종결소로서 문장을 끝맺게 하는 기능을 수행한다. (4)에 제시한 비종결어미의 종결어미화 과정은 순차적으로 적용되는 것이 아니고 동시적으로 적용되지만, 이해의 편의를 위해 순차적으로 나타낸 것이다.

3.4 종결어미화와 문법화

우리는 3.3에서 비종결어미가 마침법을 실현하는 종결어미로 기능이 전용되는 양상과 그 과정을 살펴보았다. 다른 문법적 기능을 수행하던 문법 형태가 종결어미로 기능이 전용되는 언어의 현상을 우리는 문법화의 한 가지로 보고자 한다. 이 글에서는 문법화의 개념에 대한 최근의 연구 동향과 그 내용을 살피면서 그러한 이론에 기대어, 내용어뿐만 아니고 기능어도 문법화의 대상이 될 수 있는 사실을 밝히게 될 것이다.

3.4.1 문법화의 개념

문법화에 대해서는 오래 전부터 많은 연구자들에 의해 논의되어 왔으며, 문법화의 개념이 고정되지 않고 차츰 확대되어 가는 경향을 보이고 있다.[55]

문법화의 개념에 대해서는 일찍이 중국 원나라 때의 주백기(1271~1358)에 의해 언급되었는데, 즉 '모든 허사는 실사로부터 나온 것이다'가 바로 그것이다. 그 뒤로 19세기에 와서 독일의 Franz Bopp는 '어휘 형태 > 조동사 > 접사 > 굴곡 형태'로 변화하는 연속 변이의 자료를 제시하였으며, 한편 Humbolt(1822)는 문법화의 네 단계를 다음과 같이 제시하였다. 제1단계는 화용적 단계로 문법 관계를 나타내는 형태소는 없고 관용어, 구, 절 등을 통해 지시되는 단계이고, 제2단계는 통사적 단계로 어순이 고정되고 형식 의미 사이를 오락가락한 몇 단어들이 기능어로 진화되는 단계이며, 제3단계는 접어화 단계로 기능어들이 실질어에 달라붙어서 교착적 쌍을 만들어 순전히 문법 관계만을 나타내는 언어 형식이 등장하는 단계이다. 그리고 제4단계는 형태적 단계로 교착적 쌍이 통사적 단어 복합형태로 융합되어 형식어, 굴곡어, 완전한 문법 요소들이 나타나는 단계이다.

1970년대부터 문법화를[56] 보는 시각에 커다란 변화가 나타난다. 단순히

---

55) 문법화의 개념에 대해서는 권재일(1998)에 전적으로 의존함.

56) Hopper & Traugott(1993)의 서문에서는 이 용어가 Meillet(1912)에서 처음 사용되었 다고 하며, 그들은 통시적 문법화와 공시적 문법화의 용어를 각각 grammaticaliza-

역사 언어학적인 일부로서만 생각하던 문법화를, 공시적 문법 현상을 설명하기 위해서도 반드시 필요한 언어 현상의 설명 방법으로 바라보게 되었다. 이러한 인식의 전환을 가져온 대표적인 학자는 T. Givon이다. 그는 오늘의 형태론은 어제의 통사론이고 오늘의 통사론은 어제의 화용론으로 보아, ‘화용 > 통사 > 형태’ 로의 문법화 방향을 제시했다.[57] 오늘날 문법화의 개념은 어휘적인 것에서 문법적인 것으로의 변화뿐만 아니고, 담화적인 것에서 통사적인 것으로의 변화까지 문법화에 포함하게 되었다.

한편 권재일(1998:886)에서는 어휘 의미를 가진 표현이 문법 기능을 수행하거나, 지금까지 가지고 있던 것보다 더 문법적인 기능을 얻게 되는 것을 문법화의 개념에 포함하였다. 그리고 이러한 개념은 대체로 형태론 층위에 관한 것이지만 최근에는 대화상의 함축 의미나 화용적 추론에 의한 문맥 의미가 언어 내적 의미를 얻게 되거나, 통사 구조가 하나의 어휘 표현으로 굳어져서 언어 체계 안에서 새로운 영역을 얻게 되는 것을 말하기도 한다. 국어의 문법화에 대한 논의는 여러 연구자들에 의해 이루어졌는데[58], 어미와 조사의 역사적 형성 과정을 문법화의 시각에서 다룬 것들이 대부분이다.

이상에서 살펴본 바, 문법화의 개념이 고정되어 있지 않고 차츰 확대되어 왔음을 알 수 있다. 초기에는 역사 언어학적인 관점에서 문법화의 개념을 정리하였는데, 실질적 의미를 지닌 내용어가 형식적 의미를 지닌 기능어로 바뀌는 현상을 문법화라 하였다. 그러나 최근에 와서는 문법화 현상을 역사적인 관점은 물론 공시적인 관점에서도 그 개념을 규정하려는 경향이 뚜렷하게 나타나고 있다. 즉 문법화는 내용어가 기능어로 바뀌는 현상을 포함하여 기능어가 또다른 기능어로 사용되는 현상까지 문법화의 개념

---

tigrammaticization 로 구별할 수 있다고 했다.

57) Givon(1971, 1979)을 참조..

58) 최근에 문법화를 논의한 이태영(1988), 안주호(1996), 고영진(1996), 김미영(1996), 이정애(1999) 등이 대표적이다.

에 포함시키고 있는 것이다.

3.4.2 문법화의 원리

문법화의 원리를 Hopper(1991)에서는 5가지로 설정하였는데, 그것은 층위화의 원리, 분화의 원리, 특정화의 원리, 의미지속성의 원리, 탈범주화의 원리 등이다.

여기에서는 권재일(1998:893~897)에 따라 Hopper(1991)의 문법화 원리 5가지를 차례대로 살펴보기로 한다.

첫째는 층위화의 원리이다. 층위화(layering)란 기존의 층위와 새로운 층위가 공존하는 현상으로 문법화소들이 같은 영역 안에서 자꾸 문법화되기 때문에 공시적으로 같은 기능을 가지는 여러 표현들이 공존하는 현상이다. 다시 말하면 A에서 B로 문법화가 이루어진다면 어느 순간 갑자기 바뀌는 것이 아니고 그 둘이 공존하는 단계를 거쳐, 'A>A/B>B'와 같이 바뀐다는 것이다. 그런 실제적 보기로 가장 흔한 언어 현상은 완전형과 축약형이 비슷한 기능을 가지고 공존하는 경우이다.

아래 (1)에서 보는 것처럼 '~어>~어서>~어가지고'는 서로 다른 문법화의 과정을 겪어 가면서 같은 기능을 수행하는 요소들로 층위화하여 나타나고 있다.

> (1) ㄱ. 영희가 사탕을 집어 친구에게 주었다.
>   ㄴ. 영희가 친구에게 사탕을 집어서 주었다.
>   ㄷ. 영희가 친구에게 사탕을 집어 가지고 주었다.

(1ㄱ)에서 밑줄 부분의 '~어'와 (1ㄴ)에서 밑줄 부분의 '~어서' 그리고 (1ㄷ)에서 밑줄 부분의 '~어 가지고' 등은 거의 동일한 기능을 가지고 현대 국어에서 공존하는데, 이런 현상은 각기 서로 다른 문법화 과정을 겪어서

정착된 층위화의 모습을 보여준다.

둘째는 분화의 원리이다. 분화(divergence, split)는 동일한 근원에서 나온 여러 형태의 문법 형태들이 의미상으로 분화되는 현상으로, 좁게 말하면, 한 단어가 문법화되면서 그 원래 단어는 그냥 어휘어로 남아 있고, 거기서 갈라져 나온 문법화소는 새로운 의미를 얻으며 변해가는 현상이다.

아래의 예문 (2)를 살펴보기로 한다.

    (2) ㄱ. 그는 책을 책상 위에 놓았다.
       ㄴ. 그는 책을 찢어 놓았다.
       ㄷ. 그가 죽어놓아서(=놔서) 사실을 알 길이 없다.

문장 (2)의 밑줄 부분은 모두 본동사 '놓다'에서 출발하였지만, (2ㄱ)에서는 본동사로 기능하고 (2ㄴ)에서는 보조동사로 기능하며 (2ㄷ)에서는 어미에 가까운 기능어의 쓰임으로 분화되어 가는 양상을 보여준다.

통사론적 구성 '~어 있~'이 한편으로는 완결을 나타내는 '~었~'으로 문법화하고, 다른 한편으로는 상태를 나타내는 '~어 있~'으로 남아 있는 것도 분화의 예를 보여준다. 이와 같이 분화는 덜 문법적이던 형태가 둘로 갈라져서 한 변이형은 이전의 특성을 유지하고 다른 한 쪽은 더 문법적으로 되는 현상을 말한다.

셋째는 특정화의 원리이다. 특정화(specialization)는 한 문법 요소가 특정 기능을 나타내는 현상으로, 여러 문법 요소들이 층위화 현상에서 보듯이 공존하고 있으면서 끊임없이 해당 문법 기능을 수행하는 문법 요소로서의 우위를 차지하기 위해 경쟁을 벌이는데, 그 중의 특정 문법 요소가 그것의 의미가 확장되어 다른 경쟁자들을 물리치고 해당 문법 기능을 전담하는 문법 요소로 변화하는 현상이다. 따라서 특정화는 선택의 폭을 축소시키는, 일반화와 대립되는 개념이다.

예컨대 중세 국어에서 조건을 나타내는 '~올뎬', '~ㄴ뎬', '~던뒨', '~
으면', '~거든' 등의 연결어미들이 모두 사용되었지만, 그 가운데서 '~으
면' 과 '~거든'만이 조건을 나타내는 것으로 특정화되어 현대 국어에까지
이르고 있다.

넷째는 의미지속성의 원리이다. 의미지속성(persistence)이란 문법화가 된
이후에도 원래 의미의 흔적이 남아서 문법적 분포에 제약을 주는 것을 말
한다. 문법 요소가 점점 문법화되는 과정에서 의미도 변화하고 형태도 변
화하지만 그런 변화를 거친 후에도 원래 단어의 의미가 오랫동안 지속되는
것이 의미지속성의 원리이다. 이것이 문법에서 중요한 것은 그러한 의미지
속성 때문에 새로운 문법화소가 공기 제약을 받는 경우가 많다는 것이다.
아래의 예문 (3)에서 그런 경우를 볼 수 있다.

(3) ㄱ. 나는 학교(~에/*에서) 있었다.
    ㄴ. 나는 학교(*~에/~에서) 공부하였다.

(3ㄱ)의 '있다' 앞에서는 '~에서'가 제약을 받고 (3ㄴ)의 '공부하다' 앞에
서는 '~에'가 제약을 받는데 '~에서'가 허용되는 이유를 '~서'가 존재의
의미를 나타내는 '잇/이시'에서부터 문법화된 요소이기 때문이라 할 수 있
다. '잇/이시'가 존재의 의미를 나타내는 형태이기 때문에 의미지속성에 의
해서 (3ㄱ)과 같이 존재의 의미를 나타내는 '있다' 앞에서 '~에서'의 쓰임
에 제약을 받는다.

다섯째는 탈범주화의 원리이다. 탈범주화(decategorialization)는 한 문법화
소가 점점 문법화를 겪게 되는 과정에서 명사나 동사와 같은 주범주에서
시작되어 점차로 형태적, 통사적 고유 특성을 상실하고 부범주의 특징으로
변화해 가는 것을 말한다. 일반적으로 '명사/동사>(형용사/부사)>접속사/
전치사, 대명사, 지시사'로 변하는 연속변이의 방향을 보이며, 이 방향은 단

일 방향적이다.

한편 Hopper & Traugott(1993:113)에서는 문법화의 단일방향성에 참여하는 전형적인 과정 3가지를 들었는데, 그것은 특수화, 분기화, 재건 현상 등이다. 특수화는 어떤 문법적 형태가 의미와 사용에 있어서 일반화됨에 따라 문법 형태의 선택이 줄어들게 되는 과정을 말한다. 분기화는 덜 문법적인 형태가 두 개로 분리되는 현상을 말하는데, 분리된 두 개 중에서 하나는 이전의 특성을 유지하는 변이형으로 존재하고 다른 하나는 좀더 문법적인 것으로 바뀌어 존재한다. 그리고 재건 현상은 동일한 것에 대해 좀더 표현력이 있는 방법으로 새로운 것이 나타날 경우, 오래된 형태가 재건되는 과정을 말한다.[59]

3.4.3 비종결어미의 문법화

Hopper(1991)에서 제시한 문법화 원리 중 분화의 원리와 Hopper & Traugott(1993)에서 문법화의 단일방향성에 참여하는 3가지 과정 중 분기화는 거의 같은 개념으로 이해할 수 있다. 문법화에 관여하는 분화의 원리와 분기화는, 본디 하나의 문법 기능을 수행하던 문법 형태가 그 기능을 유지하면서 또다른 문법 기능을 수행하게 될 경우에 적용될 수 있는 것으로 본다. 또다른 문법 기능을 수행하면서 형태상의 변화를 동반하기도 하지만, 형태상으로 아무런 변화를 동반하지 않을 수도 있다. 본디 통사론적 구성이던 '~어 있~'이 상태를 나타내면서 한편으로는 완결법을 실현하는 '~었~'으로 변화한 것은 기능의 분화와 함께 형태의 변화를 동반한 경우이지만, 종속적 연결어미 '~거든'이 그 문법 기능을 그대로 유지하면서 한편으로는 '~거든'이 마침법을 실현하는 종결어미의 기능을 수행하는 것은 기능이 분화되면서도 형태에는 아무런 변화를 동반하지 않는 경우이다.

---

59) 김은일 외(1999:150)을 참조..

그런데 Hopper &Traugott(1993:96)에서는 다양한 양상으로 문법화가 이루어지는 것을 많은 경우 화용론적인 강화와 정보성의 증가 때문이라고 설명하였다. 이것은 내용어가 기능어로 바뀌거나 기능어가 또다른 기능어로 바뀌는 현상을 문법화의 개념으로 받아들일 때, 그런 문법화 현상이 일어나는 것은 화용론적인 강화와 정보성의 증가에 의한 결과라는 것이다. 또한 문법화의 과정에서 그 기능의 분화는 의미 영역의 확장이고, 의미 영역의 확장은 곧 다의어의 발달과 흡사한 현상이라는 것이다. 따라서 문법화 과정에는 의미의 축소가 일어나기는 어렵고 의미의 확대가 가능하며, 이러한 의미의 확대는 구체적으로는 의미의 약화로 이해되기도 한다.

우리는 비종결어미가 마침법을 실현하는 종결어미로 기능이 전용되어 사용되는 현상을 문법화의 한 양상으로 보고, 종속적 연결어미, 보조적 연결어미, 명사화 내포어미등이 종결어미화하는 과정을 문법화와 관련시켜 살펴보기로 한다.

3.4.3.1 종속 연결어미의 문법화

우리는 3.3에서 비종결어미의 종결어미화 과정을 살펴본 바, 그 중에서 종속 연결어미 '~거든', '~ㄴ 데', '~니까' 등의 형태가 본디 종속 연결어미로 기능하다가 공시적으로 그 문법 기능이 전용됨으로써 문장을 끝맺는 문법 기능인 마침법을 실현하는 종결어미의 기능을 수행하는 사실을 알 수 있었다.

그러면 아래의 문장 (1)에서 그런 경우를 살펴보기로 한다.

    (1) ㄱ. 철수가 오거든 같이 먹자.
       ㄴ. 철수가 없으니까 그걸 모르지.
       ㄷ. 철수는 오는데 너는 가니?

(2) ㄱ. 철수가 오거든.
    ㄴ. 철수가 없으니까.
    ㄷ. 철수가 오는데.

　문장 (1)에서 '~거든', '~ㄴ데', '~니까' 등의 형태는 모두 연결법을 실현하는 종속 연결어미이고 (2)의 '~거든', '~ㄴ데', '~니까' 등은 모두 마침법을 실현하는 종결어미이다. 연결법을 실현하는 연결어미가 마침법을 실현하는 종결어미로 기능 전용되는 과정에는 후행절의 삭제, 끊어짐의 수행~억양 없힘, 문장 종결 기능 획득 등이 관여한다. 본디 연결어미로 기능하던 문제의 형태들이 형태상으로 아무 변화없이 종결어미로 기능하는 현상은 분화의 원리에 따른 문법화의 한 양상으로 볼 수 있다. 앞에서 언급한 문법화의 원리 중에서 분화의 원리에 대해 여러 논자들의 견해를 살펴보았는데, 어떤 문법 형태의 기능을 그대로 유지하면서 한편으로 또다른 문법 기능을 수행하는 현상을 분화 원리에 따른 문법화라 하였다.

　어말어미 '~거든', '~ㄴ데', '~니까' 등의 형태가 문장 (1)에서 연결법을 실현하는 기능을 유지하면서 한편으로는 공시적으로 문장 (2)와 같이 마침법을 실현한다. 이것은 하나의 문법 형태가 수행하는 기능의 분화라고 볼 수 있으며, 이러한 분화는 담화 상황에 따른 결과로 본다. 즉 문장 (1)에서 후행절의 명제 내용이 화자와 청자의 공유 정보일 경우에는 그것을 삭제할 수 있을 것이다. 화자와 청자가 함께 알고 있는 공유 정보가 후행절의 명제 내용이라면 굳이 그것을 발화할 필요가 없어지는데, 그런 상황이 바로 특별한 담화 상황인 것이다. 그러한 담화 상황에 의해 문장 (1)의 후행절이 삭제되고 나면, (2)의 문장만으로도 (1)의 문장과 동일한 정보 전달력을 갖게 된다. 이러한 설명은 이들 형태가 연결법을 실현하면서도 한편으로 마침법을 실현하는 것이 담화 상황에 의해 발생하는 것임을 드러내기 위함이다. 문제의 연결어미가 일단 문법 기능이 바뀌어 종결어미로 기능하게 되면, 처음과 동일한 담화 상황이 아닌 경우에도 그런 문법 형태들이 종결어미로 기능하게 되는 일반화가 보이지 않게 진행된다.

Hopper & Traugott(1993)에는 문법화가 일어나는 것이 화용론적 강화와 정보성의 증가에 기인한다고 했는데, 어말어미 '~거든', '~ㄴ 데', '~니까' 등이 연결법만을 실현하다가 마침법까지 실현하게 되는 문법화는 언중들의 정보 전달력의 증가에 의한 것으로 해석할 수 있다. 즉 언중들이 새로운 문법 기능을 나타내고자 할 때, 그 기능과 호응하는 새로운 형태를 만들어 내기보다는 기존의 문법 형태를 이용하는 것이 정보의 증가에 부응하는 방법이 될 수 있기 때문이다. 언중들의 언어적 표현 욕구의 증대는 좀더 많은 정보를 언어로 나타내고자 하는 것이며, 그것은 곧 정보의 증가에 따른 현상이다.

요컨대 어말어미 '~거든', '~ㄴ 데', '~니까' 등이 연결법을 실현하는 문법 형태지만, 언중들의 표현 욕구에 부응하기 위해 마침법을 실현하게 되는 현상은 분화 원리에 따른 문법화인데, 이러한 문법화의 결과는 하나의 문법 형태가 둘 이상의 기능을 수행하는 양상으로 정착된다. 이것은 하나의 음성 형태가 어원적으로 서로 관련성을 가진 다른 의미를 나타내는 어휘의 다의 현상과 흡사함을 보여주기도 한다.

3.4.3.2 보조적 연결어미의 문법화

본동사 뒤에 결합하여 보조동사와 본동사를 이어주는 기능을 수행하는 어말어미가 보조적 연결어미인데, 담화 상황에 따라서는 보조동사가 삭제된 문장으로 발화할 수 있다. 그런 경우에 문장을 끝맺는 기능을 수행하는 문법 형태는 보조동사가 삭제되기 이전의 본동사에 결합한 형태와 동일하다.

아래 문장 (3)을 보기로 한다.

(3) ㄱ. 너는 이 책을 읽어 보았니?
    ㄴ. 너는 이 책을 읽지 않았니?
    ㄷ. 나는 이 책을 언제 읽게 되었을까?
    ㄹ. 너도 거기서 책을 읽고 있었나?

(4) ㄱ. 너는 이 책을 읽었어?
    ㄴ. 너는 이 책을 안 읽었지?
    ㄷ. 나는 이 책을 언제 읽었게?
    ㄹ. 너도 거기서 책을 읽었고?

문장 (3)에서 '~어', '~지', '~게', '~고' 등은 본동사와 보조동사를 이어주는 보조적 연결어미로 기능하지만, 문장 (4)의 그것들은 모두 마침법을 실현하는 종결어미이다. 이는 본디 연결어미로 기능하던 문제의 형태들이 공시적으로 종결어미로 기능이 전용되는 과정에 보조용언의 삭제, 끊어짐의 수행~억양 없힘, 문장 종결 기능 획득 등이 이루어지는데, 그 과정이 곧 문법화의 과정이라 할 수 있다. 그러한 문법화의 과정이 순차적으로 이행되지는 않지만, 명시적인 이해를 위해 우리는 앞에서 그같은 과정을 순차적으로 나타낸 바 있다.

연결법을 실현하던 문제의 문법 형태들이 문법화하여 마침법을 실현하는 경우에는 문법 형태의 변화없이 그 기능이 분화되는 양상을 드러낸다. 실제로 문장 (3)과 문장 (4)의 명제 내용에는 커다란 차이가 없는 듯이 이해된다. 담화 상황에 따라서는 (3)에서 보조용언이 삭제될 수도 있는데, 그렇게 되면 대개 문장 (4)와 같이 실현되는 것으로 볼 수 있다. 동일한 문법 형태 '~어', '~지', '~게', '~고' 등이 문장 (3)에서 연결법을 실현하고 문장 (4)에서는 마침법을 실현하는 것은, 이들 형태의 본디 문법 기능은 그대로 유지하면서 한편으로는 또다른 문법 기능을 수행하는 현상이다. 이것은 기능의 분화가 이루어진 현상으로 Hopper(1991)와 Hopper & Traugott (1993)

에서 말한 분화의 원리에 따른 문법화라 할 수 있겠다. 이러한 문법화가 일어나는 것은 화용론적 강화와 정보성의 증가에 의한 결과라 하였는 바, 문제의 형태들이 본디 연결어미로 기능하였으나 언중들의 표현 욕구의 확대로 기능이 전용되어 종결어미의 기능으로까지 확대된 것이다.

요컨대 연결법을 실현하는 보조적 연결어미가 마침법을 실현하는 종결어미로도 기능하는 것은 분화 원리에 따른 문법화 현상이다. 이러한 문법화는 언중들의 정보 표현 욕구가 늘어남에 기인하는 것으로 보이며, 그 결과는 언중들에 의해 새로운 형태를 만들지 않고 기존의 문법 형태를 이용하여 그들의 표현 욕구를 나타낼 수 있게 되었다. 따라서 언중들의 정보 표현 욕구는 언어 변화의 한 동인이 되는 것이다.

3.4.3.3 명사화 내포어미의 문법화

어말어미 '~(으)ㅁ'과 '~기'가 상위문에 관할된 문장의 내포어미로 기능할 경우, 그것을 명사화 내포어미라 한다. 그러한 문장이 담화 상황에 따라서는 내포문만으로 나타나기도 하는데, 상위문이 삭제되고 나면 내포문만 남는다.

아래의 문장 (5)를 살펴보기로 한다.

　(5) ㄱ. 영수는 철수가 학교에 갔음을 몰랐다.
　　　ㄴ. 영수는 철수가 홀로서기를 기대했다.

　(6) ㄱ. 철수가 학교에 갔음.
　　　ㄴ. 철수가 홀로서기.

(5)의 문장에서 발화 상황에 따라 상위문이 삭제되고 나면 (6)과 같은 문장이 남게 된다. 문장 (6)에서는 '~(으)ㅁ'과 '~기'가 종결어미로 기능하는

데, 이러한 현상은 후행문이 삭제될 경우 선행문에 결합한 어말어미가 종결어미가 되고, 보조동사가 삭제될 경우 본동사에 결합한 어말어미가 종결어미가 되는 점과 동일한 변화의 하나로 이해된다. 문장 (5)는 상위문과 내포문이 계층을 달리하여 존재하지만, 상위문만으로는 의미적으로 불완전하다. 그러나 내포문은 그 자체로 문장이 성립될 수 있으므로, (5)에서 상위문이 삭제되더라도 내포문만으로 독립된 문장이 될 수 있음을 (6)에서 볼수 있다. 그런 경우에 내포어미가 그대로 마침법을 실현하는 종결어미로 문법화하게 된다.

'~(으)ㅁ'과 '~기'는 본디 문장을 끝맺지 못하는 비종결어미이지만, 문장 (6)에서는 거기에 끊어짐의 수행~억양이 얹혀 마침법을 실현하는 종결어미로 기능한다. 곧 동일한 문법 형태가 본디 기능을 그대로 유지하면서 한편으로 또다른 기능을 수행하게 되는 바, 이것은 분화 원리에 따른 문법화라 할수 있다. 이러한 문법화가 언중들의 정보 표현 욕구에 의한 결과임은 종속 연결어미의 문법화, 보조적 연결어미의 문법화와 동일한 양상이다.

지금까지 비종결어미 중에서 종속 연결어미, 보조적 연결어미, 명사화 내포어미등이 문법화에 의해 마침법을 실현하는 종결어미로 기능하는 현상을 살펴보았다. 문법화의 개념을 어휘적 의미를 가진 내용어가 통시적으로 그 어휘적 의미를 상실하고 문법적 의미를 가진 기능어로 바뀌는 현상으로만 보았던 종래의 관점을 넘어서서, 공시적으로 기능어가 다른 기능어로 바뀌는 현상까지 문법화의 개념에 포괄함으로써 문법화의 개념이 한층 확대되었다. 공시적으로 한 개의 문법 형태가 수행하는 기능을 그대로 유지하면서 한편으로 다른 문법 기능을 수행하는 현상을 분화의 원리에 따른 문법화로 처리함으로써, 비종결어미가 종결어미로 기능하는 현상을 문법화의 한 양상으로 설명할 수 있었다.

그러한 문법화가 발생하는 배경에는 화용론적 강화와 정보성의 증가가 관여하는데, 그것은 언중들의 정보 표현 욕구와 깊이 관련된 것으로 이해하였다. 즉 언중들의 표현 욕구에 부응하는 문법 형태가 없을 경우에는, 기존의 형태가 수행하는 문법 기능을 그대로 유지하면서 그 형태가 또다른 기능을 수행하도록 하는 것이 바로 문법화에 의한 결과인 것이다. 그것은 곧 문법 기능의 분화와 관련되며, 분화에 의해 수행되는 또다른 기능이 언중들의 표현 요구를 충족하게 되는 것으로 본다.

한편 문법화 현상을 인지의미론의 관점에서 논의한 임지룡(1998:55)에서는, 문법화란 어휘적 단위(내용어)가 문법적 기능으로 바뀌거나 문법적 단위(기능어)가 더 추상적인 문법적 기능어로 바뀌는 현상이라 하고, 또한 문법화는 의미의 표백화라고 할 수 있다는 설명을 덧붙였다. 이것은 마치 빛이 진원지에서 퍼져 나감에 따라 희미해지는 것과 같이 의미가 추상화되는 것을 뜻한다고 설명했다. 최근 들어 문법화의 이러한 기제를 소극적인 측면에서 의미의 약화라기보다 적극적인 측면에서 의미의 화용론적인 강화로 파악하는 경향이 있다는 것이다.

그리고 임지룡(1998)에서는 아래의 문장 (7)과 같은 보기를 들어 문법화의 두 가지 유형을 설명하였다.

    (7) ㄱ. 법을 제정하다. (법률)
        ㄴ. 음식 만드는 법. (방법)
        ㄷ. 바다의 아침은 오는 법이다. (이치)
        ㄹ. 그는 좀체로 서두르는 법이 없다. (태도나 버릇)
        ㅁ. 그런 일이 있을 법하다. (가능성)

문장 (7)에서는 '법'이 내용어에서 기능어로 문법화하는 경우를 보인 것인데, 여기에서 '법'의 용법은 자립명사와 의존명사가 하나의 연속변차선상에 놓여 있음을 알 수 있다.

그러나 아래의 문장 (8)에서는 기능어가 또다른 기능어로 문법화하는 모습을 보여준다.

(8) ㄱ. 칼로 연필을 깎는다.
    ㄴ. 손으로 풀을 뽑다.
    ㄷ. 바람으로 땀을 식히다.
    ㄹ. 분위기로 청중을 사로잡다.
    ㅁ. 과로로 입원하다.

문장 (8)에서 조사 '~(으)로'의 용법을 보면, (8ㄱ)의 '~(으)로'는 도구격의 원형적 의미로서, '~(으)로'에 선행하는 도구가 칼이다. 이를 바탕으로 '~(으)로'의 의미 기능은 문법화가 심화되어 (8ㅁ)에 이르면 원인격이 된다는 것이다. 즉 (8ㄱ)쪽의 조사 '~(으)로'에서부터 (8ㅁ)쪽으로 내려갈수록 구체성의 의미가 추상성의 의미로 문법화한다. 그런데 문장 (8)에서 조사 '~(으)로' 앞에 결합된 명사들을 모두 자세하게 관찰해 보면, (8ㄱ)쪽의 명사는 구체성을 가진 명사이고 (8ㅁ)쪽의 명사는 추상성을 가진 명사라는 사실이 드러난다. 그렇다면 문장 (8)에 사용된 조사 '~(으)로'의 문법화가 그것이 선택된 문맥과는 어떤 관련이 있을까? 즉 조사 '~(으)로'에 선행하는 명사의 의미 특성이 '~(으)로'의 문법화에 어떻게 관여하는가의 여부에 대해서는 좀더 정밀하고 구체적인 논의가 뒷받침되어야 하겠는데, 이 점에 대해서는 앞으로의 논의 과제로 남긴다.

3.5 종결어미의 형태 유형

종결어미는 문장을 끝맺는 마침법과 청자를 높여서 예우하는 청자높임법을 실현하는 어말어미로서, 서술어의 끝부분에 결합하여 서술어를 한 개의 낱말로 완성함과 동시에 그 문장을 의미적·형식적으로 완결짓는 기능을 수행한다. 그러므로 문장에서 종결어미가 결합되지 않으면 완전한 문장이 되지 못한다. 따라서 이 종결어미는 문장을 이루는 요소 중에서 필수적인 문법 요소라 할 수 있다. 문장을 이루는 필수 요소인 종결어미에 대한 많은 앞선 논의들에서는, 종결어미의 형태 구조에 대한 관심을 기울이기보

다는 그 종결어미의 문법적 기능과 의미 기능에 대해 주로 관심을 기울여
왔다. 그 결과 종결어미의 형태에 대한 분석적 논의는 문제의 중심 위치에
서 멀어질 수밖에 없었다. 종결어미의 문법 기능과 의미 기능의 분석과 기
술을 위해 종결어미의 형태에 대한 관찰이 매우 중요함에도 불구하고, 소
수의 몇몇 논의를 제외하고는 거의 대부분의 논의에서 종결어미의 형태에
대한 정밀한 분석을 외면한 것이 사실이다. 실제로 종결어미의 형태 분석
을 통해 얻을 수 있는 문법 정보와 의미 정보가 상당한 가치를 가지는 것으
로 보아야 한다.

따라서 종결어미의 형태에 대한 분석적인 관찰은 그 종결어미의 문법
기능과 의미 기능을 객관적으로 기술하기 위해 매우 중요한 작업으로서 반
드시 거쳐야 할 앞 단계의 과정이라 할 수 있다. 그러면 앞선 연구 업적들
을 먼저 살펴보기로 한다.

3.5.1 앞선 연구

마침법과 청자높임법을 동시에 실현하는 종결어미에 대한 많은 앞선 연
구에서는, 마침법을 논의하면서 종결어미를 다루었고 청자높임법을 논의
하면서도 종결어미를 다루었다. 그것은 종결어미가 그 두 문법 범주를 동
시에 실현하는 기능을 수행하기 때문에, 어느 한 범주를 다룰 경우 나머지
한 범주도 다룰 수밖에 없었던 것이다.

그런데 종결어미를 다룬 앞선 논의의 거의 대부분은 그것의 문법 기능
과 의미 기능에 집중되어 있어서 종결어미의 형태 구조에 대한 연구 업적
은 분량면에서 상대적으로 적은 편이다. 지금까지 종결어미의 형태 구조에
관심을 둔 연구로는 최현배(1971), 고영근(1974), 서태룡(1985), 한길(1991),
허웅(1995), 김태엽(1997) 등이 대표적이다. 아래에서 이들 앞선 연구 내용
을 하나씩 살펴보기로 한다.

3.5.1.1 『우리말본』(1971)

최현배(1971:262)의 『우리말본』에서는 '마침법은 움직씨(일반으로 풀이씨)가 월의 풀이말이 되어서 그 월을 마치는(끝맺는) 법을 이름이니 : 이렇게 된 월은 끝난 월이 되느니라.'라고 하고, 그 말을 듣는 사람을 높이는 정도를 따라 (1)아주낮춤 (2) 예사 낮춤 (3)예사 높임 (4) 아주 높임의 네 가지의 다름이 있고, 또 등외로 (5) 반말이 있다고 하면서 이것이 마침법의 등분이라고 하였다.

최현배(1971)에서는 풀이씨를 움직씨, 그림씨, 잡음씨로 나누고, 그 각각의 끝바꿈꼴을 일람표로 제시하였는데, 여기에서는 그 내용을 전체적으로 종합하여 종결어미의 형태 목록을 찾아서 옮긴다.

  (1) 종결어미의 형태 목록

    베품꼴 : 아주 낮춤 : ~다, ~라, ~(으)니라, ~(더, 러)니라, ~(더, 리)라, ~(으)마, ~느니라(~나니라), ~노라, ~로다, ~로라, ~로구나, ~구나, ~도다, ~아라(어라), ~(으)매라, ~거든

    예사 낮춤 : ~네, ~(으)ㅁ 세, ~ㄹ 세, ~데, ~(으)이, ~(는,았,겠)구려

    예사 높임 : ~오(~으오, ~소), ~지요, '~아요(어요), ~네요, ~데요.

    아주 높임 : ~니다, ~느(나)이다, ~이다, ~올시다, ~로소이다, ~니이다

    반말 : ~아(어), ~지, ~(으)ㅁ

    물음꼴 : 아주 낮춤 : ~나, ~느(나)냐, ~느(나)뇨, ~느니, ~(더)냐, ~니, ~(으)소냐, ~(으)랴, ~(으)ㄹ 소냐

    예사 낮춤 : ~(는)가, ~(은)가, ~(ㄴ)가, ~(으ㄹ)가, ~(던)가, ~(런)가, ~(는,을,던)고, ~(으)ㄹ 손가, ~(ㄴ)고

    예사 높임 : ~오(~으오,~소), ~아요(어요), ~지요, ~(으)리요

아주 높임 : ~(읍,오)니가, ~느(나)이가, ~(오)이가
반말 : ~아(어), ~지
시킴꼴 : 아주 낮춤 : ~(으)라, ~아라, ~어라, ~여라, ~너라, ~
거라, ~려무나
예사 낮춤 : ~게
예사 높임 : ~구려, _(으)오, ~소, ~아요(어요)
아주 높임 : ~소서
반말 : ~아(어)
꾀임꼴 : 아주 낮춤 : ~자
예사 낮춤 : ~세
예사 높임 : ~(읍)세다(~읍시다), ~아요(어요), ~지요
아주 높임 : ~(으시)세다(~십시다)
반말 : ~아(어)

　(1)은 최현배(1971)에서 움직씨, 그림씨, 잡음씨 등에 결합하는 종결어미의 형태 목록을 종합하여 정리한 것인데, 거기에는 20세기 후반과 21세기 국어에서는 보편적으로 사용되지 않는 형태도 더러 포함되어 있다. 예컨대 ~(으)매라, ~로소이다, ~니이다, ~느(나)뇨, ~(으)리 손가, ~(오)이가, ~(으시)세다, ~ 등의 형태가 지금의 현대 국어에서 사용되는가에 대해서 회의적인 생각을 가진다. 그리고 마침법을 실현하는 종결어미를 서술어미, 의문어미, 명령어미, 청유어미 등의 4가지 하위 범주로 나누어 그 형태 목록을 제시한 점은 매우 타당한 분류로 받아들여지나, 각 하위 범주에 속하는 종결어미의 형태를 청자높임법의 5개 등급으로 나누어 제시한 점에 대해서는 우리로서는 쉽게 납득할 수 없다. 왜냐하면 우리는 국어에 낮춤법이라는 청자높임법이 과연 존재하느냐에 대해 몇 가지 부정적인 근거를 가지고 있기 때문이다.60)

---

60) 국어의 청자높임법 체계에 대해서는 다음 장에서 구체적으로 논의한다.

최현배(1971)에서 정리한 종결어미의 형태 목록은 20세기 국어의 초기 모습을 토대로 이루어진 내용이기 때문에, 20세기 후반의 국어와 21세기 초기의 국어의 종결어미 형태 목록과는 다소 차이가 있는 것으로 판단된다. 하지만 당시로서는 용언의 활용형 가운데 마침법을 실현하는 종결어미의 형태 목록을 용언의 하위 범주에 따라 꼼꼼하게 분류하고 정리한 점에서는 그 가치를 충분하게 인정해야 할 것이다. 그리고 용언의 활용 형태를 체계적으로 정리하여 제시한 내용과 과학적인 연구 방법은 후학들에게 새로운 지평을 열어주는 중요한 계기가 된 것으로 본다.

3.5.1.2 『현대국어의 종결어미에 대한 구조적 연구』(1974)

이 글의 자료는 1900년대를 전후하여 1930년대에 이르는 약 50년 동안에 나온 대역회화집, 신문학자료, 서울출신작가의 작품집 등을 대상으로 삼았다는 점에서 21세기 초기 국어의 모습과는 상당한 거리가 있을 것으로 판단된다. 그러나 고영근(1974)에서는 종결어미의 형태를 이루고 있는 요소들에 대해 구조적인 분석을 시도하였다는 점에서, 이 연구는 국어 종결어미의 형태 구조에 대해 초기에 정밀한 분석의 결과를 정리한 의의를 가진다고 하겠다. 그 이전까지 이루어진 종결어미의 형태에 대한 논의들은 대부분 형태 그 자체의 내적 구조에 대해서는 정밀한 분석을 시도하지 않았으나, 고영근(1974)에 와서 비로소 종결어미의 형태를 이루는 어미구조체를 구조적으로 분석하려 하였다.

그 결과 마침법의 하위 범주를 실현하는 종결어미의 기본형을 분석해 내고, 그것을 청자높임법의 등급에 따라 차등적으로 도표화하였다. 거기에서도 마침법을 실현하는 종결어미의 하위 범주에 따른 기본형을 분석하면서 청자높임법을 함께 논의하는 방법을 취하였는데, 이것은 종결어미가 마침법과 청자높임법을 동시에 실현하는 문법적 기능 때문인 것으로 보인다. 고영근(1974:154)에서는 우선 마침법의 하위 범주를 설명법, 의문법, 감탄법, 명령법, 허락법, 공동법, 약속법, 그리고 경계법 등 8가지로 분류하였는데[61], 그 각각에 해당하는 기본형이 실제로 존재하지 않는 빈칸이 많이 나타난다. 마침법의 하위 범주로 분류한 도표에서 기본형이 없는 빈칸이 나타나는 사실은 그 범주의 독립이 설득력을 가지기 어렵다는 증거가 된다. 마침법을 실현하는 종결어미의 기본형이 없는 빈칸이 두 개 이상이나 존재하는 것은 그것을 나타내는 범주의 분리가 객관적으로 이루어지지 않았음을 보이는 것으로 해석할 수 있다. 그리고 고영근(1974)에서는 청자높임법의 등급을 해라체, 하게체, 하오체, 합쇼체, 하소서체, 해체, 하지요체, ~ㅂ쇼체, ~ㅂ죠체 등으로 나누었는데, 그 각각에 해당하는 기본형이 마침법의 경우와 마찬가지로 빈칸으로 남아 있는 등급이 적지 않다. 이러한 몇 가지 사실로 미루어 볼 때, 청자높임법의 등급 분류에서도 재고의 여지가 있음이 드러난다.

그러면 고영근(1974)에서 종결어미의 형태를 구조적으로 분석하여 그 기본형을 청자높임법의 등급에 따라 제시한 내용을 아래 (2)에 옮긴다.

   (2) 마침법의 하위 범주에 따른 기본형

     ㄱ. 설명법　：　~다, ~ㅣ,~소,~다,~다,~어(요), ~지(요),~ㅂ쇼,~ㅂ죠(기본형　：　~다)

     ㄴ. 의문법　：　~냐,~ㄴ가[62],~소,~까,~까,~어(요), ~지(요),~ㅂ쇼,~ㅂ죠 (기본형　：　~냐)

     ㄷ. 감탄법　：　~구나,~구먼, ~ㄴ걸, ~ㄴ데, ~거든, ~구료,

---

61) 마침법의 하위 범주를 어떤 기준에 의해 분류하는 것이 타당할 것이냐에 대해서는 제3장에서 구체적으로 논의하기로 한다.

62) 고영근(1974)에서는 이른바 하게체 의문어미의 기본형을 '~ㄴ가'로 설정하여 '~ㄴ~'과 '~가'를 분리하지 않았다. 거기의 설명에서는 '~ㄴ~'을 '~느~'의 이형태라고 하고 또 '~냐'와 '~다'에서 분리될 수 있는 '~아'를 '~ㄴ가'의 단축된 이형태라 하였다. 이러한 설명에도 불구하고 '~ㄴ가'의 형태가 왜 하게체로 실현되는지에 대한 해명은 하지 않았다.

　　　　0,0,0,0,0,0 (기본형　: ~구나)
　ㄹ. 명령법 : ~어라, ~게, ~오, ~(시)오, ~소서, ~어(요), ~지
　　　(요), 0,~ㅂ죠 (기본형 :~라)
　ㅁ. 허락법　: ~려무나, ~게나, ~구료, ~ㅂ죠 (기본형 :~라)
　ㅂ. 공동법　: ~자, ~세, ~(시)다, ~(사)다, ~어(요), ~지(요), (기
　　　본형 :~자)
　ㅅ. 약속법　: ~마, ~ㅁ세,(~리다), (~오리다),(오리이다), ~ㅂ죠
　　　(기본형 :~마)
　ㅇ. 경계법　: ~ㄹ라, (~리), (~리다), (기본형 : ㄹ라)

　위에 제시된 (2)의 세로에는 마침법의 하위 범주를 나타내고, 가로에는
청자높임법의 등급에 따라 해라체, 하게체, 하오체, 합쇼체, 하소서체, 해
(요)체, 하지(요)체, ~ㅂ쇼체, ~ㅂ죠체 등의 순서로 나타낸 것이다.

　먼저 마침법의 하위 범주를 살펴보면, 서술법과 의문법에는 형태상의 기
본형이 모두 채워져 있으나, 감탄법, 명령법, 허락법, 공동법, 약속법, 경계
법 등 6개의 범주에는 기본형의 빈칸이 나타난다. 그 중에서 명령법을 제
외하고 감탄법, 공동법, 허락법, 약속법, 경계법의 경우에는 3개 이상의 빈
칸이 있는데, 거기에 해당하는 종결어미의 기본형이 없다는 것이다. 기본
형이 없는 빈칸이 3개 이상이나 존재하는 것은 그 마침법의 범주가 분리되
어 독립하기 곤란한 증거이다. 따라서 (2)는 마침법의 하위 범주와 청자높
임법의 등급 설정에 문제를 안고 있는 분류 체계라 할 수 있다. 그리고 (2)
의 분류는 20세기 후반기와 21세기 초기 국어의 현실과는 상당한 거리가
나는 것으로 이해한다. 그럼에도 불구하고 (2)는 종결어미의 형태를 구조적
으로 분석하여 각 범주에 따라 기본형을 설정한 점에서 중요한 의의를 가
지며, 그러한 연구 방법을 본격적으로 시도한 점에서 높이 평가될 것이다.

3.5.1.3 『정동사어미의 형태론』(1985)

정동사어미(종결어미)의 형태 구조를 논의한 서태룡(1985:159)에서는, 종래 마침법의 하위 범주를 미리 정해놓고 거기에 해당하는 정동사어미의 형태를 배정하는 연구 태도는 바람직하지 않다고 비판하면서, 정동사어미의 분류 방법에 대해서 아래와 같은 몇 가지 문제점을 제기했다.

첫째, 왜 동일한 형태소가 서술형, 의문형, 명령형, 청유형, 약속형 등으로 분류되어야 하는가? 그 대표적인 예가 반말의 '~아/어'와 '~지' 그리고 하오체의 '~소'라고 하고, 이들은 마침법의 하위 범주를 먼저 설정하지 않는다면 각 하위 범주로 분류할 만한 형태상의 차이가 없다는 것이다.

둘째, 문장을 종결하는 통사론적 기능을 담당하는 어말의 정동사어미에 의한 청자높임법의 체계는 무엇인가? 라는 의문을 제기하고, 청자높임법과 관련된 '~으시~', '~습/읍~', '~이~'와 같은 요소를 분석하면 어말의 정동사어미만으로는 이른바 합쇼체나 하소서체의 등급을 설정할 이유가 없어진다는 것이다. 그 예로 '~습나이다'에서 '~습~', '~나~', '~이~'는 선어말어미로 분석할 수 있기 때문이라 했다.

셋째, 그 형태나 의미에 있어 정동사어미는 동명사어미나 부동사어미와 어떤 관련성이 있는가?라고 하고, 정동사어미로 분석되는 형태소가 동명사어미나 부동사어미와 동일한 형태와 동일한 의미를 갖는 것으로 설명된다면, 형태론적으로는 활용어미 전반에 대하여 통사론적으로는 문장이라는 국어 문법의 기본 단위에 대하여 새로운 검토를 필요로 하게 될 것이라고 했다.

위와 같은 문제를 제기한 서태룡(1985)에서는 정동사어미의 형태 분석과 분석된 어미의 의미 문제를 중점적으로 정밀하게 검토하여, 정동사어미 전반의 윤곽을 체계적으로 밝히고자 했으며, 그러기 위해 동일한 형태와 동일한 의미를 가진 형태 요소는 동일한 범주를 실현해야 한다는 기본적인 태도를 견지했다. 그리고 서태룡(1985:188)에서는 마침법어미의 하위 범주를 서술형, 의문형, 명령형, 청유형, 약속형 등 5가지로 분류하였으며, 청자높임법의 등급은 해라체, 하게체, 하오체, 합쇼체, 하소서체, 그리고 반말 등 6단계로 설정하였다. 거기에서 정리한 국어 정동사어미의 형태소는 아래의 (3)과 같다.

(3) 국어 정동사어미의 형태소
　ㄱ. 서술형 : ~아, ~다,~이,~소,(~다),~다,~다,~아/어, ~지
　ㄴ. 의문형 : ~아/(어),~가,~이,~소,(~까),~까,~까, ~아/어,~지,~게
　ㄷ. 명령형 : ~아,~이,~소,~오,~어,~아/어, ~지
　ㄹ. 청유형 : ~아/(어),~이, ( ),~다,~다,~아/어, ~지
　ㅁ. 약속형 : ~아,~이, ~소,(~다),~다,~다,~아/어,~지

　(3)에서는 빈칸이 거의 보이지 않는다. 우선은 위의 분류 체계가 어느 정도의 정당성을 확보한 것으로 판단되지만, 문제는 약속법이 과연 독립된 마침법의 하위 범주로 설정될 수 있느냐는 점과 동일한 형태소가 마침법의 모든 하위 범주에 두루 통용될 수 있느냐하는 점이다. (3)과 같이 정리한 서태룡(1985)은 해라체의 정동사어미는 '~아'라 하고, '~아'만이 모든 마침법의 하위 범주에 두루 사용되는 형태소라고 설명하였다. 그리고 하게체의 정동사어미는 '~이'이고 하오체의 정동사어미는 '~소'라고 하였는데, 그 이유는 '~이'와 '~소'가 하게체와 하오체의 마침법의 하위 범주에 두루 사용되기 때문이라는 것이다.

　동일한 형태소가 마침법의 하위 범주에 두루 통용된다고 하면, 서로 다른 하위 범주간의 차이는 무엇으로 설명할 수 있을까? 이에 대해서는 아무런 해명이 없었는데, 그런 경우에 그 형태소에 얹히는 수행~억양의 차이에 의해 변별될 수 있다는 것인지도 모른다. 하지만 그런 설명은 찾아볼 수 없었다. 그리고 또 한 가지는 약속법이 과연 마침법의 하위 범주로 독립될 수 있겠느냐의 문제다. 다음 장에서 마침법의 하위 범주 설정에 대해

자세하게 살펴보게 되므로 거기에서 다시 언급하겠다.

또한 서태룡(1985)에서는 형태 분석의 결과에 따라 마침법을 실현하는 어미의 형태론적 체계를 수립하였다. 그것에 의하면 서술형의 고유한 기능을 갖는 정동사어미는 '~다'라 하고, 이 '~다'가 서술형의 거의 모든 청자높임법에 두루 분석된다는 것이다. 또 의문형의 고유한 기능을 가진 정동사어미는 '~가'이고, 명령형, 청유형, 약속형의 고유한 기능을 갖는 정동사어미는 존재하지 않는다고 했다. 마침법의 하위 범주를 나타내는 고유한 기능을 갖는 문법소가 없다면, 어떻게 그 범주를 독립된 범주로 처리할 수 있는지에 대한 설명을 전혀 찾아볼 수 없는 점이 문제점으로 떠오른다. 또 청자높임법의 등급 차이를 나타내는 [+청자존대]의 '~이~', '~이'와 [+화자겸양]의 '~습/읍~', '~소'는 선어말어미의 기능으로 설명될 수 있으므로, 국어의 정동사어미는 해라체와 반말에서 동일한 것으로 확인된 '~아/어', 반말의 '~지'와 '~게' 그리고 서술형의 '~다'와 의문형의 '~가'와 '~고'가 전부라고 기술하였다.

서태룡(1985)의 기술에서 드러나는 그러한 결과는 마침법을 실현하는 문법 요소와 청자높임법을 실현하는 문법 요소가 분리적으로 존재한다는 것인데, 이 점은 우리가 이 글에서 주장하는 관점과 차이가 별로 없다. 하지만 거기에서 마침법의 하위 범주와 청자높임법의 등급에 따라 도표화한 내용을 자세하게 살펴보면, 형태소들이 어떤 차이로 말미암아 마침법의 하위 범주가 서로 달라지고 청자높임법의 등급이 달라지는지에 대한 구체적인 근거나 설명이 제시되지 않은 점이 아쉽다.

3.5.1.4 『국어 종결어미 연구』(1991)

이 연구는 한길(1991)의 업적으로 종결어미 형태의 내적 구조에 대한 분석을 시도하지는 않고, 종결어미가 선어말어미와 결합하는 양상을 중심으로 하여 형태적 특성과 통어적 특성 그리고 의미·화용적 특성 등을 정밀

하게 분석하여 정리한 것이다. 한길(1991)에서는 먼저 청자높임법의 체계를
반말, 예사낮춤, 예사높임, 아주낮춤, 아주높임 등으로 나누고, 그 각각에
해당하는 종결어미의 형태를 단순형태와 복합형태로 구분하여 그것들의
형태적, 통사적, 의미 · 화용적 특성을 예문을 들어 분석하였다. 하지만 한
길(1991)에서도 종결어미의 형태가 가지고 있는 문법적 · 의미적 정보에 의
한 구체적인 설명은 찾아볼 수 없다.

우리의 관심은 종결어미의 형태 구조에 있으므로, 여기에서는 한길
(1991:322)에서 정리한 종결어미의 형태 목록을 아래의 (4)에서 소개한다.

(4) 들을이높임법 체계에 해당하는 종결접미사

　ㄱ. 반말 종결접미사

　　서술법 : (단순형태) ～아, ～지, ～게, ～네, ～는군, ～거든, ～
　　데, ～는데,
　　(복합형태) ～는다나, ～자나, ～으라나, ～는다고, ～느냐고,
　　～자고, '～으라고, '～는다니까, ～느냐니까, ～자니까, ～으
　　라니까, ～을께, ～을래, ～는걸, ～을걸
　　물음법 : (단순형태) ～아, ～지, ～게, ～네, ～는가, ～나, ～
　　데, ～는데
　　(복합형태) ～다니, ～냐니, ～자니, ～으라니, ～는다고, ～느
　　냐고, ～자고, ～으라고, ～는다면서, ～을까, ～을래
　　꾀임법 : (단순형태) ～아, ～지
　　시킴법 : (단순형태) ～아, ～지

　ㄴ. 예사낮춤 종결접미사

　　서술법 : (단순형태) ～ㄹ세, ～으이, ～네, ～는다네
　　물음법 : (단순형태) ～는가, ～나
　　꾀임법 : (단순형태) ～세
　　시킴법 : (단순형태) ～게

ㄷ. 예사높임 종결접미사
　　서술법 : (단순형태) ~오, ~구려
　　(복합형태) ~는다오, ~습디다, ~으리다
　　물음법 : (단순형태) ~오
　　(복합형태) ~읍디까, ~으리까
　　꾀임법 : (복합형태), ~읍시다
　　시킴법 : (단순형태), ~오, ~구려

ㄹ. 아주낮춤 종결접미사
　　서술법 : (단순형태) ~는다, ~으마, ~는구나, ~으니, ~을
　　라, ~노라, ~누나
　　(복합형태)~는단다, ~느니라, ~도다, ~을진져, ~을지니라
　　물음법 : (단순형태) ~느냐, ~니
　　(복합형태)~으렷다, ~을소냐
　　꾀임법 : (담순형태) ~자
　　시킴법 : (단순형태) ~아라, ~으려무나,
　　(복합형태)~으렷다, ~을지어다

ㅁ. 아주높임 종결접미사
　　서술법 : (복합형태)~습니다, ~는답니다, ~나이다, ~으오이
　　다, ~올시다
　　물음법 : (복합형태) ~습니까, ~나이까, ~오이까
　　꾀임법 : 없음
　　시킴법 : (복합형태) ~으십시오, ~으소서

ㅂ. 높낮이없음 종결접미사
　　서술법 : (단순형태) ~다, ~음
　　물음법 : (복합형태) ~는담, ~으랴
　　꾀임법 : 없음
　　시킴법 : (단숨형태) ~으라
　　(복합형태) ~을것

종결어미의 형태를 위의 (4)에서 단순형태와 복합형태로 구분하였는데, 그 구분의 기준에 대해서는 명확한 설명을 붙이지 않았다. 단순형태로 분류한 것 중에는 둘 이상의 요소에 의해 구성된 형태가 많이 포함되어 있음을 볼 수 있는 바, 그런 형태에 대한 처리를 좀더 구체적으로 할 필요가 있을 것이다. 그리고 (4)에서는 국어 청자높임법의 체계를 높임과 낮춤으로 양분하여 각 등급에 해당하는 종결어미의 형태를 열거하였는데, 국어에 낮춤법이 과연 존재하느냐에 대해서는 다음 장에서 자세하게 다루기로 하겠다. 만약 국어의 청자높임법 체계에 낮춤법이 존재하지 않는다면 (4)의 분류는 다시 이루어져야 할 것이다. 또 (4ㅂ)에는 높낮이가 없는 종결어미가 있는 것으로 정리하였으나, 높낮이가 없다는 것과 반말의 차이가 무엇인지 분명하지 않다.

하지만 한길(1991)의 『국어 종결어미 연구』에서는 종결어미가 결합하는 용언의 종류 그리고 선어말어미의 결합에 따른 제약 관계를 비롯하여, 주어의 인칭과 시제어미 그리고 중화형태 등을 자세하게 다루었으며, 의미적·화용적 특성 등을 매우 정밀하게 분석한 점에서 종결어미 연구의 중요한 업적으로 남을 것이다.

3.5.1.5 『20세기 우리말의 형태론』(1995)

허웅(1995:521~773)에서는 의향법(마침법)과 들을이높임법을 함께 다루었는데, 이 두 범주는 들을이에 대한 말할이의 태도를 나타내는 점으로 공통성이 있기 때문이라 하였다. 그리고 이 두 범주를 나타내는 종결어미는 따로 뗄 수가 없게 되어 있다고 하면서, 대부분의 의향법어미는 의향을 나타냄과 동시에 들을이에 대한 대우(높임)의 정도를 나타내게 되어 있다고 기술했다.

그리고 허웅(1991)에서는 의향법의 갈래를 서술법, 물음법, 시킴법, 함께법

등으로 나누고, 들을이높임법의 등급은 낮춤(안높임), 예사높임, 아주높임 등
3등급으로 나누어 종결어미의 형태 목록을 아래의 (5)와 같이 제시했다.

(5) 우리말의 의향법 씨끝
　　7. 서술법
　　　<낮춤>
　　　일러들김 : ~는(ㄴ)다, ~다, ~라, ~느(나)니라, ~으니라, ~
　　　느니,
　　　~으니, ~네, ~어, ~지, ~으이, ~을지라, ~을지니라, ~을
　　　지어다, ~을지로다, ~는(ㄴ)단다, ~단다, ~란다, ~는다네,
　　　~다네, ~라네, ~노라네, ~으니까, ~는(ㄴ)다니까, ~다니
　　　까, ~라니까, ~는(ㄴ)다나, ~다나, ~라나, ~으라나, ~는
　　　(ㄴ)다고, ~다고, ~라고, ~다마다, ~고말고, ~는(ㄴ)단말이
　　　야, ~단말이야, ~란말이야, ~어야지,
　　　약속 : ~으마, ~을께, ~음세, 뜻 : ~과저, ~을래, ~을란
　　　다, ~을거나, ~을라고
　　헤아림 : ~을라, ~을러(레)라, ~을레, ~을세라, ~으렷다, ~
　　　거니, ~으려니
　　느낌 : ~는구나(군), ~구나(군), ~로구나(군), ~는구려, ~로
　　　구려, ~는구료, ~구료, ~로구료, ~는구먼, ~구먼, ~로구
　　　먼, ~도다, ~로다, ~어라, ~노라, ~로라, ~는다니, ~다니,
　　　~라니, ~는데, ~은데, ~는지, ~은지, ~는지고, ~은지고,
　　　~는걸, ~은걸, ~을걸, ~을세, ~로세, ~거든, ~으니, ~을
　　　데라니, ~을씨고, ~을손, ~을사, ~을진저, ~데나, ~누나,
　　　~누마, ~로고, ~으매라, ~드만, ~을게로군, ~을데라고

　　　<예사높임>
　　　일러들김 : ~소(으오)/오, ~는(ㄴ)다오, ~다오, ~라오, ~습
　　　닌다/ㅂ닌다, ~습딘다/ㅂ딘다, ~는(ㄴ)단말이오, ~단말이오,
　　　~란말이오, ~네요, ~어요, ~지요, ~으이요, ~으니까요,

~는(ㄴ)다니까요, ~다니까요, ~라니까요, ~는(ㄴ)다나요,
~다나요, ~라나요, ~는(ㄴ)다고요, ~다고요, ~라고요, ~
다마다요, ~고말고요, ~어야지요, ~라야지요
약속 : ~을께요
뜻 : ~을래요
헤아림 : 없음
느낌 : ~는군요, ~군요, ~로군요, ~는구먼요, ~구먼요, ~
로구먼요, ~는(ㄴ)다니요, ~다니요, ~라니요, ~는데요, ~
은데요, ~는걸요, ~은걸요, ~을걸요, ~거든요

<아주높임>
~습니다/ㅂ니다, ~사옵니다/옵니다, ~는(ㄴ)답니다, ~랍니
다, ~습네다/ㅂ네다, ~올습네다, ~으이다, ~나이다, ~노이
다/느이다, ~으니이다, ~어이다, ~소이다, ~도소이다, ~로
소이다, ~올시다

ㄴ. 물음법
<낮춤>
단순~본디 : ~느냐, ~으, ~느뇨, ~으뇨, ~는가, ~은가, ~
는고, ~은고, ~을런가/을런고, ~을까/을꼬, ~는지, ~은지,
~을지, ~을런지/을는지, ~을소냐, ~을손가, ~는감, ~은감,
~나/노, ~니(으니,느니), ~으랴, 단순~유용 : ~어, ~지, ~
(으이), ~을래, ~고, ~고서, ~는데(도), ~은데(도), ~으려고,
~을라고, ~게, ~는(ㄴ)다, ~다, ~라, ~는담, ~담, ~람, ~
어야지, 복합~서술 : ~는(ㄴ)다고, ~다고, ~라고, ~는(ㄴ)다
며, ~다며, ~라며, ~는(ㄴ)다면서, ~다면서, ~라면서, ~는
(ㄴ)다니, ~다니, ~라니, ~는(ㄴ)다지, ~다지, ~라지, 복
합~물음 : ~느냐고, 으냐고, ~느냐니까, ~으냐니까, 복합~
시킴 : ~으라며/으라면서, ~으라고, ~으람, 복합~함께 : ~
자며/자면서,

복합~이름 : ~기는, ~음에랴
복합~그밖 : ~거나, ~으려나/으려남, ~는거야, ~은거야

<예사높임>
단순 : ~소(으오)/오, ~을갑쇼
요~본디 : ~는가요, ~은가요, ~을까요, ~는지요, ~은지요,
~을지요, ~을런지요/을는지요, ~나요, 요~유용 : ~어요, ~
지요/죠, ~(으이요), ~을래요, ~고요, ~고서요, ~는데(도)요,
~은데(도)요, ~으려고요, ~을라고요, ~게요, ~어야지요
요~서술 : ~는(ㄴ)다고요, ~다고요, ~라고요, ~는(ㄴ)다며
요, ~다며요, ~라며요, ~는(ㄴ)다면서요, ~다면서요, ~라
면서요, ~는(ㄴ)다니요, ~다니요, ~라니요, ~는(ㄴ)다지요,
~다지요, ~라지요, 요~물음 : ~느냐고요, ~으냐고요, ~느
냐니까요, ~으냐니까요, 요~시킴 : ~으라면서요, ~으라고
요, 요~함께 : ~자면서요, 요~이름 : ~기는요,

<아주높임>
~습니까/ㅂ니까, ~사옵니까/옵니까, ~으이까, ~나이까, ~
소이까, ~로소이까, ~느이까/늬까, ~니이까,

ㄷ. 시킴법
  <낮춤>
  ~어라, ~으라, ~으라고, ~으라니까, ~으라니깐, ~으럼, ~
  으려무나, ~으려마, ~게, ~게나, ~구려, ~구료, ~으렷다,
  ~어, ~지

  <예사높임>
  ~으오/소, ~으라고요, ~어요, ~지요

  <아주높임>

~(으십시)오, ~으소서, ~읍소사/으십사/읍시사

ㄹ. 함께법
   <낮춤>
   ~자, ~자고, ~자꾸나, ~자니까, ~세, ~세나, ~음세, ~어,
   ~지,

   <예사높임>
   ~으오, ~자고요, ~자니까요, ~어요, ~지요

   <아주높임>
   ~읍시다, ~으십시다, ~사이다

   허웅(1995)에서는 (5)에 제시한 바와 같이, 마침법의 하위 범주를 4가지로 분류하고 각 범주별로 청자높임법의 등급에 따라 종결어미의 형태 목록을 열거하였다. 거기에서는 청자높임법을 낮춤, 예사높임, 아주높임 등 3가지 종류로 등급화하였는데, 이것이 다른 연구자들과 차이가 드러나는 매우 특이한 것으로 보인다. 다른 논자들이 흔히 따로 분류하는 약속법과 감탄법을 서술법에 포함하였다. 그리고 종결어미의 형태를 단순형태와 복합형태로 구별하였으며, 복합형태에 대해서는 예컨대 '~느냐고요'를 '요~물음'이라 하여 '~요'가 붙기 이전에는 '~느냐고'가 물음법을 실현하는 형태임을 밝혀 두었다. 또한 본디 형태와 유용 형태를 구별하였다. 본디 형태는 처음부터 그 범주를 실현하는 종결어미이고, 유용 형태는 본디 다른 범주를 실현하던 것이 전용되어 그 범주로 사용되는 형태라는 것이다. (5)에서는 동일 기능의 이형태들을 쉽게 알 수 있게 차례대로 배열하고 있어서 누구나 참고하기에 유익하도록 배려하였다.
   허웅(1995)에서 종결어미의 형태 구조에 대한 정밀한 분석을 수행하지는 않았지만, 각 마침법을 실현하는 종결어미의 형태에 대한 기능과 의미가

상당하게 반영된 형태 분류라고 판단된다.

3.5.1.6 국어 종결어미의 형태론적 유형(1997)

김태엽(1997)에서는 종결어미의 주된 기능이 마침법을 실현한다는 사실에 주목하여, 문장을 끝맺는 기능을 수행하는 문장종결소가 그 종결어미의 형태를 이루는 어미구조체에 본디부터 관여하느냐 관여하지 않느냐에 따라 종결어미의 형태를 유형화하였다. 종결어미의 형태를 이루는 어미구조체의 구성 요소 중에서 문장을 끝맺는 기능을 담당하는 문법 요소가 문장종결소이므로, 본디부터 문장종결소가 관여하는 어미구조체에 의해 이루어진 형태는 갖추어진 형태라 하고 그렇지 못한 형태는 못갖춘 형태라 하여 그것들을 구별하였다.

김태엽(1997:81)에서는 아래의 (6)과 같이 국어 종결어미의 형태론적 유형을 제시하였다.

    (6) 국어 종결어미의 형태론적 유형
       ㄱ. 갖춘 형태 : ~다, ~자, ~어라, ~습니다, ~습시다,~~~
       ㄴ. 못갖춘 형태[63)]
          ① 기능 변동 형태 : ~네, ~데, ~게, ~세
          ② 기능 전용 형태 : ~거든, ~니까, ~기

(6)은 종결어미의 형태에 형태론적 문장종결소가 본디부터 관여하느냐 관여하지 않느냐에 따른 분류 유형인데, 이러한 분류는 문장종결소가 종결어미의 기능을 수행하는 핵심 요소라는 사실에 그 기준을 둔 것이다.

---

63) 여기서 못갖춘 형태란 그 종결어미의 형태를 이루는 어미구조체에 형태론적 문장종결소가 처음부터 관여하지 않은 형태라는 뜻일 뿐, 그것에는 음운론적 문장종결소가 관여하거나 아니면 그 형태의 구성 요소 중 한 요소가 기능 변동함으로써 종결어미로 기능하게 된 형태를 말한다.

(6ㄱ)의 갖춘 형태 '~다'와 '~자'는 형태론적 문장종결소로서 그 자체가 바로 종결어미로 기능하는 형태이고, '~습니다'와 '~습시다'는 각각 '습+느+이+다'와 '습+사+이+다'의 어미구조체로 분석되는 바, 형태론적 문장종결소 '~다'가 두 형태를 이루는 어미구조체에 관여하고 있다. 그리고 '~어라'는 '어+라'의 어미구조체로 분석되며, '~라'가 문장종결소로 관여하고 있다. 따라서 (6ㄱ)에 해당하는 종결어미의 형태에는 처음부터 형태론적 문장종결소가 관여하고 있으므로, 그런 형태를 갖춘 형태라 이름을 붙인 것이다.

(6ㄴ)의 못갖춘 형태란 그 형태를 이루는 어미구조체에 처음부터 형태론적 문장종결소가 관여하지 않고 나중에 문장종결소와 동일한 기능요소가 관여하여 종결어미로 기능하는 형태를 말한다. 그런 종결어미의 형태 중에는 두 가지 유형이 있다. 하나는 (6ㄴ)~①의 기능 변동 형태이고 다른 하나는 (6ㄴ)~②의 기능 전용 형태이다. 전자의 기능 변동 형태의 경우에는 그 어미구조체의 구성 요소 중 어느 한 요소가 문장종결소로 기능이 변동됨으로써 비로소 문장을 끝맺는 기능을 수행하게 되고, 후자의 기능 전용 형태의 경우에는 그 형태가 본디 다른 기능을 수행하던 문법 형태이기 때문에 종결어미의 어미구조체로는 분석되지 않는다. 다른 문법 기능을 수행하던 것이 기능이 전용되어 종결어미로 기능하는 형태에는 형태론적 문장종결소가 관여하지 못하고, 그 대신 음운론적 문장종결소가 관여함으로써 그 형태는 종결어미의 기능을 획득하게 된다. 기능 전용 형태의 종결어미에 얹히는 끊어짐의 수행~억양은 음운론적 문장종결소[64]인데, 이것은 형태론적 문장종결소와 마찬가지로 문장을 끝맺는 기능을 수행한다.

(6ㄴ)~①에 해당하는 종결어미 '~네', '~데', '~게', '~세' 등의 형태

---

64) 음운론적 문장종결소에는 문장을 끝맺는 기능의 문장종결소와 마침법의 하위 범주를 결정짓는 문장종결소가 있다는 것은 앞에서 이미 언급하였다. 후자에 해당하는 음운론적 문장종결소는 '~어', '~지', '~오' 등과 같이 마침법의 어느 하위 범주로도 기능이 가능한 종결어미의 형태에 얹히는 문장종결소이다.

는 대개 간소화의 과정을 겪으면서 정착된 형태인데, 이들 형태를 이루는
어미구조체에는 간소화로 말미암아 본디 문장종결소가 관여하지 않는다.
그래서 어미구조체의 한 구성 요소인 청자높임소 '~이~'가 '~이'로 기능
이 변동함으로써 이들 형태가 모두 종결어미의 기능을 수행하게 된 것이
다. 그리고 (6ㄴ)~②에 해당하는 종결어미 '~거든', '~니까', '~기' 등의
형태는 본디 연결어미와 명사화 내포어미로 기능하는 어말어미지만, 이들
형태는 기능이 전용되어 종결어미로도 기능한다. 기능이 전용될 경우에 형
태상으로는 아무런 변화가 없는 대신에 이들 형태에 끊어짐의 수행, 억양
이 얹혀져서 문장을 끝맺는 종결어미의 기능을 갖게 되는 것이다.

　종결어미의 형태를 (6)과 같이 분류하는 것은, 그 형태가 문장을 끝맺는
기능을 수행하게 되는 원인이 어디에서부터 발생하는가에 초점을 두는 태
도의 결과라 할 수 있다. 모든 종결어미의 형태가 결과적으로는 문장을 끝
맺는 기능을 수행하지만, 그것들이 문장을 끝맺는 기능을 수행하게 된 배
경을 알 수 있는 분류라는 점에서 (6)은 다른 논자들의 분류와 차이가 있다.

　이상에서 종결어미의 형태 분류에 대한 앞선 연구의 업적들을 살펴본
바, 크게 두 부류로 나뉘어질 수 있다. 하나는 최현배(1971), 한길(1991), 허
웅(1995) 등이 묶여지는 부류이고, 다른 하나는 고영근(1974), 서태룡(1985),
김태엽(1997) 등이 묶여지는 부류이다. 두 부류간의 차이가 있다면 아래 (7)
과 같이 지적할 수 있을 것이다.

(7) ㄱ.전자의 부류에 속하는 분류는 종결어미의 내적인 형태구조에
　　　대해서는 별다른 관심 을 기울이지 않은 반면, 후자의 부류에
　　　속하는 분류는 종결어미의 내적 형태 구조를 가능한 한 정밀
　　　하게 분석하려고 하였다.
　　ㄴ. 전자의 부류에 속하는 분류에서는 그 종결어미의 기능과 의미
　　　를 고려하여 청자높임법의 등급에 따라 형태목록을 제시한
　　　반면, 후자의 부류에 속하는 분류에서는 종결 어미의 형태를

이루는 어미구조체에 관여하는 공통 요소를 찾아 그것을 토
대로 하여 종결어미의 형태를 구조적으로 설명하려고 하였다.
ㄷ. 전자의 부류에 속하는 분류는 그 종결어미의 용법을 귀납적으
로 정리한 것으로 해 석할 수 있는 반면, 후자의 부류에 속하는
분류는 그 형태의 내적 구조를 이루는 구 성 요소의 기능과 의
미에서부터 출발하는 연역적 방법을 취한 결과라 하겠다.

국어 종결어미의 형태에 대한 앞선 연구 업적들이 두 부류로 나뉘어질
수 있고, 또 그 두 부류 사이에 (7)과 같은 대체적인 차이가 있음에도 불구
하고, 우리는 이들 업적들이 모두 유용한 의미를 가지는 것으로 본다. 종결
어미의 형태를 종합적이고 합리적으로 이해하고 해석하기 위해서는 연역
적 방법과 귀납적 방법의 연구가 서로 상호보완적인 가치를 가질 수 있기
때문이다.

3.5.2 국어 종결어미의 형태 목록

우리는 3.5.1에서 앞선 연구들 중에서 특별히 관심을 끄는 업적 내용을
중심으로 살펴보았다. 그 업적들은 크게 두 부류로 분류될 수 있었으며, 그
두 부류의 업적들이 서로 상호보완적인 가치를 갖는 것으로 보았다.

그래서 우리는 귀납적 연구 방법의 업적 중에 허웅(1995)에서 제시된 형
태 목록을 대상으로 하여, 연역적 방법으로 접근한 김태엽(1997)의 유형을
좀더 확대시켜 보는 방법을 취하기로 한다. 우선 마침법의 하위 범주에 따
라 종결어미의 형태 목록을 제시하되, 김태엽(1997)에서 적용한 기준을 (1)
과 같이 그대로 따르기로 한다.

(1) ㄱ. 종결어미의 형태를 이루는 어미구조체를 분석하여, 형태론적
문장종결소의 관여 여부를 기준으로 삼는다.
ㄴ. 종결어미 형태의 어미구조체를 구성하는 요소가 문장종결소

로 기능이 변동하는지의 여부를 기준으로 삼는다.
ㄴ. 종결어미의 형태에 음운론적 문장종결소가 관여하는지의 여
부를 기준으로 삼는다.

마침법의 하위 범주는 서술법, 의문법, 명령법, 청유법 등으로 나누되 청자높임법의 등급은 안높임, 조금높임, 조금 더 높임, 아주높임으로 구분한다. 청자높임법의 등급 설정에 대해서는 다음 장에서 정밀하게 논의하기로 하고, 이 글에서는 국어의 높임법 체계에 낮춤법이 존재하지 않는다는 김태엽(1995, 1998)의 주장에 따라 기술하기로 한다. 거기에서는 청자높임법의 체계를 이루는 기본적인 두 개의 축을 크게 안높임과 높임의 대립으로 세우고, 높임은 다시 조금높임, 조금더높임, 아주높임 등으로 차등화하였다. 안높임과 높임을 포함하여 청자높임법을 등급화하면 모두 4등급으로 차등화되지만, 그 등급 사이에 관여하는 높임 관념의 크기가 각 등급마다 균일하다고 말할 수는 없다.

국어의 종결어미 형태의 유형을 (ㄱ)갖춘 형태, (ㄴ)기능 변동 형태, (ㄷ)기능 전용 형태 등으로 분류하기로 하겠는데, 이렇게 분류하는 것은 종결어미의 형태 그 자체의 내적 구조에 따른 유형을 몇 가지로 나눌 수 있기 때문이다. (ㄱ)갖춘 형태는 종결어미를 이루는 어미구조체에 형태론적 문장종결소가 관여하는 형태와 그런 형태에 다른 요소가 결합한 형태를 포괄한 형태이고, (ㄴ)기능 변동 형태는 그 형태를 이루는 어미구조체에 처음부터 형태론적 문장종결소가 관여하지 않고 어미구조체의 어느 한 요소가 문장종결소로 기능이 변동함으로써 종결어미로 기능하는 형태이며, (ㄷ)기능 전용 형태는 본디 다른 기능을 수행하던 문법 형태가 음운론적 문장종결소가 얹혀 종결어미로 기능이 전용된 형태를 가리킨다.[65]

---

65) 아래에 제시하는 종결어미의 형태가 결합하는 문장의 보기는 허웅(1995)으로 대신하되, 거기에 없는 형태에 대해서는 별도로 문장을 나타내기로 하겠다.

우리가 이 글에서 주목하고자 하는 점은 종결어미의 형태 구조에 있다. 종래의 많은 연구자들이 종결어미에 의해 실현되는 문법 기능과 의미 기능에 대한 논의를 다양하게 하였으나, 그 대부분의 업적들이 종결어미의 형태에 근거하지 않은 경향이 많았다. 그러한 경향과는 달리 종결어미의 형태 구조에 대한 분석을 토대로 종결어미의 기능과 의미를 분석하는 방법이 필요하다고 보고, 우리는 마침법을 실현하는 종결어미의 형태 유형을 주로 종결어미의 형태 구조에 초점을 둔 분류를 시도한다. 이러한 태도는 형태론의 정보를 바탕으로 문법론과 의미론을 기술하는 입장이라 할 수 있다.

(2) 국어 종결어미 형태의 목록

3.5.2.1 서술법

<안높임>
ㄱ. 갖춘 형태 : ~는(ㄴ)다, ~다, ~라, ~느니라, ~으니라, ~을지라, ~을지니라, ~을지어다, ~을지로다, ~는(ㄴ)단다, ~단다, ~란다, ~는다나, ~다나, ~라나, ~으라나, ~는(ㄴ)다고, ~다고, ~라고, ~다마다, ~는(ㄴ)단말아야, ~단말이야, ~란말이야, ~으마, ~을란다, ~을러(레)라, ~을세라, ~으렷다, ~는구나, ~구나, ~로구나, ~ 도다, ~ 로다, ~어라, ~노라, ~로라, ~누마, ~으매라, ~을게로군, ~는구먼, ~구먼, ~로구먼, ~는(ㄴ)다니까, ~다니까, ~라니까,
ㄴ. 기능 변동 형태 : 없음
ㄷ. 기능 전용 형태 : ~느니, ~으니,~으니까, ~고말고, ~어야지, ~을꺼나, ~을라고, ~ 을라, ~거니, ~으려니, ~는구려, ~구려, ~로구려, ~는구료, ~구료, ~로구료, ~는(ㄴ)다니, ~다니, ~라니, ~는데, ~은데, ~는지, ~은지, ~는지고, ~은지고, ~는걸, ~은걸, ~을걸, ~거든, ~으니, ~을데라니, ~을씨고, ~을손, ~을사,~데나, ~누나, ~드만, ~을데라고

<조금높임>

ㄱ. 갖춘 형태 : ~는(ㄴ)다네, ~다네, ~라네

ㄴ. 기능 변동 형태; ~네, ~으이, ~음세, ~을세, ~을래, ~을게,
   ~로세, ~데

ㄷ. 기능 전용 형태 : ~어, ~지, ~게, ~고

<조금더높임>

ㄱ. 갖춘 형태 : ~소(으오)/오, ~는(ㄴ)다오, ~다오, ~라오, ~습
   닌다/ㅂ 닌다, ~습딘다/ㅂ 딘다, ~는(ㄴ)단말이오, ~단말이오,
   ~란말이오, ~는다나요, ~다나요, ~라나요, ~는(ㄴ)다고요,
   ~다고요, ~라고요, ~다마다요, ~는군요, ~군요, ~로군요,
   ~는구먼요, ~ 구먼요, ~로구먼요 ㄴ. 기능 변동 형태 : ~네
   요, ~으이요, ~을께요, ~을래요, ~데요

ㄷ. 기능 전용 형태 : ~어요, ~지요, ~으니까요, ~는(ㄴ)다니까
   요, ~다니까요, ~라니까요, ~고말고요, ~어야지요, ~라야
   지요, ~는(ㄴ)다니요, ~다니요, ~라니요, ~는데요, ~은데
   요, ~는걸요, ~은걸요, ~을걸요, ~거든요, ~게요, ~고요

<아주높임>

ㄱ. 갖춘 형태 : ~습니다/ㅂ 니다, ~사옵니다/옵니다, ~는(ㄴ)답니
   다, ~답니다, ~랍니다, ~습네다/ㅂ 네다, ~올습네다, ~으이
   다, ~나이다, ~노이다/느이다, ~으니이다, ~어이다, ~소이
   다, ~도소이다, ~로소이다, ~올시다

ㄴ. 기능 변동 형태 : 없음

ㄷ. 기능 전용 형태 : 없음

3.5.2.2 의문법

<안높임>

ㄱ. 갖춘 형태:~느냐, ~으냐,~을까/을꼬, ~을소냐, ~을손가, ~나/노, ~으니, ~느니, ~으랴, ~는(ㄴ)다, ~다, ~라, ~는(ㄴ)다니, ~다니, ~라니, ~음에랴, ~는거야, ~은거야

ㄴ. 기능 변동 형태 : 없음

ㄷ. 기능 전용 형태 : ~는지, ~은지, 을지, ~을런지/을는지, ~고서, ~는데, ~은데, ~으려고, ~을라고, ~어야지, ~는다며, ~다며, ~라며, ~는(ㄴ)다면서, ~다면서, ~라면서, ~는(ㄴ)다지, ~다지, ~라지, ~느냐고, ~으냐고, ~느냐니까, ~으냐니까, ~으라며/으라면서, ~으라고, ~으람, ~자며/자면서, ~기는, ~거나, ~으려나,

<조금높임>

ㄱ. 갖춘 형태 : ~느뇨, ~으뇨, ~는가, ~은가, ~는고, ~은고, ~을런가/을런고, ~는감, ~은감, ~는담, ~담, ~람, ~는(ㄴ)다고, ~다고, ~라고, ~느냐고, ~으냐고, ~으라고

ㄴ. 기능 변동 형태 : ~을래, ~데

ㄷ. 기능 전용 형태 : ~어, ~지, ~게, ~고,

<조금더높임>

ㄱ. 갖춘 형태 : ~소(으오)/오, ~을갑쇼, ~는가요, ~은가요, ~을까요, ~나요, ~는(ㄴ)다고요, ~다고요, ~라고요, ~는(ㄴ)다니요, ~다니요, ~라니요, ~는(ㄴ)다오, ~다오, ~라오

ㄴ. 기능 변동 형태 : ~을래요, ~데요

ㄷ. 기능 전용 형태 : ~는지요, ~은지요, ~을지요, ~을런지요/을는지요, ~어요, ~지요/죠, ~을래요, ~고요, ~고서요, ~는데요, ~은데요, ~으려고요, ~을라고요, ~게요, ~는(ㄴ)다며요, ~다며요, ~라며요, ~는(ㄴ)다면서요, ~다면서요, ~라면서요, ~는(ㄴ)다지요, ~다지요, ~라지요, ~으라면서요, ~으라고요, ~자면서요, ~기는요, ~느냐니까요, ~으냐니까요, ~느냐고요, ~으냐고요

<아주높임>

ㄱ. 갖춘 형태 : ~습니까/ㅂ 니까, ~사옵니까/옵니까, ~습네까/ㅂ
네까, ~으이까, ~나이까, ~소이까, ~로소이까, ~느이까/늬
까, ~니이까

ㄴ. 기능 변동 형태 : 없음

ㄷ. 기능 전용 형태 : 없음

3.5.2.3 명령법

<안높임>

ㄱ. 갖춘 형태 : ~어라/아라, ~여라, ~너라, ~거라, ~으라, ~으
라고, ~으라니까,

ㄴ. 기능 변동 형태 : 없음

ㄷ. 기능 전용 형태 : 없음

<조금높임>

ㄱ. 갖춘 형태 : ~으렴, ~으려무나, ~구려, ~구료

ㄴ. 기능 변동 형태 : ~게, ~게나

ㄷ. 기능 전용 형태 : ~어, ~지,

<조금더높임>

ㄱ. 갖춘 형태 : ~으오/소, ~으라고요

ㄴ. 기능 변동 형태 : 없음

ㄷ. 기능 전용 형태 : ~어요, ~지요

<아주높임>

ㄱ. 갖춘 형태 : ~(으십시)오, ~으소서, ~읍소사/으십사/읍시사

ㄴ. 기능 변동 형태 : 없음

ㄷ. 기능 전용 형태 : 없음

3.5.2.4 청유법

<안높임>
ㄱ. 갖춘 형태 : ~자, ~자꾸나, ~자니까
ㄴ. 기능 변동 형태 : 없음
ㄷ. 기능 전용 형태 : 없음

<조금높임>
ㄱ. 갖춘 형태 : ~자고
ㄴ. 기능 변동 형태 : ~세, ~세나, ~음세
ㄷ. 기능 전용 형태 : ~어, ~지

<조금더높임>
ㄱ. 갖춘 형태 : ~으오, ~자고요, ~자니까요
ㄴ. 기능 변동 형태 : 없음
ㄷ. 기능 전용 형태:~어요, ~지요

<아주높임>
ㄱ. 갖춘 형태 : ~읍시다, ~으십시다, ~사이다
ㄴ. 기능 변동 형태 : 없음
ㄷ. 기능 전용 형태 : 없음

국어 종결어미의 형태 목록을 (2)와 같이 나타내었는데, 이것은 마침법을 실현하는 종결어미의 형태 구조에 주목하여 그 형태에 처음부터 문장을 끝맺는 기능을 수행하는 형태론적 문장종결소의 관여 여부에 따른 분류이다. 형태론적 문장종결소가 종결어미의 형태를 이루는 어미구조체에 처음부터 관여한 것은 갖춘 형태로, 그 형태의 어미구조체에 관여하는 어느 요소가 문장종결소로 기능 변동함으로써 종결어미가 된 것은 기능 변동 형태로,

그리고 본디 다른 문법 기능을 수행하던 형태가 종결어미로 기능이 전용된 것을 기능 전용 형태라 하였다. 그런 기준에 따라 국어의 종결어미 형태를 (2)와 같이 유형화하고 보면, 기능 전용 형태의 숫자가 갖춘 형태의 숫자만큼이나 많은 사실을 알 수 있다. 이것은 3.3에서 살펴본 비종결어미의 종결어미화가 얼마나 활발하게 이루어졌는가를 짐작할 수 있게 해 주며, 아울러 3.4에서 살펴본 바와 같이 종결어미화의 과정에 관여하는 문법화가 국어의 보편적인 현상임을 다시 한 번 확신하게 해 주는 것이다.

그리고 청자를 높여서 예우하지 않는 안높임에는 마침법의 모든 하위 범주에서 기능 변동 형태가 없는 것으로 나타났는데, 이것은 마침법의 각 하위 범주에서 형태론적 문장종결소가 관여하는 갖춘 형태가 주로 안높임에 해당하기 때문이다. 안높임을 실현하는 종결어미의 형태 유형의 거의가 갖춘 형태인데, 갖춘 형태만으로 마침법을 충분히 실현하므로 굳이 기능 변동 형태의 수요가 불필요한 결과라 하겠다. 또 마침법의 각 하위 범주마다 아주높임을 실현하는 형태에는 기능 변동 형태와 기능 전용 형태가 없는 것으로 나타났는데, 이것은 아주높임을 실현하는 갖춘 형태에 청자를 높여서 예우하는 문법 요소가 그 형태의 어미구조체에 필수적으로 관여하기 때문이다. 기능 변동 형태나 기능 전용 형태에 청자를 높여서 예우하는 문법 요소가 적극적으로 관여하지 않는 사실에서도 아주높임을 실현하는 종결어미의 유형에는 갖춘 형태만 나타남을 알 수 있다.

한편 (2)의 종결어미 '~게'는 서술법, 의문법, 명령법으로 실현되고, '~고'는 서술법과 의문법으로 실현되는데, 아래의 (3)과 (4)에서 '~게'를 살펴보기로 한다.

    (3) ㄱ. 그러면 나는 바보게.
       ㄴ. 나는 언제 왔게?
       ㄷ. 자네도 집에 가게.

(3ㄱ)은 서술문이고 (3ㄴ)은 의문문이며 (3ㄷ)은 명령문이다. (3)의 문장 끝에 결합한 종결어미 '~게'의 형태가 표면적 음성 형태는 동일하지만, 그 형태 유형은 같지 않다. 즉 (3ㄱ)과 (3ㄴ)의 ~게는 기능 전용 형태이고 (3ㄷ)은 기능 변동 형태이다. 전자의 '~게는 본디 다른 문법 기능을 수행하던 형태가 마침법을 실현하는 종결어미로 기능이 전용된 형태인 반면, 후자의 ~게는 근대 국어에서 이른바 간소화의 과정을 겪어서 정착한 기능 변동 형태이다.

문장 (3) 뒤에 '~요'의 결합이 어떤 제약을 보이는가를 아래의 (4)에서 살펴본다.

    (4) ㄱ. 그러면 나는 바보게요.
       ㄴ. 나는 언제 왔게요?
       ㄷ. *자네도 집에 가게요.

기능 변동 형태 '~게'는 명령법만을 실현하는 반면, 기능 전용 형태의 '~게'는 명령법으로는 실현되지 못하고 서술법과 의문법을 실현한다. (4)와 같이 기능 변동 형태의 '~게'는 '~요'의 결합을 허용하지 않으나 기능 전용 형태 '~게'는 높임보조사 '~요'의 결합을 허용한다. (3)과 (4)의 '~게'가 두 부류로 구별되는 것을 설명하기 위해서는 '~게'의 형태 구조를 분석하지 않고는 불가능하다. 즉 기능 변동 형태의 '~게'는 '거+이+Ø'와 같은 어미구조체로 재분석될 수 있으나, 기능 전용 형태의 '~게'는 전자의 '~게'와 같은 어미구조체를 분석할 수 없다. 왜냐하면 후자의 '~게'는 본디 다른 문법 기능을 수행하다가 종결어미로 그 기능이 전용된 형태이기 때문이다. 따라서 (2)와 같이 국어 종결어미의 형태를 목록화하는 방법이 유용한 가치를 가질 것이다.

또한 서술법의 조금높임형으로 '~으이'가 존재하는데, 이것은 '으+이+

Ø'와 같이 그 어미구조체를 분석할 수 있는 바, 문장종결소가 빈칸으로 있는 바로 앞의 요소 '~이~'가 '~이'로 기능 변동함으로써 종결어미의 기능을 수행하게 된다. '~으이'는 (3ㄷ)의 '~게'와 동일한 어미구조체의 구성 양상을 가지는데, (5)에서 '~으이'가 선택된 문장을 보기로 한다.

    (5) ㄱ. 그는 고기를 잡으이/*잡으이요.
        ㄴ. 날씨가 참 좋으이/*좋으이요.

  (5)에서 볼 수 있듯이, 서술어미 '~으이'는 (4ㄷ)의 명령어미 '~게'와 마찬가지로 높임보조사 '~요'의 결합에 제약을 받는다. 서술어미 '~으이'와 명령어미 '~게'가 동일한 형태 유형, 즉 기능 변동 형태에 속하는 것은 그 형태를 이루는 어미구조체의 양상에서부터 이미 동질성을 공유한 결과라 하겠다.

  위의 (3ㄷ), (4ㄷ), (5)에 선택된 종결어미 '~게'와 '~으이'가 동일한 등급의 청자높임법을 실현하며, 그리고 높임보조사 '~요'의 결합에 두 형태가 모두 제약을 받는 통사적인 공통성을 가지고 있는데, 이러한 사실을 객관적으로 기술하고 설명하기 위해서는 '~게'와 '~으이'의 두 형태가 어떤 과정을 거쳐 마침법을 실현하는 종결어미로 정착되었는가에 대한 형태론적 층위의 분석이 뒷받침되어야 할 것이다. 이러한 점에서도 종결어미의 형태에 대한 구조적인 분석을 토대로 하여 정리한 (2)는 그 나름의 의의가 있다고 본다.

  그러면 국어 종결어미의 형태를 목록화한 (2)에 대해 마침법의 각 하위 범주에 따라 특징적인 사항을 (6)과 같이 대강 정리한다.

3.5.2.5 요약

  국어 종결어미의 형태 목록에 제시된 모든 형태가 실제로 문장의 서술

어 끝부분에 결합하여 마침법을 실현하는 보기를 하나씩 예시하여 보여야
하겠지만, 여기에서는 마침법의 각 하위 범주에 따라 주목할 만한 내용을
간단하게 요약하여 제시하기로 한다.

ㄱ. 서술법

① 서술법을 실현하는 종결어미의 형태는 자그만치 100개가 넘는데, 그
중에서 청자에 대해 안높임을 실현하는 형태가 가장 많고 조금더높임의 청
자높임법을 실현하는 형태가 두 번째로 많다. 그리고 조금높임의 청높임법
을 실현하는 형태와 아주높임의 형태는 숫자면에서 비슷하다. 안높임의 서
술어미 형태는 갖춘 형태와 기능 전용 형태의 숫자가 거의 비슷한데, 이런
현상으로 보아서 본디는 다른 문법 기능어였던 형태가 종결어미로 기능이
전용된 경우가 꽤 많다는 사실이다. 따라서 기능어의 문법화가 내용어의
문법화와 함께 보편적인 문법 현상의 하나라는 점을 알 수 있다.

②조금높임의 청자높임법을 실현하는 종결어미의 형태 중에서 기능 변
동 형태는 모두 그 어미구조체의 마지막 요소가 '이'로 분석되는 공통점을
가지고 있다. 이러한 사실은 이들 형태를 이루는 어미구조체에 처음부터
형태론적 문장종결소가 관여하지 않은 관계로 재구조화의 과정에 '~이~'
가 '~이'로 기능 변동함으로써 마침법을 실현하는 종결어미가 된 것이다.
여기에 속하는 서술어미의 형태로는 '~네', '~으이', '~음세', '~을세',
'~을래', '~을께'66), '~로세', '~데' 등이 있는데, 이들 형태 중에서 '~으
이'는 앞에서 살펴본 대로 높임보조사 '~요'의 결합에 제약이 있는 반면
'~네'를 제외한 나머지 형태는 '~요'의 결합에 제약이 없다. 하지만 '~
네'는 '~요'의 결합에 제약이 있는 경우와 제약이 없는 경우가 있다.67)

---

66) '~을께'의 본디 어형은 '~을 것이'로 추정된다(김태엽:1996참조).
67) 이 문제에 대해서는 김태엽(2000)을 참조. 한편 '~네'가 높임보조사 '~요'의 결
　　합에 제약이 있는 경우와 없는 경우로 나뉘어 존재한다면, 그 두 '~네'는 청자

아래의 문장 (1) 을 살펴보기로 한다.

　　　(1) ㄱ. 철수는 집에 있네/있네요.
　　　　　ㄴ. 나는 집에 가네/*가네요.

(17) 의 문장에는 높임보조사 '~요'의 결합에 제약이 없으나, (1ㄴ)의 문장에는 '~요'의 결합에 제약이 있다. (1)의 두 문장에 결합된 종결어미는 동일한 음성 형태인 '~네'지만, '~요'의 결합에 따른 제약 관계가 서로 다른 양상을 나타낸다. 그렇다고 해서 (17)과 (1ㄴ)의 문장에 선택된 '~네'의 형태 구조가 서로 다르다고는 볼 수 없다. 서술어미 '~네'의 형태를 이루는 어미구조체의 구성은 '느+이+Ø'인데, 이것은 처음부터 형태론적 문장 종결소가 빈칸이어서 '~이~'가 '~이'로 기능 변동함으로써 비로소 마침법을 실현하는 종결어미로 정착한 것이다. 비록 두 경우의 '~네'가 갖는 형태 구조가 동일하더라도 '~요'의 결합에 따른 제약 관계가 서로 다르다면, 두 경우의 '~네'가 동일한 청자높임법을 실현한다고 보기 어렵다.[68]

　대부분의 '~네'에는 '~요'의 결합에 제약이 없지만, (1ㄴ)과 같이 '~요'의 결합에 제약을 받는 경우가 아래의 문장 (2)에서도 볼 수 있다.

　　　(2) ㄱ. 자네 좀 지나치시네/*지나치시네요.
　　　　　ㄴ. 철수는 어제 왔네/*왔네요.

(2)와 같이 '~요'의 결합에 제약을 받는 서술어미 '~네'는, 이것과 동일한 유형의 어미구조체로 분석될 수 있는 명령어미 '~게'와 청유어미 '~세'의 경우에도 '~요'의 결합에 제약을 받는다. 아래 (3)에서 그것을 볼 수

　높임법의 등급이 서로 다르다고 할 수 있다.
68) 그러나 3.5.2의 (2)에는 두 경우의 '~네'를 구별하지 않고 조금높임에 포괄하였다.

있다.

(3) ㄱ. 여기 앉게/*앉게요.
ㄴ. 우리 빨리 가세/*가세요.

높임보조사 '~요'의 결합에 제약이 없는 '~네'와 제약이 있는 '~네'의 차이에 대해 김태엽(2000:28~35)에서는 다음과 같이 설명하였다. 즉 두 경우의 '~네'는 '~느~'와 '~이'의 기능과 의미에 따라 서로 차이가 나타나는데, 청자에 대한 높임의 예우 정도는 '~이'에 부여되는 화용적 조건에 따른다는 것이다. 그렇다면 서술어미 '~네'는 이른바 '~네₁'과 '~네₂'와 같이 구별하여 나타낼 수 있겠으나, 포괄적인 분류를 위해 3.5.2에서는 분리하지 않았다. 이것은 종결어미에 대한 형태론적 층위의 정보만으로 모든 문제가 해결될 수 없다는 사실을 보여주는 실례가 되지만, 그럼에도 불구하고 우리가 종결어미의 형태 구조의 분석에 주목하는 이유는 상당한 문법 정보와 의미 정보가 형태 구조와 관련성을 깊이 가지고 있기 때문이다.[69]

또한 조금더높임의 청자높임법을 실현하는 서술어미의 기능 변동 형태와 기능 전용 형태 그리고 상당한 수의 갖춘 형태는 '~요'가 결합되어 있는데, 이것은 '~요'가 단순한 보조사의 기능에 머물지 않고 청자높임법의 등급 체계에 절대적인 영향을 미치는 문법 요소라는 사실을 말해 주는 것이다. 아주높임의 서술법을 실현하는 형태에는 청자높임소 '~습~'과 '~이~' 중의 어느 한 요소나 두 요소가 반드시 관여하고 있다. 따라서 조금더높임의 서술어미 형태에는 '~요'가 관여하고 아주높임의 서술어미 형태에는 '~이~'가 관여하는 것이 사실상으로 필수적인 현상이다.

③앞에서 제시한 국어 종결어미의 형태 목록에는 단일 형태와 복합 형태

---

69) 의미와 음성 형태간의 대응 관계가 매우 중요한 가설이 될 수 있음을 Bybee(1985:3)와 Bolinger(1977:6)에서도 지적한 바 있다.

를 구별하지 않고 청자높임법의 등급과 형태 유형에 따라 열거하였는데, 안
높임의 갖춘 형태 '~는(ㄴ)'단다, '~단다', '~란다'와 '~는(ㄴ)'단말이야, ~
단말이야, '~란말이야' 그리고 '~는(ㄴ)'다고, '~다고', '~라고' 등은 모두
'~다/라'로 문장이 끝난 뒤에 다른 요소가 덧붙은 종결어미들이다.

    (4) ㄱ. 영수는 밥을 먹는단다. (←먹는다고 한다)
       ㄴ. 내일은 비가 온단다. (←온다고 한다)
       ㄷ. 저건 영수 책이란다. (←책이라고 한다)

    (4)는 본디 각 문장의 서술어가 ( ) 안에 있는 바와 같이 통사론적 구성의
언어 단위였으나, '~고 하~'가 삭제됨으로써 형태론적 구성으로 바뀐 것
이다. 그런 과정을 거쳐 정착된 종결어미 '~는(ㄴ)단다', '~단다', '~란다'
등은 형태 구조상으로 이중의 문장종결소가 결합한 것으로 보이는데, 뒤쪽
에 결합된 '~다'에 의해 상위문이 끝맺어지고 앞쪽에 결합된 '~다'는 하
위문을 끝맺는 기능을 수행한다. 따라서 문제의 형태 '~는(ㄴ)'단다, '~단
다', '~란다'를 이루는 어미구조체에 관여하는 두 개의 '다'는 모두 문장종
결소이다.

    대부분의 종결어미 형태에는 한 개의 문장종결소가 관여하는 것이 보통
이나, (4)의 각 문장에 선택된 서술어미는 두 개의 문장종결소가 관여한 형
태이다. 이것은 상위문 동사와 하위문 동사 사이에 배열되어 인용 기능을
수행하는 '~고 하~'의 삭제에 의해 만들어진 특이한 형태라 할 수 있다.
그러나 '~는(ㄴ)단말이야', '~단말이야', '~란말이야'와 '~는(ㄴ)다고',
'~다고', '~라고' 등의 형태는 (4)에 선택된 '~는(ㄴ)단다', '~단다', '~란
다' 등과는 다른 양상의 형태 구조이다. 즉 (4)의 각 문장에 선택된 후자의
종결어미는 상위문과 하위문을 끝맺는 기능을 하는 두 개의 문장종결소가
형태론적 구성으로 결합된 형태인 반면, 전자의 형태들은 문장종결소 '~

다'로 끝나는 문장의 뒤에 다른 요소가 덧붙은 형태 구조이다.
　아래의 문장 (5)를 살펴보기로 한다.

　　(5) ㄱ. 내가 그걸 먹는단말이야.
　　　 ㄴ. 진달래가 아주 곱단말이야.
　　　 ㄷ. 이건 영희 손수건이란말이야.

　(5)의 각 문장에 선택된 서술어미 '~는(ㄴ)단말이야', '~단말이야', '~란말이야' 등은 '~는(ㄴ)다', '~다', '~라' 등의 형태로 끝맺는 문장 뒤에 '~ㄴ 말이야'가 덧붙어 이루어진 형태들이다. 이들 형태에서 덧붙은 요소로 보이는 '~ㄴ 말이야'에 대해 허웅(1995:569)에서는 힘을 주어 일러듣기기 위해서 들어간 군더더기말이라고 설명하였다. 서술어미 '~는(ㄴ)단말이야', '~단말이야', '~란말이야' 등의 형태 구조에서 뒷부분 '~ㄴ 말이야'는 문장을 끝맺는 기능에는 관여하지 않고, 문장의 명제 내용을 강조하기 위해 덧붙은 말이다. 그런데 이 경우 '~ㄴ 말이야'가 명제 내용을 강조하는 의미 기능을 갖기도 하지만, 그런 의미와 함께 좀더 친밀한 담화적 효과를 나타내기 위해 '~ㄴ 말이야'를 덧붙인 것으로도 해석할 수 있다.[70]
　그런가 하면 서술어미 '~는(ㄴ)다고', '~다고', '~라고' 등은 '~는(ㄴ)다고', '~다', '~라' 뒤에 단순히 '~고'가 덧붙은 형태가 아니고 '~는(ㄴ)다고 한다', '~다고 한다', '~라고 한다' 등과 같은 통사론적 구성에서 '한다'가 삭제되고 앞쪽 어절이 그대로 종결어미로 정착된 형태라는 것이다. (허웅:1995,565)
　아래 문장 (6)을 통해 그런 현상을 살펴본다.

---

70) 덧말의 담화적 기능에 대해서는 김태엽(2001)을 참조..

(6) ㄱ. 바람이 심하게 불면 나무가 넘어진다고 (←넘어진다고 한다).
ㄴ. 개나리꽃이 너무 곱다고 (←곱다고 한다).
ㄷ. 이건 철수 책이라고 (←책이라고 한다).

(6)의 각 문장 끝에 결합된 형태 '~는(ㄴ)다고', '~다고', '~라고' 등이 ( ) 안에 있는 통사론적 구성에서 '한다'가 삭제되어 정착된 형태라면, 상위문 서술어는 삭제되고 이른바 보문소 '~고'가 하위문에 결합된 서술어미라고 할 수 있다. 그렇다면 이 경우의 '~고'는 보문소로서 본디 하위문과 상위문을 연결하는 기능을 수행하지만, 상위문 서술어의 삭제로 말미암아 종결어미의 형태를 이루는 일부로 문법화한 것으로 볼 수 있을 것이다.[71]

안높임의 서술어미 '~는(ㄴ)다니까', '~다니까', '~라니까' 등의 경우에도 '~는(ㄴ)다', '~다', '~라'에 의해 끝맺는 문장의 뒤에 '~니까'가 덧붙어서 이루어진 형태들이다. 이들 서술어미의 형태에 덧붙은 '~니까'는 본디 이유나 원인을 나타내는 연결어미였으나, 이 경우에는 '~니까'가 본디 가진 연결의 문법 기능은 상실되고 강조의 의미 기능을 수행하는 것으로 보인다.

그리고 (5)에서는 안높임의 서술어미 '~는 (ㄴ)단말이야', '~단말이야', '~란말이야' 등이 선택되었는데, 조금더높임의 서술어미에 '~는 (ㄴ)단말이오', '~단말이오', '~란말이오' 등의 형태가 존재한다. 안높임의 형태와 조금더높임의 형태 차이는 '~야'와 '~오'에 있는데, 이 두 요소의 차이로 말미암아 청자높임법의 등급이 달라짐을 보여준다. 그렇다면 '~는 (ㄴ)다', '~다', '~라' 뒤에 덧붙는 '~ㄴ 말이야'와 '~ㄴ 말이오'에서 강조성과 친근성의 의미 기능을 갖는 부분과 청자높임법에 관여하는 부분으로 구분될 수 있다. '~ㄴ 말이야'와 '~ㄴ 말이오'의 공통적 의미가 강조성과 친근성이

---

71) 이러한 언어 현상은 비종결어미의 종결어미화에 문법화가 관여한다고 설명한 내용과 관련된다.

라면 시차적 기능은 안높임과 조금더높임에 있으므로, 두 형태간의 청자높임법의 등급 차이는 두 형태의 마지막 요소 '~야'와 '~오'에 말미암은 것이다.

하지만 서술어미 '~는(ㄴ)다나', '~다나', '~라나' 등은 '~는(ㄴ)다', '~다', '~라' 뒤에 '~나'가 결합된 형태이고, '~는(ㄴ)다니까', '~다니까', '~라니까' 등은 '~는(ㄴ)다', '~다', '~라' 뒤에 '~니까'가 결합된 형태이다.

아래 문장 (7)~(9)를 통해 그런 현상을 살펴보기로 한다.

> (7) ㄱ. 철수는 내일 온다나.
>   ㄴ. 그 산이 매우 높다나.
>   ㄷ. 이건 영희 책이라나.

> (8) ㄱ. 철수는 내일 온다고 하네.
>   ㄴ. 그 산이 매우 높다고 하네.
>   ㄷ. 이건 영희 책이라고 하네.

> (9) ㄱ. 나는 내일 떠난다니까.
>   ㄴ. 이 꽃이 최고 곱다니까.
>   ㄷ. 내 친구는 군인이라니까.

(7)의 각 문장 끝에 결합한 종결어미는 서술어미 '~는(ㄴ)다', '~다', '~라' 뒤에 '~나'가 결합된 형태인데, 이때의 '~나'가 가지는 의미 때문에 이들 형태는 다른 사람의 말을 인용하여 나타내는 서술어미라 할 수 있다. (7)의 서술어미 형태에서 '~나' 대신에 '~네'를 결합한 '~는(ㄴ)다네', '~다네', '~라네' 등이 선택되더라도 문장의 명제 내용에는 별다른 차이가 없어 보인다. 따라서 (7)은 (8)과 같이 나타낼 수 있을 것이다. (8)의 각 문장에서 통사론적 구성체인 '온다고 하네', '높다고 하네', '책이라고 하네' 등

에서 '~고 하~'가 삭제되면 '~는(ㄴ)다네', '~다네', '~라네' 등의 형태로 정착된다. 그렇다고 (7)의 종결어미 형태에 결합한 '~나'는 '~네'의 변이형이라고 할 수는 없다. 왜냐하면 (7)의 각 문장에 결합한 종결어미는 빈정대거나 부정적인 뜻이 드러나는 반면에 (8)의 종결어미에는 그런 뜻이 드러나지 않기 때문이다. 따라서 '~는(ㄴ)다나', '~다나', '~라나'의 형태에서 분리될 수 있는 '~나'의 정체에 대해 현재로서는 좀더 논의할 과제이다.

그리고 (9)의 '~는(ㄴ)다니까', '~다니까', '~라니까' 등은 (7)의 종결어미 형태와 공통 부분에다 본디 원인이나 조건을 나타내는 연결어미 '~니까'가 결합한 형태인데, 이때의 '~니까' 때문에 강조의 의미를 나타낸다.

④마침법의 하위 범주를 좁게 잡는 경우에 흔히 감탄법과 약속법을 따로 분리하기도 하는데, 그런 경우에 해당하는 형태를 여기에서는 서술법에 포함하였다. '~는구나', '~구나', '~로구나'와 '~는구먼', '~구먼', '~로구먼', 그리고 '~으마', '~음세' 등이 그런 것에 해당하는 형태들인데, 뒷부분의 '~으마'와 '~음세'는 흔히 약속법으로 그 앞의 것들은 감탄법으로 다루는 경우가 있다. 하지만 이들 마침법을 실현하는 형태가 청자높임법의 등급에 따라 모두 갖추어져 있지 않으며, 또 이들 형태가 선택된 문장을 간접 인용문으로 내포시키면 모두가 서술어미의 형태로 중화되고 만다. 이러한 이유로 말미암아 이들 형태는 모두 서술법을 실현하는 형태로 처리하였다.

⑤ 그리고 서술어미 '~는데', '~은데', '~거든'와 '~는걸', '~은걸', '~을걸' 등은 모두 기능 전용 형태이다. 앞부분의 '~는데', '~은데', '~거든' 등은 연결어미에 마침법을 실현하는 종결어미로 기능이 전용된 형태이고, '~는걸', '~은걸', '~을걸' 등은 본디 통사론적 구성에서 형태론적 구성으로 바뀌어 정착한 형태이다.

아래 (10)~(11)에서 그런 사실을 볼 수 있다.

(10) ㄱ. 비가 오는데 철수는 우산 없이 갔다.
     ㄴ. 날씨는 추운데 꽃이 피었다.
     ㄷ. 철수가 오거든 만나 보아라.

(10)에서 '~는데', '~은데', '~거든'은 선행절과 후행절을 이어주는 연결어미로 기능하지만, 아래의 (11)에서는 이들 형태가 종결어미로 기능한다.

(11) ㄱ. 비가 오는데.
     ㄴ. 날씨가 추운데.
     ㄷ. 철수가 오거든.

(11)의 문장 끝에 결합한 종결어미는 연결어미에서 문법화의 과정을 거쳐 기능이 전용된 형태라는 사실은 이미 앞에서 설명한 바 있다.

(12) ㄱ. 철수는 아직 모르는걸(←모르는 것을).
     ㄴ. 날씨가 아직도 추운걸(←추운 것을).
     ㄷ. 영희는 벌써 도착했을걸(←도착했을 것을).

서술어미 '~는걸', '~은걸', '~을걸' 등은 문장 (12)에서 보는 바와 같이 본디 통사론적 구성에서 형태론적 구성으로 바뀐 형태이다. 이들 형태에서 분석될 수 있는 '~는', '~은', '~을'은 통사론적 구성인 (12)의 ( ) 안에서는 관형어미로 기능하고 '것'은 의존명사이다. 그러나 의존명사 '것'의 문법화에[72] 의해 자립성이 상실되어 앞어절과 떨어져 존재하지 못하고 형태론적 구성으로 바뀌고 말았다. 문법화는 전통적으로 어휘적 의미를 가진 내용어가 그 어휘적 의미를 상실하고 문법적 의미를 가진 기능어로 바뀌는 현상을 가리키지만, 최근에 이르러서는 기능어가 다른 기능어로 바뀌는 현

____

72) 의존명사 '것'의 문법화에 대해서는 김태엽(1990)을 참조..

상까지 문법화 개념에 포함시키고 있다. (12)의 ( )에 있는 통사론적 구성에서 '것'은 준내용어로서 어휘적 의미를 어느 정도 유지하고 있으나, 이것이 문법화함으로써 어휘적 의미가 완전히 상실되고 문법적 의미만을 수행하는 모습을 형태론적 구성인 '~는걸', '~은걸', '~을걸' 등을 통해 알 수 있다.73)

의존명사의 문법화에 의해 서술어미의 형태로 정착된 것으로 '~을데라니', '~을씨고', '~을세', '~을께' 등의 형태가 더 있는데, 이들 형태는 각각 의존명사 '드', '스', '것' 등의 문법화가 관여하여 이루어진 것으로 보인다. 즉 '~을데라니'에는 의존명사 '드'의 문법화가 관여하고, '~을씨고'와 '~을세'의 형태에는 의존명사 '스'가 관여하며74), '~을께'의 형태에는 의존명사 '것'의 문법화가 관여한다. 의존명사의 문법화는 중세 국어에서부터 현대 국어에 이르기까지 시대에 구애됨이 없이 언제든지 일어나는 언어 변화의 중요한 기제라는 사실이 여기에서도 보여준다.75)

⑥ 아주높임의 서술어미는 갖춘 형태뿐인데, 이들 형태를 이루는 어미구조체에는 청자높임소 '~습~'76)과 '~이~'가 반드시 관여하고 있다. '~습니다/ㅂ니다', '~사옵니다/옵니다', '~습네다'77), '~올습네다' 등의 모

---

73) 내용어가 기능어로 문법화하는 중간 단계의 준내용어가 곧 '것'이라고 할 수 있는데, 국어에서 의존명사와 의존동사가 준내용어에 속하는 것은 잘 알려진 사실이다.

74) 의존명사 '드'와 '스'의 문법화에 대해서는 정호완(1987)을 참조..

75) Hopper & Traugott(1993:32)에서는 문법화의 기제를 재분석과 유추를 들고 있는 바, 국어에서도 그것을 확인할 수 있다. 국어의 의존명사가 문법화하면서 통사론적 구성이 형태론적 구성으로 재분석되는 모습을 나타내는 것이 곧 그런 현상임을 뒷받침해 주는 것이다.

76) 이것을 화자겸양소라 부르는 논자도 있으나, 화자의 겸양은 결국 청자를 높이는 결과가 되므로 우리는 '~습~'을 청자높임소라 부른다.

77) 김태엽(1997)에서는 '~네'와 '~니~'의 형태를 이루는 기저구조가 동일한 것으로 보고, 그 어미구조체를 '느+이'와 같이 재분석하였다. 그런 분석이 만약 옳다면 '~습니다'와 '~습네다'는 동일한 기능과 의미를 가지게 될 것이다.

든 형태에는 '~습~'과 '~이~'가 함께 관여하고 있는데, 청자높임소 '~이~'는 직설의 서법소 '~느~'와 융합된 '~니~'로 실현되고 있다. 그러나 '~으이다', '~나이다', '~노이다/느이다', '~어이다', '~소이다', '~도소이다', '~로소이다', '~올시다' 등의 형태를 이루는 어미구조체에 '~습~'은 관여하지 않고 청자높임소 '~이~'만 관여하고 있음을 쉽게 볼 수 있다. 이기문(1972)에서는 청자높임소 '~이~'가 근대 국어 이후부터 사라졌다고 하였으나, 실제로는 'ㅇ'이 사라진 '~이~'로 현대 국어에까지 존재하고 있다. 그런 사실을 아주높임의 서술어미 형태를 통해 간단하게 확인할 수 있다.[78]

이들 중에서 '~소이다', '~도소이다', '~로소이다', '~올소이다' 등의 형태 구조에 관여하는 '~소~'와 '~오~'는 '~습~'의 후대형으로 추정되며[79], '~올소이다'는 '오+ㄹ+ㅅ+이+이+다'와 같이 재분석될 수 있다. 즉 '~오~'는 '~습~'의 후대형으로 청자를 높여서 예우함에 관여하는 요소이고, '~ㄹ'은 관형사형어미이며, 'ㅅ'는 의존명사이다. 그리고 앞의 '~이~'는 지정사의 어간이고 뒤의 '~이~'는 청자높임소이다. 따라서 서술어미 '~올시다'가 아주높임을 실현하는 까닭은 이 형태를 이루는 어미구조체에 흔히 화자 겸양으로 불리기도 하는 청자높임소 '~오~'와 '~이~'가 관여하고 있기 때문이다.

그리고 '~는(ㄴ)답니다', '~답니다', '~랍니다' 등은 표면적으로는 단순한 형태론적 구성으로 보이지만, 그것의 본디 구성은 통사론적 구성이었다. 아래 문장 (13)에서 그런 현상을 찾아볼 수 있다.

    (13) ㄱ. 영수는 집에 간답니다(←간다고 합니다).

---

78) 현대 국어에 청자높임소 '~이~'의 존재에 대해서는 많은 학자들의 긍정적인 논의를 통해 충분히 인정받고 있다.
79) 허웅(1995:652)에서는 '~도~', '~도소~'를 옛말의 힘줌의 선어말어미라고 했다.

ㄴ. 영희는 집에 없답니다(←없다고 합니다).
ㄷ. 이건 본디 철수 책이랍니다(←책이라고 합니다).

서술어미 '~는(ㄴ)답니다', '~답니다', '~랍니다' 등은 각각 (13)의 ( )
안에 있는 '는(ㄴ)다고 합니다', '다고 합니다', '라고 합니다'에서 이루어진
형태이다. 즉 ( ) 안의 통사론적 구성에서 '~고 하~'가 삭제되면서 두 어
절이 한 어절로 줄어든 결과 '~는(ㄴ)답니다', '~답니다', '~랍니다' 등의
형태로 정착된 것이다.

그리고 '~을란다'가 선택되는 문장 (14)를 보기로 한다.

(14) ㄱ. 나는 집에 갈란다 (←갈라고 한다).
     ㄴ. 나는 일찍 잘란다 (←잘라고 한다)

(14)에서 보는 것과 같이, 서술어미 '~을란다'는 본디 통사론적 구성 '~
을라고 한다'에서 '~고 하~'의 삭제에 의해 형태론적 구성으로 줄어든 형
태이다.

서술어미 중에는 통사론적 구성에서 형태론적 구성으로 정착된 형태가 적지
않는데, 그러한 현상은 Givon (1979:209)에서 'Discourse → Syntax →Morphology'와
같이 통사화의 통시적 과정을 제시한 내용과 그 맥을 같이한다.

⑦ 또 서술어미 '~을거나'는 본디 '~을 것이나'가 의존명사 '것'의 문
법화로 말미암아 형태론적 구성으로 바뀌어 정착한 형태이며, '~을라고'
는 통사론적 구성 '~을라고 하다'에서 뒷어절 부분이 삭제됨으로써 종결
어미로 정착된 형태이다. 그리고 '~을라'는 본디 '~을라아'에서 '~아'가
앞음절에 축약된 서술어미 형태이다.

그리고 '~구려', '~로구려', '~는구려'와 '~구료', '~로구료', '~는구
료'는 선접되는 요소의 품사에 따라 달리 선택된다. 형용사와 지정사 뒤에
서는 '~구려'와 '~구료'가 선택되고, 지정사 뒤에 가끔 '~로구려'와 '~

로구료'가 선택되며, 동사 뒤에서는 '~는구려'와 '~구려'가 선택된다.
아래 문장 (15)에서 그것을 볼 수 잇다.

   (15) ㄱ. 비가 오구려/오구료/오는구려/오는구료.
      ㄴ. 매화꽃이 곱구려/곱구료.
      ㄷ. 이건 영수 책이구려/책이구료/책이로구려/책이로구료.

(15)에 선택된 서술어미 형태를 이루는 어미구조체에는 '~려'와 '~료'가 관여하고 있는데, '~려'와 '~료'는 각각 '리+어'와 '리+오'로 재분석될 수 있는 것으로 보인다. 서술어미 '~은지', '~는지'와 '~은지고', '~는지고'의 형태 구조에서 '지'는 본디 의존명사이고 그 앞의 '~은'과 ~'는'은 관형사형어미여서 두 음절 사이에 개방연접을 이루었으나, '지'의 문법화에 의해 폐쇄연접으로 변이가 일어나 정착된 형태이다. 이들 형태에 관여하여 문법화한 '지'는 감탄의 뜻을 가진다.

ㄴ. 의문법

①청자에 대해 높임의 예우를 하지 않는 의문어미에는 갖춘 형태보다 기능 전용 형태의 숫자가 훨씬 더 많다. 그리고 조금더높임의 청자높임법을 실현하는 의문어미도 역시 기능 전용 형태의 숫자가 절대적으로 많다. 이러한 사실에서 다른 기능을 수행하던 문법 기능어가 종결어미로 기능이 전용되는 것이 매우 보편적인 현상이라 할 수 있다.
②높임의 예우를 하지 않는 안높임의 의문어미 '~을까/을꼬', 조금높임의 '~은가/은고', '~는가/는고', '~을런가/을런고' 등의 형태가 현대 국어에서 사용되고 있는데, 이런 현상은 중세 국어에서 이른바 '~아'형의 의문어미와 '~오'형의 의문어미가 문장에서 의문사의 공기 유무에 따라 상보적으로 분포하던 양상과 다르지 않다. 오늘날의 경북말에서는 '~가/고',

‘~나/노’, ‘~까/꼬’, ‘~다/도’, ‘~강/공’, ‘~라/로’ 등의 의문어미 형태가 의문사의 공기 유무에 의해 상보적으로 선택되고 있는데, 이런 현상은 오히려 중세 국어의 그것에 비해 더욱 두드러지게 나타나고 있다. 현대 중앙어와 경북말에 의문법을 실현하는 종결어미의 형태 중에서, 중세 국어의 의문어미와 마찬가지로 의문사의 공기 유무에 따라 상보적으로 분포하는 이형태가 존재하는 사실은 언어의 통시적인 보수성이 실증되는 것이다.

③조금더높임의 의문어미는 ‘~소/오’와 ‘~을갑쇼’를 제외한 모든 형태가 높임보조사 ‘~요’가 결합되어 있는데, 이것은 서술법의 경우와 마찬가지로 ‘~요’가 청자높임법에 관여하는 세력이 매우 크다는 것을 보여주는 것이다. 그리고 조금높임의 기능 변동 형태 ‘~을래’와 ‘~데’는 동일한 어미구조체의 유형으로 재분석될 수 있는 바, 각각 ‘을라+이+Ø’와 ‘더+이+Ø’의 어미구조체에서 재구조화한 형태이다. 그 어미구조체의 구성 요소에 처음에는 문장종결소가 빈칸이었으나, 마지막 요소인 ‘~이~’가 ‘~이’로 기능 변동함으로써 마침법을 실현하는 종결어미의 기능을 수행하게 되었다.

아래 (4)에서 ‘~을래’와 ‘~데’를 살펴보기로 한다.

(4) ㄱ. 너도 같이 갈래/갈래요?
　　ㄴ. 철수는 어디 가데/가데요?

의문어미 ‘~을래’와 ‘~데’는 그 어미구조체에 관여하는 ‘~이~’가 ‘~이’로 기능 변동하므로, 청자높임소 ‘~이~’가 본디 가지고 있던 등급보다 한 단계 낮은 청자높임법을 실현한다. 이것을 우리는 문법 형태소가 갖는 기능 부담량의 한계성 때문이라고 설명하였다. 따라서 이 두 형태가 동일한 과정을 밟아 종결어미로 기능하게 되었으므로, 청자에 대해 그보다 더 높여서 예우하고자 할 때는 ‘~요’가 결합하는 양상을 (4)에서 볼 수 있다.

그리고 조금높임의 기능 전용 형태에는 '~어', '~지', '~게', '~고' 등
이 있는데, 3.3에서 살펴본 바와 같이, 이들 형태는 보조적 연결어미에서
마침법을 실현하는 종결어미로 문법화함으로써 기능이 전용된 것들이다.

    (5) ㄱ. 거기에 책이 없어?
       ㄴ. 자네도 거기에 있었지?
       ㄷ. 나는 지금 뭐 하게?
       ㄹ. 자네도 철수를 봤고?

(5)의 각 문장에 선택된 의문어미의 형태에는 형태론적 문장종결소가 결
합되지 않은 대신에 음운론적 문장종결소가 얹혀져 있다. 음운론적 문장종
결소에는 문장을 끝맺는 기능을 하는 것과 마침법의 하위 범주를 결정하는
것의 두 갈래가 있음은 이미 앞에서 언급한 바 있다. (5)의 '~어', '~지',
'~게', '~고' 등은 마침법의 하위 범주를 결정하는 음운론적 문장종결소
에 따라 의문법 이외의 마침법을 실현하기도 한다.

④ 조금더높임의 기능 전용 형태는 예외없이 모든 형태에 높임보조사
'~요'가 결합되어 있는데, 이런 현상을 통해서도 '~요'가 청자높임법에
관여하는 세력이 절대적이라는 사실을 보여준다.

조금더높임의 갖춘 형태 중에는 표면적으로 서술어미 뒤에 의문어미가
결합된 형태가 존재하는데, '~는(ㄴ)다고요', '~다고요', '~라고요'와 '~
는(ㄴ)다니요', '~다니요', '~라니요' 등이 그것들이다.

    (6) ㄱ. 철수가 집에 간다고요?
       ㄴ. 진달래꽃이 곱다고요?
       ㄷ. 저것이 백두산이라고요?

문제의 의문어미는 서술어미 '~는(ㄴ)다', '~다', '~라' 뒤에 기능 전용

형태의 '~고'가 결합하여 '~는(ㄴ)다고', '~다고', '~라고' 등의 조금높임의 의문어미를 이루고, 그 뒤에 다시 '~요'가 결합하여 '~는(ㄴ)다고요', '~다고요', '~라고요' 등의 형태를 이룬다. 이들 형태가 서술어미로도 기능하는 경우가 있는데, 그것은 이들 형태에 결합된 기능 전용 형태에 얹혀지는 음운론적 문장종결소의 차이에 의한 결과이다. 또한 서술어미로 기능하는 '~는(ㄴ)다고', '~다고', '~라고' 등은 각각 통사론적 구성 '~는(ㄴ)다고 한다', '~다고 한다', '~라고 한다' 등에서 뒷부분의 '한다'가 삭제됨으로써 정착된 형태인데, 의문어미로 기능하는 '~는(ㄴ)다고', '~다고', '~라고' 등도 본디는 통사론적 구성체였다.[80]

> (7) ㄱ. 철수가 집에 간다고 하느냐?
>   ㄴ. 진달래꽃이 곱다고 하느냐?
>   ㄷ. 저것이 백두산이라고 하느냐?

(7)의 '간다고 하느냐', '곱다고 하느냐', '백두산이라고 하느냐'에서 상위문 서술어 '하느냐'가 삭제됨으로써 하위문 서술어와 연결 기능을 하는 보문소 '~고'가 결합된 의문어미의 형태로 정착된 것이 '~는(ㄴ)다고', '~다고', '~라고' 등이다. 하위문 서술어와 상위문 서술어로 이루어진 통사론적 구성의 뒷부분 '하느냐'가 삭제되면서 '하느냐'에 얹혀진 음운론적 문장종결소가 앞부분으로 옮겨졌음을 볼 수 있다.[81] (7)과 (6)의 대비를 통해 그런 현상이 확인될 수 있을 것이다. 의문어미 '~는(ㄴ)다고', '~다고', '~라고' 등의 형태가 단순한 형태론적 구성체로 보이지만, 사실 이들 형태는 모두 통사론적 구성체에서 형태론적 구성체로 변화했음을 알 수 있다.[82]

---

80) 허웅(1995:697)을 참조.
81) 이러한 현상은 비종결어미의 종결어미화 과정에서 이미 드러난 사실이다.
82) 통사론적 구성에서 형태론적 구성으로의 변화는 권재일(1986, 1998)을 참조..

다음에는 의문어미 '~는(ㄴ)다니', '~다니', '~라니' 등이 선택된 문장을 (8)에서 살펴보기로 한다. 이들 형태는 표면적으로는 서술어미 '~는(ㄴ)다', '~다', '~라'에 의문어미 '~으니'가 결합한 것으로 보이지만, 실제로는 통사론적 구성에서 형태론적 구성으로 바뀐 형태이다.

    (8) ㄱ. 비가 온다니(←온다고 하니)?

       ㄴ. 철이가 집에 없다니(←없다고 하니)?

       ㄷ. 그게 책이라니(←책이라고 하니)?

(8)의 서술어는 ( ) 안에서 뒷부분이 삭제됨으로써 정착된 형태로 보인다. 즉 ( ) 안의 통사론적 구성에서 앞부분의 마지막 요소 '~고'와 뒷부분의 처음 요소 '하~'가 삭제되면서 형태론적 구성으로 바뀐 구성이다. 그리고 통사론적 구성의 '~고 하~'가 삭제되면서 후행 요소에 얹혀졌던 음운론적 문장종결소가 형태론적 구성으로 옮겨졌음도 알 수 있다. 결국 (8)에 결합한 의문어미 '~는(ㄴ)다고', '~다고', '~라고' 등은 표면적으로 형태론적 구성을 나타내지만, 그것은 본디 통사론적 구성이었다.

(8)에 선택된 의문어미와 비슷한 방법으로 정착된 형태로 안높임의 기능 전용 형태에 '~는(ㄴ)다지', '~다지', '~라지' 등이 있다. 이들 형태도 표면적으로는 서술어미 '~는(ㄴ)다', '~다', '~라' 뒤에 '~지'가 결합한 것으로 보이지만, 실제로는 본디 통사론적 구성에서 형태론적 구성으로 바뀐 의문어미들이다.

    (9) ㄱ. 밖에는 비가 많이 온다지 (←온다고 하지) ?

       ㄴ. 그 산의 경치가 좋다지 (←좋다고 하지) ?

       ㄷ. 저건 도라지꽃이라지 (←도라지꽃이라고 하지) ?

(9)에서 보는 것과 같이, '~는(ㄴ)다지', '~다지', '~라지' 등은 본디 각

각 '~는(ㄴ)다고 하지', '~다고 하지', '~라고 하지'에서 '~고 하~'가 삭
제됨으로써 형태론적 구성으로 바뀐 형태들이다. 통사론적 구성의 '~고
하~'가 삭제되면서 후행 요소에 얹혀진 음운론적 문장종결소가 형태론적
구성으로 옮겨져 있음도 (8)에 선택된 의문어미들과 동일한 현상을 나타낸
다. 의문어미 '~는(ㄴ)다지', '~다지', '~라지' 등이 단순히 서술어미 '~
는(ㄴ)다', '~다', '~라' 뒤에 '~지'가 결합하여 이루어진 형태가 아니라,
본디 통사론적 구성에서 '~고 하~'가 삭제되면서 형태론적 구성으로 변
화하여 정착된 것이라는 사실이다.

⑤또 의문어미 '~는다며', '~다며', '~라며'와 '~는(ㄴ)다면서', '~다
면서', '~라면서' 그리고 '~느냐니까', '~으냐니까'와 '~으라며', '~으라
면서', '~으라고' 등은 서술어미 '~는(ㄴ)다/다/라'와 의문어미 '~느냐/으
냐', 명령어미 '~으라' 뒤에 기능이 전용된 어미가 결합하여 의문어미로
정착된 형태들이다.

    (10) ㄱ. 비가 많이 온다며?
       ㄴ. 산이 매우 높다며?
       ㄷ. 저것이 철수네 학교라며?

(10)의 각 문장에 결합된 의문어미 '~ㄴ다며', '~다며', '~라며' 등은 각
각 서술어미 '~는(ㄴ)다', '~다', '~라' 뒤에 '~며'가 결합된 형태인데, 이
경우의 '~며'는 본디 연결어미로 기능하던 형태가 종결어미의 일부로 그
기능이 전용된 것이다. 의문어미 '~는(ㄴ)다며', '~다며', '~라며' 등에 결
합한 '~며'에 상승조의 음운론적 문장종결소가 얹혀져 이들 형태가 의문
법을 실현하게 된다.

이런 현상은 아래 (11)의 의문어미 '~는(ㄴ)다면서', '~다면서', '~라면
서'에서도 동일하게 나타남을 볼 수 있다.

(11) ㄱ. 비가 많이 온다면서?
      ㄴ. 산이 매우 높다면서?
      ㄷ. 저것이 철수네 학교라면서?

(11)의 각 문장 서술어에 결합된 의문어미의 형태를 이루는 어미구조체
는 본디 '서술어미 + 연결어미'의 짜임으로 구성되어 있으나, 뒷부분에 결
합된 '~면서'에 상승조의 음운론적 문장종결소가 얹혀짐으로써 의문법을
실현하게 된 것이다. 이런 경우 연결어미 '~면서'는 기능이 전용되어 종결
어미로 기능하는 것으로 보이는 바, 이것도 기능어의 문법화에 해당되는
한 현상이라 할 수 있을 것이다.
  그리고 '~으라며', '~으라면서'와 '~으라고'는 명령어미 '~으라' 뒤에
연결어미 '~며', '~면서', '~고' 등이 결합한 의문어미의 형태이다.

(12) ㄱ. 거기에 오라며?
      ㄴ. 거기에 오라면서?
      ㄷ. 거기에 오라고?

(12)의 각 문장에 결합한 의문어미의 형태를 이루는 어미구조체의 뒷부
분은 본디 연결어미이나, 그 기능이 전용되어 종결어미의 기능을 수행하게
된 것이다. 연결어미 '~며', '~면서', '~고' 등이 종결어미로 기능 전용되
는 것을 우리는 문법화 현상의 하나로 본다.
  한편 의문어미 '~느냐니까'와 '~으냐니까'의 형태는 본디 '의문어미
+ 연결어미'의 결합이나, 이 경우의 '~니까'는 연결어미에서 종결어미로
그 기능이 전용된 것으로 보기는 어렵다. 아래의 (13)을 통해 이 문제를 자
세하게 살펴보기로 한다.

(13) ㄱ. 학교에 가느냐니까?
     ㄴ. 날씨가 맑으냐니까?

　(10)~(12)에 결합한 의문어미의 형태를 이루는 어미구조체의 뒷부분 요소는 모두 연결어미가 문법화하여 종결어미로 기능이 전용된 것이지만, (13)의 의문어미 형태는 전자의 것들과는 다르게 처리된다. 즉 (13)의 '~느냐니까'와 '~으냐니까'에서 분리될 수 있는 '~니까'는 연결어미에서 종결어미로 기능이 전용된 것이 아니라, 하나의 보조사적 기능을 수행하는 덧말이라 할 수 있다. 의문어미 '~느냐니까'와 '~으냐니까'의 형태에 덧붙은 '~니까'가 보조사적 기능을 수행하는 것으로 보는 이유는, 이것이 의문법의 실현에 직접 관여하지 않고 확인이나 강조의 뜻을 더해주기 때문이다.
　김태엽(2001)에 의하면, 덧말은 문장의 명제 내용에는 관여하지 않으면서 내용어나 기능어의 뒤에 덧붙은 말로서 담화적 기능을 수행한다고 하였다. 따라서 의문어미 '~느냐니까'와 '~으냐니까'의 형태에서 분리될 수 있는 '~니까'는 그 자체가 의문법을 실현하는 데는 직접적으로 관여하지 못하고, 청자와의 담화적 거리를 좁혀 명제 내용을 확인하는 기능을 수행하는 담화적 요소라 할 수 있다. 물론 연결어미 '~니까'가 문법화에 의해 종결어미로 기능이 전용되는 경우가 있으나, 그런 경우의 종결어미 '~니까'는 의문어미로 기능하지 않고 아래의 (14ㄴ)과 같이 서술어미로 기능한다.

(14) ㄱ. 너는 왜 뛰어 가느냐?
     ㄴ. 시간이 없으니까.

　그리고 '~는(ㄴ)다오', '~다오', '~라오' 등은 서술법과 의문법을 두루 실현하는 종결어미인데, 서술어미 '~는(ㄴ)다', '~다', '~라' 뒤에 '~오'가 결합하여 정착된 형태이다.
　아래의 (15)와 (16)을 보기로 한다.

(15) ㄱ. 바람이 세게 분다오.
     ㄴ. 날씨가 꽤 춥다오.
     ㄷ. 이것은 희귀한 나무라오.

(16) ㄱ. 그도 여길 떠난다오?
     ㄴ. 그것으로 족하다오?
     ㄷ. 이것은 무슨 나무라오?

(15)는 서술문이고 (16)는 의문문이다. (15)와 (16)에 결합된 종결어미의 형태 구조가 동일함에도 불구하고, 마침법의 하위 범주가 서로 다른 것은 이들 형태에 결합된 '~오'에 얹히는 음운론적 문장종결소의 차이에 기인한다. 따라서 독립된 종결어미 '~오'는 이것에 얹히는 음운론적 문장종결소에 따라 서술법, 의문법, 명령법, 청유법 등에 두루 사용되는 것이다.

또 '~는지', '~은지', '~을지', '~을런지' 등의 형태는 본디 '관형사형어미 + 의존명사'의 구성이었으나, 의존명사 '지'의 문법화로 말미암아 형태론적 구성으로 정착된 의문어미이다.

아래 (17)에서 그것을 볼 수 있다.

(17) ㄱ. 철수는 학교에 가는지 (←가는 지)?
     ㄴ. 그 산이 낮은지 (←낮은 지)?
     ㄷ. 비가 많이 올지 (←올 지)?
     ㄹ. 거기에는 눈이 안 왔을는지 (←올런 지)?

의문어미 '~지'는 화자가 명제 내용에 대해 어느 정도 알고 있으면서 청자에게 긍정적인 대답을 유도하여 확인하거나, 화자가 스스로 의문을 품어볼 경우에 선택되는 형태인데, (17)에서는 관형사형어미 '~는', '~은', '~을', '~던' 등과 결합된 형태로 의문법을 실현하기 때문에 관형사형어

미가 없이 '~지'가 단독으로 의문어미로 실현되는 경우와 그 의미 기능이
동일하지 않다.

⑥ 의문어미 중에는 연결어미에서 기능 전용된 형태가 있는데, '~고',
'~고서', '~는데', '~은데', '~으려고' 등이 바로 그 보기이다.

아래의 문장 (18)을 보기로 한다.

    (18) ㄱ. 비가 오고 바람도 불었다.
        ㄴ. 영수는 책을 집에 두고서 여기에 왔다.
        ㄷ. 비가 많이 오는데 너는 어딜 가니?
        ㄹ. 산은 높은데 나무는 많지 않다.
        ㅁ. 철수는 학교에 가려고 일찍 출발했다.

(18)의 각 문장에 선택된 '~고', '~고서', '~는데', '~은데', '~으려고'
등은 선행절과 후행절을 이어주는 연결어미로 기능하지만, 아래의 문장
(19)에서는 이들 형태가 모두 의문어미로 기능한다.

    (19) ㄱ. 비도 많이 왔고?
        ㄴ. 나에게 오겠다고 해 놓고서?
        ㄷ. 비가 이렇게 많이 오는데?
        ㄹ. 산이 너무 높은데?
        ㅁ. 자넨 어디 가려고?

문제의 형태들이 (18)에서는 연결어미로 기능하고 (19)에서는 의문어미
로 기능함을 볼 수 있는데, 이것은 연결어미가 문법화에 의해 종결어미로
기능이 전용된 것이다.

ㄷ. 명령법

① 안높임의 갖춘 형태에 '~어라', '~아라', '~너라', '~거라', '~여라', '~으라' 등이 있는데, '~아라'와 '~어라'는 음운론적 이형태이고 '~너라', '~거라', '~여라' 등은 형태론적 이형태이다.

아래 (1)에서 이들 형태의 쓰임을 보기로 한다.

   (1) ㄱ. 저길 보아라.
      ㄴ. 어서 먹어라.
      ㄷ. 빨리 오너라.
      ㄹ. 뛰어 가거라.
      ㅁ. 꾸준하게 공부하여라.

(1)의 문장이 간접인용문으로 내포될 경우, 상위문에 내포된 문장의 내포어미는 모두 '~으라'로 중화되고 만다. 따라서 명령어미의 대표형은 '~으라'라고 할 수 있다.

그리고 안높임의 '~으라고'와 '~으라니까'는 각각 명령어미 '~으라' 뒤에 '~고'와 '~니까'가 결합한 형태 구조이다. 이 두 형태에 결합된 '~고'와 '~니까'는 명령법의 실현에 직접적으로 관여하지 않고 뜻만을 더해 주는 보조사적 기능을 수행하는 덧말로 보인다.

아래 문장 (2)를 보기로 한다.

   (2) ㄱ. 넌 빨리 집에 가라고.
      ㄴ. 여길 빨리 떠나라니까.

문장 (2)에서 명령어미로 선택된 '~으라고'와 '~으라니까'의 형태 구조에 관여하는 '~고'와 '~니까'는 명령법의 실현에 관여하지 않는다. 그것들은 청자와의 담화적 거리를 좁혀서 좀더 친밀하게 확인하거나 강조하는 뜻을 더해 주는 덧말이라 할 수 있다.

실제로 '~고'와 '~니까'가 덧붙지 않은 명령어미의 형태 '~으라'가 선택된 아래의 문장 (3)과 비교해 보기로 한다.

   (3) ㄱ. 넌 빨리 집에 가라.
      ㄴ. 여길 빨리 떠나라.

문장 (3)은 화자가 청자에게 명제 내용을 행동으로 수행할 것으로 단순하게 요구하는 명령문이지만, (2)는 청자로 하여금 문장의 명제 내용을 행동으로 옮겨줄 것을 요구하되 좀더 친절하면서도 부드럽게 확인 또는 강조하는 명령문이다. 따라서 '~으라니까'와 '~으라고'의 형태 구조에서 분리될 수 있는 '~고'와 '~니까'는 보조사적 기능을 수행하는 덧말로 처리하는 것이 타당하다고 본다.

②조금높임의 기능 변동 형태 '~게', '~게나'와 기능 전용 형태 '~어', '~지'는 명령어미로 정착된 과정이 서로 다르다. '~게'는 근대 국어에서 이른바 간소화의 과정을 겪어 정착된 형태이나, '~어'와 '~지'는 연결어미가 문법화에 의해 종결어미로 기능이 전용된 형태이다.

아래의 문장 (4)를 보기로 하자.

   (4) ㄱ. 여기에 앉게.
      ㄴ. 여기에 앉게나.

(4ㄱ)의 '~게'는 본디 그 어미구조체가 '거+이+Ø'로 분석되는 것으로 보는데, 어미구조체의 구성 요소 중에서 청자높임소 '~이~'가 문장종결소 '~이'로 기능이 변동함으로써 종결어미로 정착된 형태이다. 이 경우 '~이~'가 '~이'로 기능 변동하면서 청자높임법의 등급이 한 단계 낮아지

는 현상이 나타나는데, 그 까닭은 하나의 문법 형태소가 수행하는 기능부
담량의 한계성 때문이라 하였다. (4ㄴ)의 명령어미 '~게나'는 (4ㄱ)에 선택
된 '~게' 뒤에 '~나'가 결합된 형태이다. 이 형태 구조에서 분리될 수 있
는 '~나'는 명령법의 실현에 직접 관여하지 못하는 덧말이다. 덧말 '~나'
는 담화 효과를 높여주는 기능을 수행하는데, '~나'가 결합되지 않은 (4ㄱ)
의 '~게'가 선택된 명령문에 비해 '~게나'가 선택된 문장이 한결 부드럽
고 친근감을 더해준다. '~게나'가 선택될 경우 청자에게 부드럽고 친근감
을 더해 주는 사실은 '~게나'에서 분리할 수 있는 '~나'의 담화적 기능에
의한 결과이다.

그리고 명령어미 '~게'와 동일한 음성 형태를 가진 서술어미 '~게'와
의문어미 '~게'가 존재하지만, 후자의 '~게'는 기능 전용 형태이고 명령
어미 '~게'는 기능 변동 형태로서 서로 다른 과정을 거쳐 종결어미로 정착
되었음을 앞에서 언급하였다. 기능 변동 형태인 '~게'는 명령어미로만 기
능하는 반면, 기능 전용 형태의 '~게'는 서술어미와 의문어미로 기능한다.
명령어미 '~게'는 높임보조사 '~요'의 결합에 제약을 받지만, 기능 전용
형태의 '~게'는 '~요'의 결합에 제약을 받지 않는 차이가 있다. 또 명령어
미 '~어'와 '~지'는 연결어미가 문법화에 의해 종결어미로 기능이 전용된
형태인데, 이들 형태에 얹히는 음운론적 문장종결소의 종류에 따라 마침법
의 모든 하위 범주를 실현하기도 한다.

명령어미 '~으려무나', '~으렴'과 '~구려', '~구료' 등은 다른 명령어
미에 의해 요구되는 의미보다 다소 완화된 요구를 할 경우에 선택되는 형
태이다.

아래의 문장 (5)와 (6)에서 그것을 살피기로 한다.

　(5) ㄱ. 어서 집에 가렴.
　　　ㄴ. 어서 집에 가려무나.

ㄷ. 어서 집에 가구려.
ㄹ. 어서 집에 가구료.

(6) 어서 집에 가게.

명령어미로 '~게'가 선택된 문장 (6)에 비해 '~으려무나', '~으렴', '~구려', '~구료' 등이 선택된 문장 (5)가 훨씬 부드럽고 정다운 명령문으로 인식된다. (5ㄱ)의 '~으렴'은 (5ㄴ)의 '~으려무나'가 줄어든 형태이고, (5ㄷ)의 '~구려'와 (5ㄹ)의 '~구료'는 화자에 따라 임의적으로 교체되는 형태이다.

③조금더높임의 명령어미 '~으오'는 자음 아래에서 선택되고 모음 아래에서는 '~오'가 선택된다. 그리고 '~소'는 자음으로 끝나거나 모음으로 끝나는 뒤에 두루 선택이 가능하다.

'~소'의 형성 과정에 대해서는 여러 학자들의 견해가 다양하게 제시된 바 있다. 최명옥(1976:166)에서는 현대 국어의 '~오'와 '~소'는 '스외>쇠'가 되었다가 <첩해신어>의 시기 혹은 그보다 후대에 와서 다시 한 번 간소화 과정을 거쳐 이들 형태가 정착된 것으로 보았다. 그러나 임홍빈(1985:446)에서는 이른바 청유법적인 형태 '~사~'가 어말어미화한 것이 명령어미 '~소'라고 하였으며, 서태룡(1985:180)에서는 명령어미 '~소'는 중세 국어에서 겸양의 선어말어미 '~습~'이 어말의 문장종결소로 정착한 것으로 보고, 명령문에서 문장의 주체는 청자이므로 '~소'는 겸양의 '~습~'이 주체인 청자를 높이기 위해 화자 겸양의 '~소'로 변했다고 했다. 한편 이기문(1972:214)과 안병희(1990:246)에서는 'ㅎ아쎠'체의 '~아쎠'가 근대 국어 이후 소멸되면서 '~소'로 변했다고 설명한 바 있다.

여기에서 우리는 최명옥(1976)과 서정목(1983:213)에서 거론한 <첩해신어>에 나타난 명령법어미의 표기에 주목하고자 한다. 18세기 말경에 간행된 <중간 개수본>에서는 '~쇼셔'형태의 명령어미가 자주 발견되는 바, 현대 국어의 '~소'가 거기에 소급될 수 있는 것으로 본다. 신석환(1986)와 최남희(1996)에서는 고대 국어의 명령어미를 '~시셔'로 파악하고, 이것이 중세 국어 '~쇼셔'의 고대형으로 파악하였다(최남희:1996,241). 그리고 김태엽(1996:171)에서는 현대 국어의 명령어미 '~소'는 '~쇼셔' > '~쇼' > '~소'의 변화 과정을 겪으면서 정착된 형태라고 보았다.

위에서 앞선 논의 내용을 살펴보았는데, 명령어미 '~소'에 대한 논의는 크게 둘로 대별된다. 하나는 중세 국어의 객체높임 선어말어미 '~습~'에서 변한 형태로 보는 견해이고, 다른 하나는 고대 국어 '~시셔'의 중세 국어 명령어미 '~쇼셔'에서 변화한 형태로 보는 견해이다. 두 경우 모두 청자에 대한 높임 관념을 가진 요소가 반영되어 있는 점에서 그 가능성이 인정될 수 있으나, 고대 국어와 중세 국어에서 명령어미로 기능한 독립 형태가 있었으므로 선어말어미가 어말어미로 기능이 변동할 이유가 과연 있겠는가에 대한 충분한 대답을 찾기가 어렵다. 그리고 국어 종결어미를 통시적으로 살핀 염광호(1998)에서도 명령어미 '~쇼셔'가 16세기 국어까지 사용되고 17세기부터 현대 국어에 이르기까지는 명령어미 '~소'가 사용된 것으로 정리하였다. 따라서 우리는 현대 국어의 명령어미 '~소'는 중세 국어의 명령어미 '~쇼셔'의 후대형이라 처리할 수 있을 것으로 본다.[83]

④ 아주높임의 명령어미 '~으십시오', '~으소서', '~읍소사' 등이 있다. '~으십시오'에는 '~습~'과 '~시~'가 관여함으로써 아주높임을 실현하고, '~으소서'는 중세 국어의 '~쇼셔'에 소급되는 형태로서 아주높임을 실현하며, '~읍소사'의 형태 구조에서 분리될 수 있는'~소사'는 '~소서'의 이형태로서 아주높임을 실현하는 것으로 본다. 아주높임의 '~으소서'가 중세 국어의 명령어미 '~쇼셔'에 소급되는 형태라면, 조금더높임의 '~

---

83) 하지만 명령어미 '~오'의 형성에 대해서는 중세 국어의 객체높임 선어말어미 '~습~'과의 관련 가능성을 배제하기 어려운 점이 있다.

소’는 ‘∼으소서’의 뒷부분 ‘∼서’가 삭제된 형태라고 볼 수 있을 것이다.

ㄹ. 청유법

① 안높임의 갖춘 형태 ‘∼자’는 문장종결소이면서 동시에 이것이 명령어미의 한 형태로 기능한다. 서태룡(1985:182)에서는 현대 국어의 청유어미 ‘∼자’가 중세 국어의 청유어미 ‘∼져’에 소급될 수 있는 형태로 보고, 중세 국어의 ‘∼져’가 ‘지+어’로 분석될 수 있듯이 현대 국어의 ‘∼자’도 ‘지+아’로 분석될 수 있는 것으로 처리하였다. 그러나 중세 국어의 명령어미 ‘∼져’는 근대 국어에서 ‘∼쟈’로 나타나며, 이 ‘∼쟈’는 단모음화에 의해 ‘∼자’로 정착된 것으로 보인다. 근대 국어에서 ‘∼쟈’가 보편적으로 분포하지만, 16세기 국어에서 이미 청유어미로 ‘∼쟈’의 형태가 사용된 것으로 보인다.84) 그렇다면 현대 국어의 청유어미 ‘∼자’는 ‘∼져 > ∼쟈 > ∼자’의 과정을 겪으면서 정착된 형태로 보는 것이 타당하겠다.

그리고 안높임의 명령어미 ‘∼자꾸나’, ‘∼자니까’, ‘∼자고’ 등은 문장종결소만으로 된 명령어미 ‘∼자’ 뒤에 각각 보조사적 기능을 수행하는 ‘∼꾸나’, ‘∼니까’, ‘∼고’가 결합된 형태이다.

아래의 문장 (1)을 보기로 한다.

(1) ㄱ. 우리도 같이 가자꾸나.
 ㄴ. 우리도 같이 가자니까.
 ㄷ. 우리도 같이 가자고.
 ㄹ. 우리도 같이 가자.

(1ㄹ)과 (1ㄱ), (1ㄴ), (1ㄷ) 사이에 명제 내용상의 차이는 전혀 없다. (1ㄱ)의 청유어미 ‘∼자꾸나’의 형태에서 분리될 수 있는 ‘∼꾸나’는 청자에게

---

84) 염광호(1998:170)참조..

좀더 부드럽게 접근하여 동의를 구하는 듯한 담화적 기능을 수행하는 덧말이고, (1ㄴ)의 '~자니까'에서 분리될 수 있는 '~니까'는 청자에게 친절하게 강조하는 담화적 기능을 수행하는 덧말이며, 그리고 (1ㄷ)의 '~자고'에서 분리될 수 있는 '~고'는 화자에 가깝게 다가가 간곡하게 당부하는 담화적 기능을 수행하는 덧말이다. 이들 덧말은 명제 내용에는 직접 관여하지 않으면서 청유의 요구를 좀더 효과적으로 수행하기 위해 덧붙은 말인데, 이것에 의해 단정적인 요구를 완곡하게 표현함으로써 담화가 훨씬 효과적으로 이루어질 것이다.

②조금높임의 형태에 '~세', '~음세', '~세나' 등이 있는데, 세 개 형태의 바탕이 되는 것은 '~세'이다. 이 형태는 중세 국어의 '~사이다'가 근대 국어에 와서 '~새'로 간소화되고 이것이 현대 국어에서 유추에 의해 다시 '~세'로 정착하였다.[85]

청유어미 '~세'는 '사+이+∅'의 어미구조체로 분석될 수 있는데, 본디 문장종결소가 빈칸인 상태의 어미구조체에서 청자높임소 '~이~'가 '~이'로 기능이 변동함으로써 마침법을 실현하게 된 것으로 본다. 그리고 '~음세'에 대해 허웅(1995:755)에서는 본디 약속의 서술법을 실현하던 형태에서 청유법을 실현하는 형태로 유용된 것으로 설명하였다. 그러나 우리는 '~음세'의 바탕을 이루는 형태가 '~세'라고 보고, 그 앞에 '~음~'이 결합된 형태로 보고자 한다. 만약 이 형태가 약속의 서술어미에서 기능이 전용된 청유어미라고 한다면, '~음세'의 바탕 형태 '~세'가 본디 약속의 서술 기능을 수행한 형태로 처리해야 하는 문제점이 뒤따르게 된다.

그리고 '~세나'의 형태에서 분리될 수 있는 '~나'는 덧말이다. 이 경우의 '~나'는 문장의 명제 내용에는 직접 관여하지 않고 보조사적 기능을 가진다.

---

85) 서태룡(1985:183)에서는 '~새' > '~세'의 변화에 대해 동일한 청자높임법을 실현하는 '~게', '~네', '~데' 등의 형태에 유추한 것으로 설명하였다.

아래의 문장 (2)에서 그것을 살펴보기로 한다.

  (2) ㄱ. 자네도 집에 가세나.
      ㄴ. 자네도 집에 가세.

  (2ㄱ)과 (2ㄴ)의 명제 내용은 동일하다. (2ㄱ)의 청유어미 '~세나'에 결합된 '~나'는 청자에게 어느 정도의 여유를 부여해 주면서 부드럽게 유도하는 담화적 기능을 수행하는 덧말이다. 덧말 '~나'가 결합되지 않은 형태 '~세'가 선택된 (2ㄴ)에서는 단정적인 청유만으로 끝나는 반면, '~세나'가 선택된 (2ㄱ)은 한결 부드러운 느낌을 더해준다.

  ③ 아주높임의 청유어미 '~읍시다', '~으십시다', '~사이다' 등은 모두 중세 국어의 청유어미 '~사이다'의 형태에 결합된 '~사~'가 결합되어 있다. '~사이다'는 중세 국어의 '~사이다'에 직접 소급되는 모습을 그대로 유지하고 있으며, '~읍시다'와 '~으십시다'에는 '~사~'가 융합된 모습으로 관여한다. '~읍시다'와 '~으십시다'의 형태에서 '~시~'는 '사+이'로 재분석될 수 있는데, '~사~'는 중세 국어에서부터 청유의 서법소로 기능한 문법소이고 '~이~'는 청자높임소이다. 이렇게 보면, 아주높임의 청유어미 형태에는 청유의 서법소 '~사~'와 청자높임소 '~이~'가 모두 관여하고 있음을 알 수 있다.

제3장 종결어미의 기능

국어 종결어미는 서술어의 끝부분에 결합하여 문장을 끝맺는 기능을 수행하는 문법 형태이다. 이 종결어미는 서술어 기능을 하는 용언에 결합하여 한 개의 낱말을 완성하는 동시에 그 문장을 형식적으로 의미적으로 완결짓는 기능을 갖는다. 따라서 종결어미는 형태론적 층위의 존재이면서 동시에 통사론적 존재이기도 하다.

형태론적 존재로서의 종결어미에 대해서는 제1장과 제2장에서 비교적 자세하게 다루어졌고, 제3장에서는 통사론적 층위의 존재로서 종결어미의 기능에 대해 살펴보기로 한다. 종결어미는 문장의 맨 끝부분에 결합하여 그 문장을 형식적으로 의미적으로 완결짓는 마침법의 기능을 수행하면서, 한편으로는 청자를 높여서 예우하는 청자높임법의 기능을 수행한다.

아래의 문장 (1)을 보기로 한다.

(1) ㄱ. 비가 오~겠~다.
　　ㄴ. 비가 오~겠~느냐?

(1ㄱ)에서 서술어에 종결어미 '~다'가 결합됨으로써 이 문장은 서술문이 되고, (1ㄴ)에서는 종결어미 '~느냐'가 결합됨으로써 이 문장은 의문문이 되었다. 따라서 서술문이 되느냐 의문문이 되느냐는 종결어미의 선택에 의한 결과인 것이다.

한편 문장 (1)에서 서술용언의 어간 뒤에 결합된 선어말어미 '~겠~'은 그 문장의 명제 내용에 대한 화자의 심리적 태도를 반영하는 문법 요소이고, 선어말어미 '~겠~' 뒤에 결합된 어말어미 '~다'와 '~느냐'는 명제 내용을 청자에 대해 표현하는 화자의 심리적 태도가 반영된 문법 요소이다. 문장 (1)에서는 종결어미 '~다'와 '~느냐'의 차이에 의해 두 문장의 마침법이 서로 달리 실현되는 양상을 볼 수 있으나, 청자에 대한 화자의 높임 관념의 차이는 드러나지 않는다.

아래의 문장 (2)를 살펴보기로 한다.

(2) ㄱ. 영수가 오~았~다.
    ㄴ. 영수가 오~았~습니다.

문장 (2)에는 종결어미가 달리 선택됨으로써 청자높임법의 등급에서는 차이가 있으나, 마침법의 하위 범주에는 차이가 없다. 즉 문장 (2ㄱ)에서는 '~다'가 선택되어 청자에 대해 화자의 높임 관념이 전혀 반영되지 않은 반면에, (2ㄴ)에서는 '~습니다'가 선택되어 청자에 대해 화자의 높임 관념이 반영되어 있다. 문장 (2)에서는 종결어미 '~다'와 '~습니다'의 선택에 의해 청자높임법의 등급에는 차이가 드러나지만, 마침법에는 차이가 드러나지 않는다.

(1)과 (2)에서 살펴보았듯이, (1)의 두 문장은 마침법의 차이가 분명하게 드러나고 (2)의 두 문장은 청자높임법의 차이가 분명하게 드러난다. 이것은 종결어미에 의해 마침법과 청자높임법이 동시에 실현되기 때문에 나타나

는 현상이다.

지금부터는 종결어미에 의해 실현되는 문법적 기능이라 할 수 있는 마침법과 청자높임법의 두 문법 범주에 대해 차례대로 살펴보기로 하겠다.

1. 마침법의 실현

1.1 마침법의 개념

국어의 문장을 이루는 구성 성분 중에서 서술어가 가장 핵심 성분이며, 그 서술어가 온전한 기능을 수행하려면 서술어의 맨 끝부분에 종결어미가 결합되어야 한다. 종결어미가 서술어에 결합됨으로써 그 문장이 형식적으로 완성되고 의미적으로 완결된다. 그러므로 종결어미는 문장을 이루는 필수적인 문법 형태라 할 수 있다.

서술어에 종결어미가 결합됨으로써 그 문장이 끝맺게 되므로, 종결어미에 의해 실현되는 문법 범주를 마침법이라 부른다. 마침법에 대해 최현배(1971:262)에서는 '풀이씨가 월의 풀이말이 되어서 그 월을 마치는 법'이라고 정의하였고, 허웅(1995:521)에서는 '말할이가 들을이에게 어떠한 요구가 있는지 없는지를 나타내는, 풀이씨의 끝바꿈의 한 범주'라고 하였다. 그리고 권재일(1992:86)에서는 마침법을 '언어내용의 전달 과정에서 청자에 대하여 화자가 가지는 태도를 실현하는 문법 범주'라고 규정하였다.

따라서 마침법은 문장의 명제 내용을 청자에 대해 표현하는 화자의 태도가 실현되는 문법 범주라 할 수 있다. 이 문법 범주는 문장의 명제 내용을 청자에게 전달하되, 화자가 어떤 종류의 문장으로 전달하느냐를 결정짓는다. 어떤 종류의 문장으로 표현할 것이냐는 화자가 선택하는 종결어미에 의해 결정되는데, 그 결정은 문장의 명제 내용을 전달하는 화자의 심리적 태도에 따르는 것이다.

1.2 마침법의 다른 명칭

종결어미에 의해 실현되는 문법 범주의 명칭은 여러 가지가 사용되어
왔는데, 마침법, 종지법, 문체법, 의향법, 종결법 등이 그것이다.

마침법은 종결어미가 서술어의 끝부분에 결합됨으로써 문장을 끝맺기
때문에 붙여진 명칭이고, 종지법은 서술어에 종결어미가 결합됨으로써 문
장이 끝나기 때문에 붙여진 명칭이며, 문체법은 서술어에 결합되는 종결어
미에 따라 그 문장의 양식이 결정되기 때문에 붙여진 명칭이다. 그리고 의
향법은 서술어에 결합되는 종결어미의 선택은 화자의 의향 태도에 따라 결
정되기 때문에 붙여진 명칭이며, 종결법은 서술어에 종결어미가 결합됨으
로써 문장이 종결되기 때문에 붙여진 명칭이다.

종결어미에 의해 실현되는 문법 범주에 붙여진 명칭을 위와 같이 대강
살펴보면, 크게 3부류로 나뉘어진다. 마침법, 종지법, 종결법 등이 한 부류
를 이루고, 문체법과 의향법이 각각 한 부류를 이룬다. 마침법, 종지법, 종
결법 등은 서술어에 종결어미가 결합됨으로써 그 문장이 끝나게 되는 현상
에 주목하여 붙여진 명칭인데, 마침과 종지 그리고 종결은 동일한 의미를
가진 다른 이름에 불과하다. 그러나 문체법과 의향법은 서술어에 종결어미
가 결합됨으로써 문장이 끝나는 사실에 주목한 전자의 명칭들과는 다르다.
문체법은 박승빈(1931)에서 ‘문의 체법’이라고 한 말에서 시작된 용어인 듯
하나, 이희승(1950)에서 처음으로 사용한 명칭이다. 이것은 종결어미가 서
술어에 결합됨으로써 문장의 양식이 정해지는 사실에 주목하여 붙여진 명
칭이고, 의향법은 화자가 청자에게 어떤 요구가 있는지 없는지 그리고 요
구가 있다면 어떤 내용의 요구인지가 종결어미의 선택에 의해 드러나기 때
문에 붙여진 명칭으로, 허웅(1969)에서부터 비롯된 용어이다.

종결어미에 의해 실현되는 문법 범주의 명칭으로 지금까지 여러 가지가
사용된 사실은 모두 그 나름대로의 기준에 따라 붙여진 것으로 판단되는

데, 우리는 이 글에서 마침법을 사용하기로 한다. 종결어미가 서술어에 결합됨으로써 문장의 양식이 결정되는 것도 사실이고, 화자의 의향이 종결어미의 선택에 반영되는 것도 사실이다. 우리는 최현배(1971)에 따라, 문장의 서술어에 종결어미가 결합됨으로써 그 문장이 끝나는 사실에 주목하여 붙여진 명칭인 마침법을 사용하기로 한다.

1.3 마침법의 성격

국어의 마침법과 관련이 있는 인구어의 문법서에는 서법(mood)이라는 용어를 사용하고 있는데[1], 그 mood에는 직설법, 가정법, 명령법, 부정법 그리고 분사 등이 포함되어 있었다. 그러나 Jespersen(1924:325)에서는 부정법과 분사는 다른 것들과 대등한 위치에 놓일 수 없다고 하고, 직설법, 가정법, 명령법만을 mood에 포함시켰다.

그리고 Jespersen에서는 '서법의 선택이 실제 화자의 태도에 의해서 결정되는 것이 아니라, 절 그 자체의 성격과 그 절이 종속되어 있는 주절에 대한 관계에 의해서 결정되는 경우가 가끔 있지만, 그것들이 문장 내용에 대하여 화자가 갖는 어떤 심리적 태도를 표시한다고 말하는 것이 훨씬 더 옳다. 나아가서 이와 같은 마음의 태도가 동사의 형태에 나타날 경우에만 "서법"이라는 말한다는 것을 기억하는 것이 매우 중요하다'고 설명하고 있다. 한편 고영근(1986:383)에서는 전통 문법가들은 mood를 화자의 마음의 태도라고 설명하는 것으로 보았고, 구조·기술 문법가들은 화자에 의해 해석되는 심리적 분위기를 mood의 개념으로 보았으며, 그리고 변형 생성 문법가들은 화자와 청자 사이에 성립되는 진술, 의문, 명령, 감탄 등의 마침법도 mood의 테두리에 넣어 다루었다고 했다.[2]

---

1) 이석무·이환묵(1987)을 참조..

2) 고영근(1986:386)에서는 서법과 양태를 구별하여, 서법은 화자가 사태와 대결함으로써 나타나는 부수적 의미가 일정한 동사의 형태로 구현되는 문법 범주이고, 양태는 서법 범주나 기타 어휘적 수단에 의해 나타나는 부수적인 의미 자체를 가리

또 Lyons(1968:307)에서는 mood에 대한 개념을 '말한 것에 대한 화자의 태도'라고 설명하였으며, Bybee(1985:169)에서는 mood를 modality와 구별하여 modality가 가리키는 의미 영역의 하위 구분을 굴곡적으로 표현하는 범주라고 하였다. 그리고 Palmer(1979:20)에서는 mood를 명제적 서법과 행위적 서법으로 나누어 설명하기도 했다.

마침법과 관련된 인구어의 문법 범주는 mood(서법)라 할 수 있다. mood은 명제를 청자에게 전달하는 화자의 심리적 태도라고 해석되며, 그것은 반드시 동사의 활용에 의해 실현되는 것으로 본다. 화자의 심리적 태도가 동사의 활용에 의해 실현되는 문법 범주가 mood라면, 이것은 국어의 마침법과 일치되는 문법 범주로 볼 수 있다. 즉 국어의 마침법은 화자가 문장의 명제 내용을 청자에게 전달하는 심리적 태도가 종결어미에 의해 실현되기 때문이다. 그런데 국어에서 화자의 심리적 태도는 종결어미에 의해 실현되기도 하지만, 종결어미 앞에 결합되는 선어말어미에 의해서도 실현되는 경우가 있으므로, 마침법과 인구어의 mood가 반드시 일치하는 것만은 아니라고 볼 수 있다.

국어의 서법을 다룬 논의에서는 종결어미에 의해 실현되는 서법을 문말 서법이라 하고, 선어말어미에 의해 실현되는 서법을 선문말 서법이라 하여 그 두 경우를 서로 구별하여 다루기도 한다. 그 두 경우 중에서 선문말 서법은 마침법과 일치하지 않으나, 문말 서법은 마침법과 일치한다. 이런 점에서 좀더 구체적으로 살펴보면, 국어의 마침법은 서법보다 폭이 다소 좁은 문법 범주라 할 수 있다.

1.4 마침법의 분류 기준과 체계

문장의 서술어에 종결어미가 결합하여 그 문장을 끝맺는 문법 범주를 마침법이라고 할 때, 그 마침법의 하위 범주를 구별할 필요가 있다. 종결어

키는 의미 범주라고 하였다.

미의 선택에는 화자의 심리적 태도가 반영되는데, 그런 경우에 화자의 심리적 태도가 언제나 일정하다고 하기 어렵기 때문이다. 언제나 일정하지 않은 화자의 심리적 태도를 크게 몇 갈래로 나눔으로써 마침법을 좀더 쉽게 이해할 수 있게 될 것이다. 마침법의 하위 범주를 나눌 때는 객관적인 기준이 반드시 제시되어야 하고, 그 기준에 근거하여 마침법을 몇 개로 분류하여야 한다. 먼저 앞선 연구자들의 업적을 살펴본 뒤에 마침법의 분류 기준을 설정하기로 한다.

1.4.1 앞선 연구

외국인으로서 국어를 연구한 Ramstedt(1939)와 Martin(1954)를 살펴보면, 독자적인 기준을 설정하지 않은 채 마침법을 몇 갈래로 분류하였다. Ramstedt(1939:70)에서는 마침법을 크게 직설법, 의문법, 의도법 등으로 분류하였는데, 이것은 인구어에서 mood을 분류한 방법을 그대로 국어에 적용한 것으로 보인다. 그리고 Martin(1954:41)에서도 마침법의 분류에 대해 별다른 기준을 제시하지 않고 그냥 서술법, 의문법, 명령법, 청유법 등으로 나누었는데, 이것은 국내 연구자들의 견해를 그대로 따른 결과라 할 수 있다.

한편 국내 연구자들의 업적에는 마침법을 크게 4개의 하위 범주로 분류한 경우와 그보다 훨씬 많은 하위 범주로 분류한 경우로 나누어 볼 수 있다. 먼저 마침법의 하위 범주를 4개로 나눈 경우는 주시경(1910)을 비롯하여 최현배(1937), 김윤경(1947), 박창해(1965), 남기심(1973), 허웅(1975), 서정수(1990), 권재일(1992), 김태엽(1994) 등이 대표적이며, 5개 이상의 하위 범주로 나눈 마침법의 분류에는 이희승(1950), 김민수(1960), 안병희(1967), 고영근(1974), 강신항(1982), 신창순(1984), 서태룡(1985) 등이 대표적이다.

마침법의 하위 범주를 4개로 분류한 논자들은 분류의 기준을 비교적 자세하게 설정하고 있으나, 5개 이상의 하위 범주로 분류한 논자들은 분류의 기준을 객관적으로 제시하지 않은 경우가 많다. 객관적인 기준을 제시함이

없이 마침법의 하위 범주를 분류한 경우에는 주로 그 종결어미의 의미에
따라 분류하였는데, 예컨대 경계법, 기원법, 약속법,~~~ 등으로 분류한
경우가 바로 그런 것에 속한다. 만약 마침법의 하위 범주를 그 종결어미가
가지고 있는 개별적 의미에 따라 분류한다면, 그 범주의 숫자가 적지 않을
것이다. 어떤 문법 범주를 하위 분류하고자 할 경우에는 가능하면 객관적
인 분류 기준을 설정하고, 그 기준에 따라 몇 가지로 분류하는 태도가 바람
직하다.

마침법의 하위 범주를 5가지 이상으로 분류한 것 중에서, 대표적인 것이
이희승(1950)이라 할 수 있으므로 여기에서는 그것을 살펴보기로 한다. 이
희승(1950)에서는 종결어미에 의해 실현되는 분법 범주를 문체법과 존비법
으로 나누고, 그 두 범주를 묶어서 결어법이라 하였다. 그리고 문체법의 하
위 분류에 대한 기준을 분명하게 설정함이 없이 설명법, 의문법, 명령법,
공동법, 약속법, 허락법, 감탄법 등 7가지로 나누었다. 이희승(1950)에서 문
체법과 존비법을 구별하고, 그 두 범주를 묶어서 결어법이라 한 것은 결국
문장을 끝맺는 문법 범주라는 것이다. 그러나 마침법의 하위 범주를 4가지
로 분류한 최현배(1971)에서는 분류의 기준을몇 가지로 제시하였는데, 중요
한 기준으로 개별적 관계와 공동적 관계, 단독적 태도와 관계적 태도, 말하
는이 중심과 말듣는이 중심 등을 열거하였다.

한편 이정(1978:89)에서는 마침법의 분류에서 고려되어야 할 두 가지 원
칙을 제시하였는데, 첫째는 화자와 대화자 사이에 어떤 형태의 의사 전달
행위가 이루어졌느냐이고, 둘째는 명제에 대한 화자의 태도가 어떤 것이냐
라고 하였다. 이러한 두 원칙을 제시한 이정(1978)은 그 원칙을 마침법의
분류에 적용할 경우에, '~라'로 대표되는 시킴꼴과 '~자'로 대표되는 꾀
임꼴 사이에 어떤 기본적인 차이점도 없다고 했다. 그 이유에 대해, 그는
시킴꼴이건 꾀임꼴이건 화자가 대화자의 태도에 변화를 가져오기 위한 의
사 전달 행위이기 때문이라는 것이다. 그리고 그는 마침법의 하위 범주에

대한 체계화를 위해, 화자와 대화자의 관계 이외에 화자가 문장의 명제에 대한 어떤 태도를 갖느냐에 따라 결정되는, 즉 화자가 명제의 개연성을 밝힐 경우, 화자의 명제에 대한 판단없이 나타났을 경우의 마침법 분류를 국어의 마침법 체계에 추가해야 된다고 주장하였다.[3]

1.4.2 마침법 분류의 기준

마침법의 하위 범주를 몇 가지로 분류하는 것이 타당하냐의 문제에 대한 대답은 그리 간단하지 않다. 마침법의 하위 범주를 몇 가지로 분류하는 것이 마침법을 가장 잘 기술하고 또 쉽게 이해할 수 있느냐에 대한 대답 역시 쉽지 않기 때문이다.

우선 우리의 기본적인 입장은 마침법의 하위 범주를 가능한 포괄적으로 분류함으로써 복잡하지 않은 체계를 세우고자 한다. 마침법을 인식하는 입장에서는 복잡하지 않은 포괄적인 체계가 더 바람직할 것이라 본다. 따라서 우리는 앞선 연구들에서 마침법을 4가지의 하위 범주로 분류한 업적에 주목하고, 그들의 분류 기준을 살펴보고자 한다.

최현배(1971)에서는 마침법의 하위 범주를 체계화함에 있어서 바탈[4]을 분류의 기준으로 삼았다. 그는 풀이말의 바탈을 근거로 하여 아래 (1)과 같이 문장의 체계를 세웠다.[5]

    (1) 바탈에 의한 월의 체계
      ㄱ. 개별적 관계
        ① 단독적 태도 · 베풂월

---

3) 이러한 이정(1978)의 기술 내용은, 마침법을 화자가 명제 내용을 청자에게 나타내는 심리적 태도를 실현하는 문법 범주라고 정리한 개념에 포함되는 것으로 본다.
4) 바탈은 말하는이의 듣는이에 대한 의향을 뜻한다(권재일:1993,97).
5) 권재일(1993:97)에서 옮김. 그리고 권재일(1993)에서는 (1)의 체계를 소개하면서 최현배(1971)와 같이 풀이말 중심의 문장 기술의 시도는 탁월한 견해라고 평가했다.

② 관계적 태도
　[말하는이 중심] · · · · · · · · · · · · · · · · · 시킴월
　[말듣는이 중심] · · · · · · · · · · · · · · · · · 물음월

ㄴ. 공동적 관계 · · · · · · · · · · · · · · · · 꾀임월

　(1)은 화자가 문장의 명제 내용을 청자에게 어떤 관계와 태도로 표현하느냐의 문제, 즉 바탈에 근거하여 설정한 마침법의 체계라 할 수 있다.
　이러한 견해를 바탕으로 하여 한층 발전적인 체계의 기준을 정립한 논의가 허웅(1984)에서 제시되었다. 허웅(1984:225)에서는 청자에 대한 화자의 태도인 '요구'의 있고 없음에 따라 크게 두 가지로 나누었다. 그리고 그 요구의 내용이 '행동'이냐 또는 '대답'이냐에 따라 다시 양분하였으며, '행동'의 요구가 청자 단독이냐 아니면 화자와 함께하는 요구냐에 따라 또다시 둘로 나누었다.

　(2) 의향법의 체계
　　ㄱ. 들을이에게 요구 없음 · · · · · · · · · · · · · 서술법
　　ㄴ. 들을이에게 요구 있음
　　　① 대답을 요구 · · · · · · · · · · · · · · · 의문법
　　　② 행동을 요구
　　　　[들을이만의 행동] · · · · · · · · · · · · 시킴법
　　　　[함께함을] · · · · · · · · · · · · · · · 꾀임법

　(2)가 최현배(1971)에서 세운 체계와 뚜렷하게 드러나는 차이가 없으나, 하위 범주 설정의 분류 기준에서는 다소 다른 점이 있다. (1)에서는 화자와 청자의 관계와 청자의 태도를 기준으로 하여 마침법의 하위 범주를 체계화하였다면, (2)에서는 (1)에 제시한 기준에 비해 좀더 구체적인 기준을 제시한 것으로 보인다. 즉 (1)의 체계를 설정한 기준이 화자의 '태도'라고 하면

(2)에서는 화자의 태도에 대한 구체적인 내용이라 할 수 있는 청자에 대한 '요구'의 유무가 분류의 기준이다. 그리고 청자에 대한 '요구'의 내용을 '행동'과 '대답'으로 다시 나누어 제시함으로써 마침법의 체계에 대한 설명력이 한층 강화되었다.

또한 권재일(1992:89)에서는 허웅(1984)에서 세운 마침법의 체계 (2)를 수용하면서 좀더 정밀한 기준을 설정하고, 그 기준에 따라 아래 (3)과 같이 마침법을 체계화하였다.

    (3) 의향법의 하위 범주와 그 기준
       [기준] ① 청자에 대한 요구함이 있음/없음
              ② 행동수행이 있음/없음

[체계]
요구함(─)·······························(1) 서술법
(평서법,감탄법,약속법)
요구함(+)
행동수행(─)··························(2)의문법
행동수행(+) ·····[청자]············(3)명령법[6]
          ······[청자+화자]·······(4)청유법

(3)은 (2)와 (1)에서 세운 체계를 긍정적으로 받아들이면서 한편으로는 발

---

6) 명령법과 청유법은 [+요구][+행동수행]의 공통 자질을 가지고 있으므로 하나의 범주로 묶여질 수 있겠는데, Lyons(1977:745)에서는 서술법, 의문법, 명령법을 제시했다. 문제는 어느 범주로 묶여질 수 있느냐는 것이다. 명령법은 청자에게 [요구]하는 [행동수행]이고 청유법은 청자와 화자에게 [요구]하는 [행동수행]이다. 명령법은 청자에게 요구하고 청유법은 청자와 화자에게 요구하는 차이가 있으나, 문장은 일반적으로 청자에게 전달되므로 청자를 요구의 대상으로 삼는 명령법으로 묶여질 수 있을 것으로 본다.

전적인 기준을 설정하고 있는 점에서 (1), (2)와는 다른 면을 보여준다. (3)에서 달라진 면의 첫째는 마침법의 하위 범주를 체계화함에 있어서 객관적이고도 분명한 기준을 제시한 점이고, 둘째는 분류의 기준이 되는 내용을 의미자질화하여 그 자질의 유무에 따라 양분법적으로 체계를 세웠다는 점이다. 따라서 (3)은 마침법의 하위 범주를 체계화하는 기준을 선명하게 명세화한 면에서 설명의 타당성이 더 높아졌다고 볼 수 있다.

마침법의 하위 범주를 체계화한 (1), (2), (3)은 모두 화자가 청자에 대해 가지는 태도를 중심으로 분류의 기준을 세웠다. 우리는 앞에서 마침법에 대해, 화자가 문장의 명제 내용을 청자에게 표현하는 심리적 태도를 실현하는 문법 범주라고 그 개념을 정리한 바 있다. 마침법이 청자에 대해 드러내는 화자의 심리적 태도가 반영되는 문법 범주라면, (1), (2), (3)에서 세운 마침법의 체계는 모두 타당한 근거에 의한 것이라 할 수 있다. 그러나 위에 제시된 마침법의 체계는 종결어미에 의해 실현되는 의미 기능에 전적으로 기댄 것으로 볼 수 있다. 따라서 (1), (2), (3)의 체계가 좀더 의미 있는 가치를 가지기 위해서는, 마침법을 실현하는 종결어미의 통사론적 층위의 특성과 형태론적 층위의 특성 등이 함께 고려될 필요가 있다.

김태엽(1994)에서는 마침법의 하위 범주를 체계화하기 위해 종결어미의 통사론적·형태론적 층위의 특성을 논의한 바 있다. 김태엽(1994)에서는 마침법의 하위 범주를 서술법, 의문법, 명령법, 청유법의 4가지로 분류하고, 그렇게 분류하는 타당성을 검증하기 위해 종래 의미론적 층위의 기준 외에 통사론적 층위와 형태론적 층위의 기준을 설정하고자 했다. 그리고 마침법의 하위 범주를 분류하기 위해 종결어미가 갖는 통사론적 특성을 밝히는 것은 의미론적 기준 중심으로 마침법의 하위 범주를 분류한 체계를 객관적으로 뒷받침하기 위한 한 가지 방법이 될 것이라고 하였다.

마침법의 하위 범주를 체계화함에 있어서, 일찍이 최현배(1971:265)에서는 감탄법이 마침법의 독립적인 하위 범주가 되기 어려운 점을 문법적인 차원에서 다음과 같이 기술한 바 있다. 그 대강은 (4)와 같이 나타낼 수 있다.

(4) ㄱ. 서술어미로써도 감탄법을 실현할 수 있다.
ㄴ. 서술법만이 화자의 생각을 청자에게 나타낼 수 있는 것이 아
니고 감탄법 역시 화자의 생각을 청자에 나타낼 수 있다.
ㄷ. 서술법과 감탄법이 모두 단독적 장면에서 실현될 수 있다.
ㄹ. 감탄법어미의 형태 목록이 다른 마침법의 형태와 같이 청자높
임법의 모든 등급을 모두 채워주지 못한다.

(4)에 열거한 사실에 근거하여 최현배(1971)에서는 감탄법을 독립된 마침
법의 하위 범주로 설정하지 않고 서술법에 포함시켰는데, 이러한 태도는
그 뒤에 마침법의 하위 범주를 4개로 분류한 논자들에게 자연스럽게 수용
되었다.

그리고 통사론적 층위에서 마침법의 하위 범주 체계화에 대해 논의한
남기심(1973:53)에서는 간접 인용문[7]으로 내포된 문장의 내포어미가 '~
다', '~냐', '~자', '~라' 등으로 중화되는 사실에 근거하여, 마침법의 체
계를 서술법, 의문법, 명령법, 청유법 등의 4가지 이외에 감탄법, 약속법,
허락법 등을 설정하는 것은 근거가 없다고 덧붙였다.

우리는 마침법의 하위 범주를 체계화하기 위한 바람직한 기준의 설정은
의미론적 층위는 물론이고 통사론적 층위와 형태론적 층위의 근거가 뒷받
침되어야 한다는 생각을 기본적으로 가지고 있다. 따라서 앞에서 제시한
최현배(1971), 허웅(1984), 권재일(1992)와 같은 의미론적 층위의 기준에 의
한 마침법의 체계화 방법을 받아들이고, 또 남기심(1973), 김태엽(1994)와
같은 통사론적 층위의 기준에 의한 마침법의 하위 범주를 체계화하는 방법
도 바람직한 것으로 본다. 그리고 이미 최현배(1971)에서 (4)와 같은 이유로

---

7) 권재일(1992)에서는 이것을 동사구 내포문이라 하였으나, 이 글에서는 전통적으로
불러오던 간접 인용문이라는 용어를 그대로 쓴다.

감탄법을 따로 설정할 필요가 없음을 설명한 내용 중에서, (4ㄹ)은 형태론
적 층위의 한 가지 기준이 될 수 있을 것이다. 하지만 우리가 여기에서 제
기하는 형태론적 층위의 기준은 (4ㄹ)도 포함되기는 하나, 마침법을 실현하
는 종결어미의 형태 구조에 대한 분석을 통한 기준을 가리킨다. 종결어미
의 형태를 이루는 어미구조체의 분석을 통해 그 어미 형태가 어떤 범주의
마침법을 실현하는가를 모두 밝히기는 현실적으로 어렵지만8), 상당하게는
종결어미의 형태에 대한 분석적인 방법을 통해 그 종결어미에 의해 실현되
는 마침법의 기능을 확인할 수 있을 것으로 본다.

따라서 마침법의 하위 범주 체계화를 위한 기준을 아래 (5)와 같이 정리
한다.

     (5) 마침법 체계화의 기준
       ① 통사론적 기준
       ② 의미론적 기준
       ③ 형태론적 기준
       ④ 음운론적 기준

(5)에서 어느 하나의 기준에 의해 마침법의 하위 범주를 체계화할 수 있
겠지만, 네 가지 기준을 모두 적용함으로써 좀더 합리적인 마침법의 체계
화가 이루어질 수 있을 것으로 본다.9) 그러나 마침법의 체계화를 위해 (5)
의 어느 한 가지 기준이라도 바르게 잘 적용한다면, 나머지 세 가지의 기준
을 적용한 것과 동일한 결과로 나타날 수도 있을 것이다. 그렇게 되는 경우

---

8) 왜냐하면 종결어미의 형태 중에는 다른 기능어에서 기능이 전용된 형태가 꽤 많이
   존재하기 때문이다.
9) 마침법의 하위 범주 체계화를 위해 (5)와 같이 4가지 기준을 설정하는 것은, 마침법
   을 실현하는 종결어미가 통사론적 층위, 의미론적 층위, 형태론적 층위, 음운론적
   층위 등의 존재로 해석할 수 있기 때문이다.

에 나머지 세 가지 기준의 적용은 그 체계의 타당성을 객관적으로 검증하는 효과를 가지게 될 것이므로, 가능한 한 (5)에서 제시한 모든 기준을 설정하는 것이 바람직하다.

그러면 (5)~①통사론적 층위의 기준을 설정하기 위한 방법을 살펴보기로 한다. 이 방법은 일찍이 남기심(1973)에서 제시된 바 있는데, 간접 인용문으로 내포된 내포어미에 따른 기준이다. 간접 인용문을 살펴보기 전에 인용문에 대해 먼저 간단하게 살피기로 한다.

이상복(1974:131)에서는 인용문은 다른 일반 구문구조와는 달리 그 자체 독특한 구조를 지닌다고 하고, 특히 간접 인용문은 더욱 그러하다고 했다. 그리고 그는 인용문의 기본구조를 '주어~인용 제일부사구~인용 제이부사구~술어'와 같이 제시했다.

이와 같은 구조를 갖는 인용문의 주어는 원화자가 주어가 되며, 인용 제이부사구는 원청자에 도달점을 가리키는 처소격조사가 덧붙어서 이루어진다. 인용 제일부사구는 피인용문과 인용어미의 배합으로 이루어지고, 인용문의 술어로 쓰이는 동사는 피인용문의 각 종결형과 관계가 있는 동사가 쓰이며, 이들은 수의적으로 대동사 '하다'와 대치되기도 한다고 했다.

그리고 이필영(1993:27)에서는 인용구문의 구성 요소로 원발화자, 원청자, 인용절, 인용표지, 그리고 상위동사 등이 나타나는데, 이 중에서 인용절, 인용표지, 상위동사는 서로 밀접하게 관련되어 있을 뿐 아니라, 인용구문의 구조적 특성을 결정하는 데에 중요하게 작용한다고 했다. 인용은 크게 두 가지 방식으로 나뉘는데, 직접 인용과 간접 인용이 그것이다.[10] 직접 인용은 발화나 발성, 단어의 음성 형식 등 어떠한 단위의 언어 형식이든지 물리적 음성으로 표현될 수 있는 것이면 모두 그 대상으로 삼는데 비해 간접 인용은 발화나 생각과 같이 일정한 관념을 나타낼 수 있는 단위의 언어

---

10) 신선경(1986:60)에서는 직접 인용과 간접 인용으로 나누지 않고, 인용절에 나타날 수 있는 정보의 정도 차이에 따라 제1형식, 제2형식, 제3형식으로 구분하였다.

형식(즉 문장 이상의 언어 단위)만을 대상으로 한다는 것이다.

이필영(1993:19~23)에서는 간접 인용절의 특징을 3가지로 들고 있다. 첫째는 완형 보문의 형식을 취하고, 둘째는 수행~억양의 결여, 셋째는 상대 높임법과 문체법의 중화 등이다. 간접 인용절이 완형 보문을 취한다는 것은 문장 미만의 언어 단위는 간접 인용의 대상이 될 수 없다는 것이고, 직접 인용절은 수행~억양을 갖는데 비해 간접 인용절은 수행~억양을 갖지 않으므로 그 자체가 독립적인 발화가 되지 못한다는 것이며, 따라서 청자높임법의 등급이 중화되고 마침법의 형태가 중화되어 실현된다는 것이다.

발화된 문장이 직접 인용되는 경우와 간접 인용되는 경우를 아래 (6)에서 보자.

   (6) ㄱ. 철수 : 영수가 축구를 했습니다.
       ㄴ. 길수 : 철수는 "영수가 축구를 했습니다"라고 말했다.
       ㄷ. 민수 : 철수는 영수가 축구를 했다고 말했다.

문장 (6ㄴ)은 길수가 (6ㄱ)의 철수가 발화한 문장을 직접 인용한 문장이고, 문장 (6ㄷ)은 철수가 발화한 문장을 민수가 간접 인용한 문장이다. (6ㄴ)과 같이 (6ㄱ)을 직접 인용한 문장에서는 인용절의 내포어미에 수행~억양이 얹혀져 있고 청자높임법의 등급이 그대로 유지되고 있다. 그러나 문장 (6ㄷ)과 같이 (6ㄱ)의 문장을 간접 인용한 문장에서는 내포어미에 수행 억양이 얹혀져 있지 않을 뿐 아니라, 청자높임법의 등급과 내포어미가 중화된 형태로 실현되었다.

우리는 문장 (6ㄷ)과 같이 간접 인용문에 안긴 내포절의 내포어미가 중화된 형태로 실현되는 사실에 크게 주목하고자 한다. 간접 인용문에 안긴 내포절의 내포어미가 중화된 것은 그 형태에 화자의 심리적 태도가 반영되지 못함을 보여주는 것이다. 인용 화자의 심리적 태도가 반영되지 않기 때문에 간접 인용문에 안긴 내포절의 내포어미가 중화되기도 하지만, 다른 한편으로는 원발화자의 심리적 태도도 내포어미에 반영되지 못한다는 것을 뜻한다.

이러한 언어 현상에 대해 김태엽(1994:11~14)에서는 간접 인용문에 대한 해석을 자세하게 시도한 바 있다. 거기에서 그는 간접 인용문의 내포문에 대한 해석을 위해 encode와 decode의 개념을 이용하기로 하고, 원발화자가 발화한 문장을 encode로 본다면 인용 화자가 발화한 문장은 decode로 볼 수 있다는 것이다. (6ㄱ)에서 철수가 머리 속에 간직한 어떤 개념을 '영수가 축구를 했습니다'라고 하는 언어 기호로 나타냈기 때문에, 이것은 개념의 기호화, 즉 encode라는 것이다. 그리고 (6ㄷ)의 민수가 발화한 문장은, 원발화자인 철수가 encode한 문장을 민수의 관점에서 인용하여 객관화한 문장이라 할 수 있다. 즉 (6ㄷ)의 내포문은 실제로 (6ㄱ)을 decode한 문장으로 상정할 수 있을 것이다.

이렇게 상정하는 이유는 문장 (6ㄱ)의 명제 내용이 인용 화자의 관점에서 객관화[11]되어 (6ㄷ)의 문장을 통해 그대로 간접 인용문의 내포문으로 전달되기 때문이다. 만약 (6ㄱ)이 (6ㄷ)과 같이 간접 인용되지 않고 (6ㄴ)과 같이 직접 인용되면 그것은 decode라고 할 수 없다. 왜냐하면 (6ㄴ)과 같은 직접 인용문에 안긴 내포문은 원발화자의 표현 의도(심리적 태도)가 그대로 전달될 뿐, 인용 화자에 의해 객관화되지 않기 때문이다. (6ㄱ)을 직접 인용한 (6ㄴ)의 내포문의 형태 구조는 (6ㄱ)과 차이가 전혀 없는 반면, (6ㄱ)을 간접 인용한 (6ㄷ)의 내포문의 형태 구조는 (6ㄱ)과 차이가 있다. 그러한 차이는 곧 (6ㄷ)의 내포문은 (6ㄱ)에 대한 decode라고 할 수 있지만, (6ㄴ)의 내포문은 (6ㄱ)에 대한 decode라고 할 수 없음을 보여주는 것이다. 다시 말하면, 문장 (6)에서 철수의 생각을 encode한 문장이 (6ㄱ)이라면, (6ㄱ)의 문장

---

11) 여기에서 객관화란 원발화자나 인용 화자 어느 사람의 태도도 반영되지 않은 언어 형태가 선택되기 때문에 붙인 말이다.

을 길수의 관점에서 다시 decode한 문장이 (6ㄷ)의 내포문이다. 그러니까
encode와 decode의 관계는 (6ㄱ)과 (6ㄷ)의 내포문 사이에 성립될 수 있다.
　아래의 (7)과 (8)을 다시 보기로 한다.

　　　(7) ㄱ. 영수 ; 나는 내일 거기에 갑니다.
　　　　　ㄴ. 영수 : 비가 오구나.

　　　(8) ㄱ. 철수　 : 영수는 오늘 여기에 온다고 하더라.
　　　　　ㄴ. 철수　 : 영수는 비가 온다고 하더라.

　(7)은 원발화자인 영수가 발화한 문장이고 (8)은 인용화자인 철수가 간접
인용한 문장이다. (7)과 (8)의 내포문을 비교해 보면, (8ㄱ)에서는 '나→영수',
'내일→오늘', '거기→여기', '가다→오다', '습니다→ㄴ 다'로 각각 바뀌었
다. 그리고 (8ㄴ)에서는 '구나→ㄴ 다'로 바뀌었다. (7)이 간접 인용된 (8)의
내포문에서 바뀐 인칭대명사, 부사어, 지시대명사, 종결어미 등을 통해 원
발화의 문장과 인용 화자의 문장 사이의 차이가 드러난다. (7)과 (8)에서 나
타나는 이러한 차이는, 원화자의 관념을 encode한 문장을 인용 화자가 자신
의 입장에서 그것을 객관적으로 decode한 결과로 말미암은 것으로 본다. 인
칭대명사, 시간부사어, 그리고 지시대명사 등은 원화자와 인용화자 사이의
관점이 다르기 때문에 일어나는 현상이지만, 간접 인용문의 내포문에서 종
결어미의 형태와 청자높임법의 등급이 중화되는 현상은 전자의 현상과는
차원을 달리한다.
　간접 인용문의 내포문에서 종결어미의 형태가 중화되면서 청자높임법
의 등급이 중화되는 현상은, 원화자와 인용화자의 심리적 태도가 전혀 반
영되지 않고 객관화되었기 때문이라고 본다. 원화자가 encode한 문장을 인
용 화자가 decode하는 것은 표현의 객관화를 통해 주관적 관념을 객관화하
기 위한 수단의 한 방법으로 볼 수 있다. 간접 인용문의 내포문에서 종결어

미의 형태, 청자높임법의 등급, 문말의 수행~억양 등이 중화되는 것은 인용화자가 원화자가 발화한 문장을 객관적인 언어 사실로 나타내기 위한 통사적인 장치인 것이다.[12] 원화자가 발화한 문장을 객관화하기 위한 이러한 장치는 간접 인용문의 내포문이 갖는 통사론적 특징이기도 하지만, 마침법의 하위 범주를 체계화하는 데 적용되는 기준이 될 수 있다. 왜냐하면 간접 인용문의 내포어미에는 원화자와 인용 화자 어느 누구의 주관적인 태도도 반영되지 못하기 때문이다. 원화자가 처음 발화한 문장의 종결어미에는 청자에 대한 화자의 심리적 태도가 반영되지만, 그 문장이 간접 인용문의 내포문으로 안기게 되면 원화자의 심리적 태도는 중화되고 만다. 따라서 간접 인용문의 내포문에서는 종결어미의 형태가 중화되며 아울러 청자높임법의 등급도 중화되는 것이다.

화자가 문장의 명제 내용을 청자에게 자신의 심리적 태도를 실현하는 문법 범주가 마침법인데, 그 마침법을 실현하는 종결어미의 형태가 중화되는 간접 인용문의 내포문에는 인용 화자의 심리적 태도가 반영되지 못한다. 간접 인용문의 내포문에 인용 화자의 심리적 태도는 물론 원화자의 심리적 태도마저 반영되지 못하여 중화된 종결어미의 형태가 선택된다면, 그것은 객관화된 언어 표현으로 볼 수 있다. 화자의 심리적 태도가 반영되지 않은 객관화된 언어 표현은 객관화된 통사적 장치에 의한 결과로 해석할 수 있으며, 간접 인용문의 내포문이 바로 그런 장치라 할 수 있을 것이다. 따라서 우리는 간접 인용문의 내포문에서 중화되는 종결어미의 형태를 바탕으로 마침법의 하위 범주를 체계화하기 위한 통사론적 층위의 기준으로 삼고자 한다.

문장을 끝맺는 마침법의 하위 범주를 체계화하기 위한 통사론적 층위의 기준은 아래 (9)와 같이 정리할 수 있다.

---

12) 임홍빈(1987)에서는 간접 인용이, 직접 인용이 가지는 원소적인 특징을 그대로 가진다는 점에서 간접 인용을 '추상적인 직접 인용'이라 하였다.

(9) 통사론적 충위의 마침법 체계화의 기준 : 간접 인용문의 내포문어미

　다음에는 (5)~② 의미론적 충위의 기준을 살펴보기로 한다. 마침법의 하위 범주를 체계화하기 위한 방법의 하나는 마침법을 실현하는 종결어미의 의미를 기준으로 삼는 것이다. 종결어미의 의미는, 자율언어학의 관점에서 보면 그 어미의 형태 자체가 가지고 있는 의미라고 볼 수 있으나, 인지언어학의 관점에서 보면 종결어미의 형태가 갖는 의미는 그 어미를 선택하는 화자의 심리적 태도와 깊이 관련된 것으로 볼 수 있다. 후자의 관점에서는 화자가 가지고 있는 심리적 태도를 나타내는 문법 요소가 곧 그에 의해 선택되는 종결어미의 형태라는 것이다.

　화자의 심리적 태도가 반영된 종결어미의 형태 모두에 대한 의미를 열거하는 것은 일반적인 체계화를 위해 바람직한 방법이 아니다. 기본적이고 포괄적인 요소에 의한 갈래가 바람직한 체계라고 할 경우, 문장의 명제 내용을 청자에게 표현하는 화자의 심리적 태도를 추상하여 몇 가지 항목으로 자질화하는 것이 가장 좋은 방법이 될 것으로 본다. 어떤 언어 단위에 대한 의미 분석은 그것의 의미 자질 또는 의미 성분을 명세화하여 그 언어 단위에 대한 개념을 나타내는 것이 보편적이기 때문이다.

　화자가 청자에게 전달하고자 하는 명제 내용을 어떤 태도로 표현하느냐는 마침법을 실현하는 종결어미에 의해 드러나는데, 청자에 대한 화자의 심리적 태도는 크게 두 가지로 상정할 수 있다. 하나는 화자 자신의 생각을 청자에게 그냥 전달하는 경우이고, 다른 하나는 화자가 청자에게 뭔가를 바라는 뜻을 전달하는 경우일 것이다. 전자의 경우는 화자가 청자에 대해 직접적인[13] 바람의 뜻이 전달되지 않는 반면, 후자의 경우는 청자에 대해

---

13) 화자의 직접적인 바람의 뜻이 전달되지 않는 경우, '직접적'이라고 말한 것은 간접적으로는 화자의 바람의 뜻이 전달될 수도 있기 때문이다. 예컨대 '날씨가 덥

화자의 바라는 뜻이 직접적으로 전달된다. 청자에 대해 화자의 직접적인 바람의 뜻이 전달되지 않는 심리적 태도를 의미자질로 나타내면 [—요구]가 될 것이고, 화자의 직접적인 바람의 뜻이 청자에게 전달되는 심리적 태도를 의미자질로 나타내면 [+요구]가 될 것이다.14) 이런 기준을 설정할 경우, 화자가 명제 내용을 청자에게 표현할 때는 어떤 요구를 가지지 않는 [—요구]의 자질과 어떤 요구를 가지는 [+요구]의 자질로 크게 나뉘어진다. 즉 어떤 문장이든지 화자는 청자에 대해 [—요구]로 표현하든지 [+요구]로 표현하든지 어느 한 경우를 가지게 된다는 것이다. 청자에 대해 화자가 아무런 요구를 하지 않은 채 명제 내용을 전달하는 경우는 문제가 다시 제기되지 않겠지만, 만약 어떤 요구를 청자에게 하는 경우에는 그 요구의 내용이 무엇이냐에 따라 다시 더 작게 나뉘어질 수 있다.

즉 화자가 청자에게 [+요구]의 자질을 가지는 경우에는 [요구]의 내용을 어떻게 나눌 것이냐가 문제이다. 청자에게 드러내는 화자의 요구 내용은 실로 다양할 수 있는데, 그 다양한 요구 내용을 간명하게 포괄할 수 있는 의미자질을 설정해야 한다. 요구의 사전적15) 의미는 ①받아야 할 것을 필요에 의하여 청함 ②어떤 행위를 할 것을 청함 ③유기체의 행동을 일으키게 하는 생활체의 내부 원인 등이다. 이러한 사전적 의미는 요구 그 자체의 의미일 뿐, 화자가 청자에게 바라는 모든 내용은 아니다. 하지만 사전적 의미의 두 번째는 어떤 행동을 할 것을 청하는 것이 요구라고 풀이하고 있다. 따라서 청자에 대한 화자의 요구는 어떤 행동을 요구하는 경우와 행동에 대한 요구가 아닌 경우의 두 가지로 나뉘어질 수 있다. 화자의 청자에 대한 요구 내용이 어떤 행동일 경우와 그렇지 않은 경우가 있겠는데, 전자와 후

다'라는 문장이 화자의 어떤 직접적인 바람의 뜻이 전달되지는 않았지만, 이 문장을 발화한 화자의 의도가 청자로 하여금 선풍기를 돌려주기를 간접적으로 바랄 수 있기 때문이다.

14) 이러한 우리의 설명은 권재일(1992)를 전제한다.

15) 표준 국어 대사전(1999:4601)을 참조함.

자는 뚜렷이 구별된다. 어떤 행동을 요구하는 경우는 청자에게 어떤 행동을 수행할 것을 화자가 요구하는 것인 반면, 어떤 행동을 요구하지 않는 경우는 청자로 하여금 화자가 모르는 정보에 대한 대답을 요구하게 된다. 화자가 청자에게 어떤 행동을 수행할 것을 요구하는 것은 [+행동]이라는 의미자질로 나타낼 수 있으며, 화자가 청자에게 자신에게 필요한 정보를 대답해 줄 것을 요구하는 경우는 [+대답]이라는 의미자질로 나타낼 수 있을 것이다.

화자의 요구 내용을 [+행동]과 [+대답]으로 의미를 자질화하면 마침법은 3가지의 하위 범주로 나뉘어진다. 즉 청자에 대해 화자가 갖는 태도가 [—요구]인 경우가 그 한 가지이고, 나머지는 화자의 태도가 [+요구]이되 [+행동]의 요구인 경우와 [+대답]인 경우의 두 가지이다. 청자에 대한 화자의 [—요구]는 서술법이라 부르고, [+요구][+행동]은 명령법이라 부르며, [+요구][+대답]은 의문법이라 부른다. 마침법의 하위 범주를 의미자질에 따라 이렇게 처리하면, 마침법의 하위 범주는 서술법, 명령법, 의문법 등 3가지로 체계화될 수 있다. 이러한 체계는 화자가 청자에게 명제 내용을 어떤 태도로 나타내느냐를 의미 자질이라는 기준에 의해 설정한 것이므로, 객관성과 타당성을 가지는 것으로 본다. 마침법의 하위 범주를 서술법, 의문법, 명령법의 3가지로 체계화하면, Lyons(1977:745)에서 체계화한 내용과 일치한다.

명령법은 청자에 대해 [+요구][+행동]의 의미자질을 갖는 마침법이다. 청자에 대해서 어떤 행동을 수행해 줄 것을 화자가 요구할 수 있지만, 청자를 포함하여 화자 자신에 대해서도 어떤 행동을 수행해 줄 것을 요구할 수도 있다. 그렇다면 요구를 받는 대상이 청자쪽인 경우와 청자와 화자인 경우가 있을 수 있다. 화자의 요구를 받는 대상이 청자쪽이든 청자와 화자쪽이든 [+요구][+행동]을 요구하는 것은 마찬가지다. 청자에 대한 화자의 요구가 [+행동]으로 그 두 경우가 동일한 의미 자질을 갖는다고 하더라도,

요구의 대상이 청자쪽만이냐 아니면 화자를 포함한 청자쪽이냐는 상당히 다르다. 언어의 표현이 단독적 장면과 상관적 장면에서 모두 실현 가능하지만, 상관적 장면에서 언어 표현이 실현되는 것이 더 보편적이다. 그렇다면 화자의 행동 수행의 요구가 청자를 대상으로 하는 것이 일반적인 현상이라 할 수 있다. 실제로 화자가 청자쪽에만 행동을 수행할 것을 요구하는 경우에는 그 대상이 청자이고, 화자와 청자쪽에 어떤 행동을 수행할 것을 요구할 경우에도 그 대상에는 청자가 포함되어 있다. 따라서 화자가 어떤 행동을 수행할 것을 요구하는 대상으로 청자가 화자보다 더 핵심 대상임을 알 수 있다.

　이런 사실을 감안하면 [+요구][+행동]의 의미자질을 갖는 마침법은 분명히 명령법으로 대표될 수 있으며, 마침법은 크게 서술법, 명령법, 의문법으로 체계화됨이 마땅한 것으로 보인다. 그럼에도 불구하고 그 두 경우를 명령법으로 묶지 않고 명령법과 청유법으로 분리하는 것이 의미론적 층위의 기준에서는 반드시 합당한 분류라고 말하기 어렵다. 하지만 화자가 행동을 수행해 줄 것을 요구하는 대상이 청자쪽의 경우와 화자와 청자쪽인 경우를 구별하지 않고 하나의 범주로 묶는 방법에도 문제가 없는 것이 아니다. 왜냐하면 언어는 화자와 청자 사이에 주고받는 매개체인데, 그 두 쪽이 분리되는 것과 두 쪽이 하나로 묶여지는 것은 상당한 차이가 있기 때문이다. 화자와 청자의 두 쪽이 행동 수행의 요구 대상인 경우를 명령법과 분리하여 청유법의 범주로 설정하는 것은, 서술법, 의문법, 명령법 등으로 분류하는 기준의 차이만큼 크지 않은 점이 있는 것을 부인할 수 없다. 이러한 문제점이 있음에도 청유법을 명령법과 분리하는 방법이 그 둘을 하나의 범주로 묶는 분류 방법에 비해 더 합리적이고 설득력 있는 설명을 덧붙이기가 현재로는 어렵다. 하지만 화자에 의한 [+행동]의 요구 대상이 청자에게 국한되는 경우와 청자와 화자 모두인 경우는 분명하게 구별되는 것은 사실이다. 따라서 화자가 요구하는 [+행동]이 청자에게 국한되는 경우와 청자와 화자 모두에게 해당하는 경우를 분리하여 처리하기로 한다.

　마침법의 하위 범주를 체계화하기 위한 의미론적 층위의 기준은, 마침법의 개념에 근거하여 청자에 대한 화자의 심리적 태도를 의미자질로 나타낸 몇 가지를 설정할 수 있다. 즉 청자에 대한 화자의 바라는 뜻을 의미 자질화한 [―요구][+요구], [+행동][+대답], [청자][청자+화자] 등이 그 기준이 될 수 있다. 마침법의 하위 범주 체계화를 위한 의미론적 층위의 기준을 (10)과 같이 나타낼 수 있다.

> (10) 의미론적 층위의 마침법 체계화의 기준 : [+요구][―요구]
> [+행동][+대답]
> [청자][청자+화자]

　마침법을 체계화하기 위한 통사론적 층위의 기준과 의미론적 층위의 기준은 (9)와 (10)으로 각각 정리할 수 있다. 이제 (5)~③형태론적 층위의 기준과 (5)~④음운론적 층위의 기준을 함께 살펴보기로 한다.

　형태론적 층위의 기준은 마침법을 실현하는 종결어미의 형태 분석을 통해 설정해야 한다. 이러한 방법은 매우 기본적인 작업이 될 수 있음에도, 지금까지 종결어미의 형태 구조에 대한 분석의 결과를 토대로 마침법의 하위 범주를 체계화하려는 시도는 그리 많지 않았다. 고영근(1974)과 서태룡(1985), 김태엽(1992, 1996) 등에서 종결어미의 형태 구조에 관심을 둔 형태 분석이 이루어진 것이 그나마 다행이다.

　고영근(1974:299)에서는 특별한 분류 기준을 세우지 않은 채, 마침법을 설명법, 의문법, 감탄법, 명령법, 허락법, 공동법, 약속법, 경계법 등 8가지의 하위 범주로 구분할 것을 가정하였다. 그리고는 마침법의 하위 범주에 속하는 종결어미의 형태를 분석하여 각 마침법을 대표하는 기본적인 형태소를 추출하였다. 거기에서는 어느 한 청자높임법에 귀속시키지 않은 기본형을 제시하였는데, 설명법은 '~다', 의문법은 '~냐', 감탄법은 '~구나', 명령법은 '~라', 허락법은 '~라16), 공동법은 '~자', 약속법은 '~마', 경계법은 '~ㄹ라' 등이 각 마침법의 기본적인 형태소라고 기술하였다. 이러한 분류는 기준이 불분명한 관계로 그 분류의 타당성이 검증되어야 한다. 우선 마침법의 하위 범주를 청자높임법의 여러 등급에 따라 분류한 고영근(1974)에서 도표로 제시한 내용을 살펴보면 두드러진 문제점을 지적할 수 있다. 즉 어떤 마침법은 청자높임법의 각 등급에 해당하는 종결어미의 형태가 모두 채워져 있으나, 어떤 마침법은 청자높임법의 등급에 따라 해당하는 종결어미의 형태가 채워지지 않은 곳이 많다. 청자높임법의 등급을 9단계로 구분하였는데, 감탄법, 허락법, 약속법, 공동법 등은 빈칸으로 남아 있는 청자높임법의 등급이 4~6개나 된다. 마침법을 실현하는 종결어미의 형태가 청자높임법의 각 등급을 채우지 못하고 빈칸으로 남아 있는 비율이 약 50% 이상이라면, 그 마침법을 과연 독립된 하위 범주로 인정할 수 있느냐가 다시 검토되어야 할 것이다.

감탄법과 경계법의 경우에는 청자높임법의 9등급 중에서 6등급이 빈칸이고, 허락법은 5등급이 빈칸이며, 약속법은 4단계가 빈칸이다. 청자높임법의 각 등급에 따라 종결어미의 형태가 반 정도라도 존재하지 않는다는 것은, 그것에 해당하는 마침법은 사실 독립된 마침법의 하위 범주로 인정받기 어렵다고 본다. 종결어미는 마침법과 청자높임법을 동시에 실현하는 문법 요소이기 때문에, 그 두 범주를 만족시키는 종결어미의 형태가 존재하지 않음은 곧 마침법의 하위 범주 설정에 문제가 있든지 아니면 청자높임법의 등급 설정에 문제가 있는 것으로 보아야 한다. 형태론적 층위에서 마침법의 하위 범주를 체계화하는 데 있어서, 마침법과 청자높임법의 두 범

---

16) 이른바 허락법의 '~라'는 단순문의 종결어미로는 실현되지 못하고 간접 인용문으로 내포될 경우, 내포어미로 '~라'가 실현되는 것으로 보인다. 그렇다면 과연 '~라'를 허락법의 기본적인 형태소라 말할 수 있을지에 대해서는 재고를 필요로 한다.

주를 동시에 실현하는 종결어미의 형태가 존재하느냐 존재하지 않느냐는
매우 중요한 요인이 될 수 있다.

고영근(1974)에서 제시한 도표 내용을 중심으로 해석하게 되면, 감탄법,
경계법, 허락법, 약속법 등은 마침법의 하위 범주로 설정되기 어렵다는 사
실이 자연스럽게 드러나고 만다. 그 도표에 따르면 설명법과 의문법은 모
든 청자높임법의 등급에 해당하는 종결어미의 형태가 채워져 있으나, 명령
법과 청유법의 경우에는 각각 1개와 3개의 빈칸이 있다. 청유법은 명령법
에 비해 독립성이 좀 약하지만, 그래도 80%정도 채워져 있다. 따라서 고영
근(1974)에서 논의된 결과를 하나의 도표로 요약한 내용을 통해, 우리는 마
침법은 서술법, 의문법, 명령법, 청유법의 4가지로 체계화되는 것이 타당하
다고 본다.

한편 서태룡(1985)에서는 마침법의 하위 범주를 서술법, 의문법, 명령법,
청유법, 약속법 등 5가지로 나누면서, 그 분류의 기준에 대해서는 언급이
없었다. 하지만 마침법의 하위 범주를 분류하는 데 따른 몇 가지 문제를
제기하였다. 첫째는 왜 동일한 하나의 형태소가 서술법, 의문법, 명령법, 청
유법, 약속법 등으로 분류되어야 하느냐의 문제이고, 둘째는 문장을 종결
하는 통사론적 기능을 담당하는 어말의 정동사어미에 의한 의한 청자높임
법의 체계는 무엇인가의 문제이며, 셋째는 그 형태나 의미에 있어 정동사
어미는 동명사어미나 부동사어미와 어떤 관련성이 있는가의 문제이다.

그와 같은 문제들을 해결하기 위해 서태룡(1985)에서는 동일한 형태소는
동일한 문법 기능을 수행한다는 원칙을 전제하고, 중세 국어와 현대 국어
의 종결어미 형태를 정밀하게 분석하는 작업을 시도하였다. 그 결과 종결
어미의 형태 분석 결과와 국어의 종결어미 형태소를 각각 도표로 제시하였
는데(서태룡:1985,188), 분석된 형태소는 이 글의 제2장에서 우리가 제안한
문장종결소와 흡사한 면이 있긴 하나 그것과 동일하지는 않다. 그는 청자
높임법의 등급을 6가지로 나누었으며, 각 등급을 대표하면서 동시에 모든

마침법의 범주에 공통되는 형태소를 추출해 내고자 했다. 즉 '~아/어'는 이른바 해라체의 청자높임법을 실현하는 모든 마침법에 두루 통용되는 형태소이고, '~이'는 하게체의 청자높임법을 실현하는 모든 마침법에 두루 통용되는 형태소이며, '~소'는 하오체의 청자높임법을 실현하는 모든 마침법에 두루 통용되는 형태소이다. 그리고 선어말어미 '~습/읍~'과 '~이~'는 합쇼체와 하소서체의 청자높임법을 실현하는 모든 마침법에 두루 통용되는 형태소이고, '~아/어', '~지', '~게' 등은 반말의 청자높임법을 실현하는 모든 마침법에 통용되는 형태소라고 정리하였다.

서태룡(1985)에서 종결어미의 형태를 정밀하게 분석한 결과를 토대로 마침법과 청자높임법의 문제를 해결코자 한 점은 바람직한 방법으로 생각되지만, 거기에도 몇 가지 문제가 제기될 수 있다. 첫째는 어느 하나의 형태소가 모든 마침법의 하위 범주에 통용되는 것으로 처리한 점이다. 그가 설명한 대로 따르게 되면, 분석된 형태소에 의해 실현되는 마침법의 여러 하위 범주에 걸친 차이를 찾을 수가 없다. 서태룡(1985)의 논의에 의하면 모든 마침법에 공통되는 형태소에 의해 마침법이 서로 변별되는 것이 아니고, 그 형태소의 앞에 결합되는 선어말어미에 의해 변별되는[17] 것으로밖에 해석할 수 없다. 그렇다면 굳이 어느 한 청자높임법의 등급을 실현하면서 모든 마침법에 통용되는 형태소의 분석이 특별한 의미를 가지지 못하고, 그것은 오히려 청자높임법의 등급 차이를 설명하기 위한 기본적인 자료로 유효할 것이다. 둘째, 그의 논의에서 이해하기 힘든 또 하나는 어느 한 청자높임법의 등급을 실현하는 형태소가 여러 개 있다는 것이다. 즉 합쇼체와

---

17) 실제로 선어말어미에 의해 마침법의 하위 범주가 변별되는 경우가 없지 않다. 예컨대 서술어미 '~습니다'와 청유어미 '~습시다'는 문장종결소 앞에 결합된 문법 요소에 의해 마침법이 결정된다. 그러나 거의 대부분의 종결어미의 형태는 그것을 이루는 어미구조체의 문장종결소에 의해 마침법이 결정되므로, 예외적인 듯한 한 두 가지의 경우를 일반화하기는 어렵다고 본다. 이 문제에 대해서는 뒤에서 자세하게 논의할 것이다.

하소서체 그리고 반말의 경우에는 각각 두 개 이상의 형태소가 관여하는 것으로 처리하고 있다. 그러니까 문법의 체계화를 위한 기본적인 잣대의 일관성이 지켜지지 않았다는 점이다. 다른 등급의 청자높임법을 실현하는 형태소는 어말어미에 의한 것으로 설명하면서 하필 합쇼체와 하소서체의 경우는 어말어미에 의하지 않고 선어말어미에 의한 것의 이유가 불분명하다.

그리고 김태엽(1996)에서는 경북말을 대상으로 청자높임법을 논의하면서 종결어미의 형태를 가능한 정밀하게 분석하고, 분석된 결과를 토대로 청자높임법과 마침법의 하위 범주를 체계화하고자 했다. 김태엽(1996:49)에서는 재분석 방법에 의해 종결어미의 형태를 이루는 어미구조체를 추출하고, 그 어미구조체의 구성 요소로 관여하는 문장종결소에 따라 마침법의 하위 범주를 나누었다. 그런 방법은, 문장의 끝에 결합하여 어떤 하나의 마침법을 실현하기 때문에 그 종결어미를 그 마침법에 속하는 것으로 처리해 온 종래 대부분의 논의들과는 상당하게 다른 태도라고 할 수 있다. 그러나 그의 논의에서도 문제가 제기될 수 있다. 예컨대 갖춘 형태에 해당하는 종결어미의 경우에는 그 형태를 이루는 어미구조체에 관여하는 문장종결소에 의해 마침법의 하위 범주를 결정할 수 있으나, 기능 전용 형태에 해당하는 종결어미는 그와 같은 방법으로 마침법을 결정할 수 없는 한계가 있다. 물론 그런 형태의 경우에는 발화 상황에 기대어 청자높임법의 등급이 결정될 수 있을 것이다.

하지만 종결어미의 형태에 의해 실현되는 마침법의 하위 범주를 체계화할 경우에, 그 형태의 내적 구조에 주목하는 형태론적 층위의 논의에서 그러한 방법을 배제하기 어렵다고 본다. 왜냐하면 기능 전용 형태의 종결어미인 경우에는 갖춘 형태의 경우와는 달리 음운론적 문장종결소가 관여함으로써 어느 하나의 마침법을 실현하기 때문이다. 결국 모든 종결어미의 형태는 그 형태에 관여하는 문장종결소에[18] 의해 어느 하나의 마침법을 실현하게 되는 것으로 설명이 가능하다.

아래의 (11)에 대해 살펴보기로 한다.

> (11) ㄱ. '~다', '~네', '~는데요', '~습니다'
>   ㄴ. '~냐', '~ㄴ가', '~으려고요', '~습니까'
>   ㄷ. '~라', '~게', '~어요', '~습시오'
>   ㄹ. '~자', '~세', '~지요', '~습시다'

위의 (11)에서 서술법, 의문법, 명령법, 청유법 등의 마침법을 각각 실현하는 것으로 보이는 종결어미의 형태를 열거하였다. (11)에 제시한 종결어미의 형태 중에는 갖춘 형태도 있고 기능 변동 형태와 기능 전용 형태도 있다. 갖춘 형태의 종결어미는 그 형태를 이루는 어미구조체의 구성 요소에 본디부터 마침법을 실현하는 문법 요소가 관여하고 있다. 그러나 기능 변동 형태를 이루는 어미구조체에는 본디부터는 문장종결소가 관여하지 않았지만, 그 어미구조체의 구성 요소 중 어느 한 요소의 기능이 변동함으로써 마침법을 실현하게 된 것이다. 그리고 기능 전용 형태의 종결어미는 그 형태를 이루는 어미구조체의 구성 요소에 마침법을 실현하는 형태적 요소가 관여하지 않는 대신 음운론적 문장종결소가 관여함으로써 종결어미의 기능으로 전용된다.

(11ㄱ)의 '~다', (11ㄴ)의 '~냐', (11ㄷ)의 '~라', (11ㄹ)의 '~자' 등은 문장종결소가 그대로 종결어미의 형태를 이루고 있으나, 그 밖의 종결어미 형태는 두 요소 이상이 그 형태의 어미구조체의 구성을 이루고 있다. (11ㄱ)의 '~네', (11ㄷ)의 '~게', (11ㄹ)의 '~세'는 모두 기능 변동 형태에 속하는

---

18) 문장종결소에는 형태론적 문장종결소와 음운론적 문장종결소가 있는데, 전자는 종결어미의 형태 구성에 유형으로 관여하지만, 후자는 종결어미의 형태 구성에 무형으로 관여하기 때문에 음운론적 문장종결소의 관여는 형태론적 층위의 분석이 불가능하다.

종결어미인데, 이들 형태는 각각 '느+이+∅', '거+이+∅', '사+이+∅'와 같이 그 어미구조체를 재분석할 수 있다. 이들 어미구조체의 구성에는 문장종결소가 '∅'로 분석되는 바, 그 앞의 요소인 청자높임소 '~이~'가 '~이'로 기능이 변동함으로써 종결어미의 기능을 수행하게 된다. 그래서 종결어미 '~네', '~게', '~세' 등의 형태를 각각 '느+이', '거+이', '사+이'와 같이 그 어미구조체를 분석할 수도 있겠으나, 이렇게 분석하는 것은 '~이~'의 기능이 '~이'로 변동한 뒤의 형태에 대한 어미구조체이므로 본디 어미구조체라고 말하기 어렵다.

(12) 에서 그것을 다시 살펴보기로 한다.

   (12) ㄱ. '~네' → '느+이+∅' > '느+이'
      ㄴ. '~게' → '거+이+∅' > '거+이'
      ㄷ. '~세' → '사+이+∅' > '사+이'

종결어미 '~네', '~게', '~세' 등의 형태를 이루는 어미구조체를 (12)와 같이 ' > '의 좌우 두 유형으로 분석할 수 있다. ' > '의 좌측의 경우 문장종결소가 '∅'으로 관여하는 어미구조체는 청자높임소 '~이~'가 '~이'로 기능 변동하기 이전의 상태를 보여주는 반면, ' > '의 우측의 경우 문장종결소가 '~이'로 관여하는 어미구조체는 청자높임소 '~이~'가 '~이'로 기능이 변동한 뒤의 상태를 보여준다. 논자에 따라 '~이~'가 기능 변동하기 이전의 어미구조체로 분석하기도 하고 '~이~'가 '~이'로 기능 변동한 이후의 어미구조체로 분석하기도 한다. 그러나 후자와 같이 분석하면 그 형태를 이루는 어미구조체의 어느 한 요소가 기능 변동함으로써 종결어미로 정착한 형태라는 사실을 명시적으로 설명하기 어려운 점이 있다. 따라서 우리는 종결어미의 형태 구조에 대한 정밀한 분석을 위해 청자높임소 '~이~'가 문장종결소 '~이'로 기능 변동하기 이전의 어미구조체로 분석한다.

　그리고 (11)에서 '~는데요', '~으려고요', '~어요', '~지요' 등의 종결
어미는 본디 '~요'가 결합하기 이전의 형태로서 다른 문법적 기능을 수행
하는 어말어미이지만, 그 기능이 종결어미로 전용된 뒤에 다시 '~요'가 결
합한 형태들이다. '~요'가 결합하기 이전의 이들 형태는 공시적으로 연결
어미로 기능하는데, 그 문법 기능이 전용되어 종결어미로도 기능한다. 연
결어미로 기능하는 경우와 기능이 전용되어 종결어미로 기능하는 경우에
형태 구조상으로는 아무런 차이가 없다. 그렇기 때문에 종결어미로 기능하
는 이들 형태에 대한 분석은 특별한 의의가 없으며, 단지 이들 형태에 얹히
는 수행~억양상의 차이가 있을 뿐이다. 즉 이들 형태가 종결어미로 기능
이 전용되어 실현될 경우에는 끊어짐의 수행~억양이 얹힌다. 이 경우의
수행~억양은 음운론적 층위의 요소로 마침법의 하위 범주를 결정하는 데
관여하는 것이다.

　아래 (13)을 살펴보기로 한다.

　　(13) ㄱ. 비가 오는데 어디 가느냐?
　　　　 ㄴ. 어디 가려고 바삐 서두느냐?
　　　　 ㄷ. 이 책을 읽어 보아라.
　　　　 ㄹ. 이 책은 읽지 마라.

　문장 (13)에서 '~는데', '~으려고', '~어', '~지' 등의 형태는 모두 연결
어미로 기능하므로, 이들 형태에는 음운론적 문장종결소인 이어짐의 수
행~억양이 얹혀진다. 하지만 이들 형태가 기능이 전용되어 종결어미로 기
능하는 아래의 문장 (14)에서는 음운론적 문장종결소라 할 수 있는 끊어짐
의 수행~억양이 얹힌다.

　　(14) ㄱ. 비가 많이 오는데/오는데요.

ㄴ. 어디 가려고/가려고요?

ㄷ. 빨리 뛰어/뛰어요.

ㄹ. 우리도 같이 가지/가지요.

　문장 (14)의 서술어에 결합된 종결어미는 연결어미에서 기능이 전용된 형태이므로, 그 형태 구조에 대한 분석을 통해서는 종결어미에 대한 어떤 문법적 정보도 제공하지 못한다. 따라서 이들 종결어미에 대해서는 그 형태에 얹히는 끊어짐의 수행~억양, 곧 음운론적 문장종결소에 의해 마침법의 하위 범주가 결정되는 것이다.

　이제 마지막으로 (11)의 '~습니다', '~습니까', '~습시오', '~습시다' 등의 형태를 살펴보기로 한다. 이들 형태를 이루는 어미구조체를 분석해 보면, 문장종결소 외에 다른 여러 요소들이 관여하고 있음을 알 수 있다.

　아래 (15)에서 이들 형태의 어미구조체를 분석한다.

(15) ㄱ. '~습니다' → '습+느+이+다'

　　ㄴ. '~습니까' → '습+느+이+까'

　　ㄷ. '~습시오' → '습+사+이+오'

　　ㄹ. '~습시다' → '습+사+이+다'

　(15)를 살펴보면, 이들 형태를 이루는 어미구조체에는 청자높임소 '~습~'과 '~이~'가 공통으로 관여하고 있음을 알 수 있다. 그리고 '~습니다'와 '~습니까'에는 직설의 서법소 '~느~'가 공통으로 관여하고 있으며, '~습시오'와 '~습시다'에는 이른바 청유법소 '~사~'가 공통으로 관여하고 있다. 따라서 '~습니다'와 '~습니까'는 문장종결소 '~다'와 '~까'의 차이에 의해 서로 다른 종류의 마침법을 실현하고, '~습시오'와 '~습시다'는 문장종결소 '~오'와 '~다'의 차이에 의해 서로 다른 종류의 마침법을 실현한다.

그런데 (15)와 같이 분석한 어미구조체에서 마침법의 체계화에 따른 문제점을 지적할 수 있다. 첫째는 '~습시오'와 '~습시다'의 변별 기준에 대한 문제이고, 둘째는 '~습니다'와 '~습시다'의 변별 기준에 대한 문제이다.

앞에서 마침법의 하위 범주를 체계화하기 위한 의미론적 층위의 기준을 논의하면서 명령법과 청유법은 명령법으로 묶여질 수 있음을 언급하였는데, (15)와 같이 '~습시오'와 '~습시다'의 어미구조체를 살펴보면 이른바 청유법소라 할 수 있는 '~사~'가 공통으로 관여하고 있다. 청유법소 '~사~'가 '~습시오'와 '~습시다'에 공통으로 관여하는 사실에 주목하면, 이 두 형태는 청유법으로 묶여질 수 있는 가능성을 배제하기 어렵다. 왜냐하면 이 두 형태에 관여하는 '~사~'는 청자에 국한된 요청이 아니고 청자와 화자 모두에게 요청하는 의미 특성을 가진 문법 요소이기 때문이다. 두 번째는 '~습니다'와 '~습시다'의 형태론적 변별인데, 두 형태를 이루는 어미구조체의 구성 요소에 전자에는 직설의 서법소 '~느~'가 관여하고 후자에는 청유법소 '~사~'가 관여하는 차이가 있을 뿐이다. 그러니까 이 두 형태는 문장종결소에 의한 마침법의 차이가 드러나지 않는 점이 특이하다. 이러한 사실에 주목하면 문장종결소에 의한 마침법의 분류에 문제점이 없지 않으나, 문장종결소를 갖춘 형태의 다른 경우에는 그런 예를 거의 찾아볼 수 없기 때문에 우리는 문장종결소의 유무에 따른 마침법의 분류 방법이 그 나름의 가치를 가지는 것으로 본다.

따라서 문장을 끝맺는 마침법의 하위 범주를 체계화하기 위한 형태론적 층위의 기준은 어느 하나의 잣대만을 적용하기 어렵다. 종결어미의 형태를 이루는 어미구조체에 관여하는 문장종결소의 유무가 일차적인 잣대이고, 그 어미구조체에 관여하는 다른 요소도 부차적인 잣대가 될 수 있을 것이다.

아래의 (16)과 (17)에서 형태론적 층위의 마침법 체계화의 기준과 음운론적 층위의 마침법 체계화의 기준을 정리한다.

(16) 형태론적 충위의 마침법 체계화의 기준 : 형태론적 문장종결소
(17) 음운론적 충위의 마침법 체계화의 기준 : 음운론적 문장종결소

우리는 지금까지 마침법의 하위 범주 체계화를 위해 (5)에서 제시한 4가지 기준, 즉 통사론적 충위의 기준, 의미론적 충위의 기준, 형태론적 충위의 기준, 그리고 음운론적 충위의 기준 등을 살펴보았다. 이 4가지 기준들은 각각 독자적인 가치를 가지면서 한편으로는 상호 보완적인 가치를 가진다. 예컨대 어느 하나의 기준에 의해 세워진 마침법의 체계화가 나머지 세 가지 기준에 의해 검증될 수 있다면, 처음 적용한 기준의 객관성을 인정받게 될 것이기 때문이다.

실제로 우리가 살펴본 4가지 기준 중에서, 어느 한 개의 기준만으로 마침법의 하위 범주를 제대로 체계화하기 어려운 점이 있음을 부분적으로 지적하였다. 의미론적 충위의 기준과 형태론적 충위의 기준을 설정하면서 부분적으로 문제점을 안고 있는 사실을 적시하였으며, 그리고 간접 인용문으로 내포시킴으로써 중화되어 나타나는 내포문어미에 따라 마침법을 체계화하는 통사론적 충위의 기준에 대해서도 드러나는 문제점을 제기할 여지가 없지 않다. 그럼에도 불구하고 각각의 기준은 그 나름의 객관성을 확보하고 있으며, 구체적인 근거에 의해 설정된 것이다.

따라서 앞에서 설정한 통사론적 충위의 기준, 의미론적 충위의 기준, 형태론적 충위의 기준, 그리고 음운론적 기준 등을 아래 (18)에서 다시 묶어서 정리하여 제시한다.

(18) 마침법 체계화의 기준
    ㄱ. 통사론적 충위의 기준 : 간접 인용문의 내포어미
    ㄴ. 의미론적 충위의 기준 : ①[+요구][—요구]
                          ② [+행동] [+대답]
                          ③ [청자] [청자+화자]

ㄷ. 형태론적 층위의 기준 : 형태론적 문장종결소
ㄹ. 음운론적 층위의 기준 : 음운론적 문장종결소

(18)은 마침법의 하위 범주를 체계화하기 위해 설정한 기준이다. (18)~ㄱ
의 통사론적 층위의 기준은, 원화자가 발화한 문장이 인용 화자에 의해 간
접 인용문으로 내포될 경우에 중화된 내포어미의 형태를 중심으로 마침법
을 체계화하는 기준을 말한다. 간접 인용문에 내포된 문장의 내포어미에는
원화자와 인용 화자 두 사람의 심리적 태도가 전혀 반영되지 않으므로, 그
내포어미는 중화된 형태로 실현된다. 따라서 간접 인용문이라는 통사적 장
치에 의해 도출된 중화된 내포어미는 마침법의 체계를 세우기 위한 통사론
적 층위의 객관적인 근거가 될 수 있다. 그리고 (18)~ㄴ의 의미론적 층위
의 기준은, 화자가 청자에게 문장의 명제 내용을 어떤 태도로 표현할 것이
냐에서 '어떤 태도'를 몇 가지의 의미자질로 나타낸 것이다. 이러한 의미자
질은 마침법의 개념에 근거하고 있어서, 종래의 앞선 연구자들이 주로 적
용해 온 것과 상당하게 비슷하다. 하지만 ㄴ~②에서 우리는 [+행동]과 [+
대답]을 설정하였는데, 이것은 앞선 연구자들이 설정한 [+행동수행][—행
동수행]과는 어느 정도의 차이가 있다. 앞선 연구자들이 설정한 의미자질
은 자질의 양분화에는 충실하게 적응하고 있으나, [—행동수행]이라는 의
미자질의 불명확성을 극복하지 못하고 있다. 따라서 좀더 구체적이고 명시
적인 의미자질의 표시가 필요하다고 보고 [—행동수행] 대신에 [+대답]을
설정하였다. (18)~ㄷ의 형태론적 층위의 기준은, 종결어미의 형태 구조에
대한 분석을 통해 그 형태가 종결어미로 기능하게 된 요소를 중심으로 설
정한 것이다. 종결어미의 형태를 이루는 어미구조체에는 문장을 끝맺는 기
능을 수행하는 형태론적 문장종결소의 기능에 의해 마침법이 결정된다. 따
라서 형태론적 층위의 기준에서는 종결어미의 형태를 이루는 어미구조체
의 구성에 관여하는 형태론적 문장종결소의 유무가 매우 중시된다. (18)~

리 의 음운론적 층위의 기준은 어떤 형태에 음운론적 문장종결소가 관여함
으로써 문장을 끝맺는 기능을 수행하는 음운론적 요소를 중심으로 설정한
것이다. 어떤 종결어미 형태의 경우에 형태론적 문장종결소에 의하지 않고
그 문장의 종결어미에 얹혀지는 수행~억양에 의해 마침법의 하위 범주가
결정된다. 그런 경우의 종결어미는 대개 다른 문법 기능을 수행하던 형태
가 종결어미로 기능이 전용된 것이 대부분이다. 음운론적 문장종결소는 그
것이 얹혀지는 형태에 의해 문장을 끝맺기도 하지만, 아울러 마침법의 어
느 하위 범주를 결정짓기도 하는 기능을 수행한다.

1.4.3 마침법의 체계

우리는 앞에서 마침법의 하위 범주를 체계화하기 위한 몇 가지의 기준
을 살펴보았다. 마침법의 체계를 세우기 위해 적용할 수 있는 기준에는 통
사론적 층위의 기준, 의미론적 층위의 기준, 형태론적 층위의 기준, 그리고
음운론적 층위의 기준 등의 4가지를 설정할 수 있다. 이 기준들은 각각 한
가지씩 적용할 수도 있고 여러 가지 기준을 동시에 적용할 수도 있을 것이
다. 여기에서는 각각의 기준을 독립적으로 인정하되 설명의 편의를 돕기
위해 종합적으로 적용하기로 한다. 이러한 태도는 언어가 통사적, 의미적,
형태적, 음운적인 존재라는 사실에 부합하도록 하기 위한 방법이며, 동시
에 부분과 전체를 통합하는 조화를 이루게 하기 위함이다.

이러한 방법과 태도는 Dik(1978)에서 제시한 언어 연구의 두 가지 접근
방법, 즉 형식론(formal paradigm)과 기능론(functional paradigm)[19] 중에서 어느
하나만을 취하지 않고, 그 두 가지 접근 방법을 모두 수용하자는 것이다.
언어의 형태를 결정하는 중요한 요소가 의미라는 기능론의 관점에서 보면,
언어의 형태를 부수적인 대상으로 생각할 수 있다. 그러나 언어의 의미가

---

19) 기능론에 대해서는 박승윤(1990, 2000)을 참조..

형태를 통해 표출되고 전달된다는 사실에 주목하게 되면, 형태없는 의미란 존재하기 어렵다. 따라서 우리는 언어의 의미와 형태에 대한 상호보완적인 접근 태도가 바람직할 것으로 본다.

이제 그 4가지의 기준을 하나씩 적용하여 마침법의 하위 범주를 분류해 보기로 한다. 먼저 통사론적 층위의 기준에 대해 살펴보자. 어떤 문장이든 간접 인용문으로 내포되면 그 내포어미가 '~다/ㄴ 다', '~냐', '~라', '~자' 등의 4가지 형태로 중화되어 나타난다. 앞에서 우리는 화자의 주관적 태도가 반영되지 않는 객관적인 통사적 장치가 간접 인용문의 내포문이라 하였다. 왜냐하면 간접 인용문에 내포된 문장의 내포어미에는 원화자와 인용 화자의 심리적 태도가 배제되기 때문이다. 따라서 통사론적 층위의 기준에 의하면 마침법의 하위 범주는 서술법(~다/ㄴ 다), 의문법(~냐), 명령법(~라), 청유법(~자) 등으로 체계화된다.

그러면 아래의 문장 (1)과 (2)를 살펴보자.

    (1) ㄱ. 비가 오고말고.
        ㄴ. 비가 오구나.
        ㄷ. 나도 거기에 가마.
        ㄹ. 너도 거기에 가렴.

(1)의 각 문장에는 '~고말고', '~구나', '~(으)마', '~(으)렴' 등의 종결 어미가 결합되어 있는데, 이들 종결어미의 형태를 보아서는 어떤 마침법을 실현하는지를 판단하기가 곤란하다. 그러므로 문장 (1)을 통사론적 층위의 기준으로 제시된 간접 인용문으로[20] 내포시켜 보기로 한다.[21]

---

20) 간접 인용문을 권재일(1992)에서는 완형 동사구 내포문이라 하였다.
21) (1)의 원화자를 철수라고 하자.

(2) ㄱ. 철수는 비가 온다고 말했다.
    ㄴ. 철수는 비가 온다고 말했다.
    ㄷ. 철수도 거기에 간다고 말했다.
    ㄹ. 나도 거기에 가라고 말했다.

위의 (2)는 (1)의 각 문장을 간접 인용문으로 내포시킨 문장인데, 각 문장의 내포어미는 '~ㄴ다'와 '~(으)라'로 중화되어 있음을 볼 수 있다. (2ㄱ)~(2ㄷ)의 '~ㄴ다'와 (2ㄹ)의 '~(으)라'의 형태에는 형태론적 문장종결소 '~다'와 '~라'가 관여하고 있어서, (1)의 각 문장에 결합된 종결어미가 (2)에서는 각각 서술어미와 명령어미로 중화된 사실이 드러난다. 이러한 현상에 근거하여 (1)의 각 문장에 결합된 종결어미 '~고말고', '~구나', '~(으)마'는 서술법을 실현하고 '~(으)렴'은 명령법을 실현하는 것으로 처리할 수 있다.

그런데 '~고말고'는 서술법을 실현하는 것으로 두루 알려져 있으나, '~구나'와 '~(으)마'는 각각 이른바 감탄법과 약속법을 실현한 종결어미로 처리하는 논자들이 더러 있다. 그리고 '~(으)렴'에 대해서는 이른바 허락법을 실현하는 종결어미라고 분류하는 논자들도 있다. 하지만 마침법의 체계화를 위해 세운 우리의 통사론적 층위의 기준에 의하면 문장 (2)와 같이 간접 인용문의 내포어미에는 이른바 감탄법, 약속법, 허락법 등이 독립적으로 존재하는 것으로 처리하기 어려운 현상이 드러난다. 왜냐하면 문제의 종결어미가 간접 인용문의 내포문어미로 나타날 때는 본디 형태가 아닌 다른 형태로 중화되기 때문이다. 간접 인용문의 내포어미에는 원화자와 인용화자의 심리적 태도가 전혀 반영되지 못하는데, 이러한 사실은 그 내포어미가 객관화된 통사 현상의 한 가지로 볼 수 있다. 따라서 간접 인용문의 내포어미를 기준으로 삼아 마침법의 하위 범주를 분류하는 방법이 통사론적 층위에서는 상당하게 설득력을 가지는 것이다.

한편 권재일(1992:110)에서는 이른바 감탄법과 약속법이 서술법에 귀속되는 하위 범주이지만, 감탄법보다는 약속법이 훨씬 독자성이 있는 하위 범주라고 기술하였다. 그 이유는 '~(으)마'가 간접 인용문의 내포어미로 나타날 때, '~다'와 '~(으)마' 두 가지로 나타나기 때문이라는 것이다.22) 그리고 의미론적 층위의 기준에 의하면 약속법은 행동수행성이라는 의미 특성을 가지는 점에서는 명령법과 청유법과 공통성을 갖지마는 명령법과 청유법과는 구별되는데, 그것은 청자에 대한 요구의 있고 없음에서 차이가 있는 사실과 간접 인용문으로 내포될 경우에 내포어미가 '~다'로 나타나는 사실 때문이라 하였다. 권재일(1992)의 이러한 설명은 약속법이 따로 독립된 마침법의 하위 범주로 설정될 수 없음을 지적한 것이다.

흔히 허락법을 실현하는 종결어미로 불리는 (1ㄹ)의 '~(으)렴'이 (2)와 같이 간접 인용문의 내포어미로는 '~(으)라'로 나타난다. 화자의 심리적 태도가 반영되지 않는 객관적인 통사적 장치라 할 수 있는 간접 인용문의 내포어미에 '~(으)렴'이 나타나지 않고 '~(으)라'가 나타나는 것은, '~(으)렴'이 명령법에 귀속될 수 있음을 보여주는 통사적인 근거이다. 실제로 명령법은 화자가 청자에게 명제 내용을 행동으로 수행할 것을 요구하는 행동수행성의 의미 특성을 가지고 있는 마침법인데, 이른바 허락법 역시 화자가 청자에게 문장의 명제 내용을 행동으로 수행해도 좋다는 행동수행성의 의미 특성을 가지고 있다. 따라서 통사론적 층위의 기준인 간접 인용문의 내포어미에 명령법을 실현하는 '~(으)라'가 나타나는 사실과 행동수행성이라는 의미 특성을 공유하고 있으므로, 허락법은 마침법의 하위 범주로 독립되기보다는 명령법에 귀속되는 것이 마침법 체계의 간명화를 위해 바람직한 방법이 될 것이다.

다시 문장 (3)과 (4)를 살펴보기로 한다.

---

22) '~으마'가 간접 인용문의 내포어미로 나타나는 예문을 이필영(1993)에서도 제시하였으나, 함께 수업을 하는 63명의 학생들로 하여금 예문을 들어보게 한 결과로는 '~으마'가 간접 인용문의 내포어미로 나타나는 경우가 전혀 없었다.

(3) ㄱ. 철수가 거기에 있을걸.
    ㄴ. 철수가 집에 없다며?
    ㄷ. 빨리 집에 가라고요.
    ㄹ. 집으로 가자니까.

　(3)의 각 문장에는 '~을걸', '~다며', '~(으)라고요', '~자니까' 등의 종결어미가 결합됨으로써 문장이 끝맺어졌다. 그런데 이들 문장의 마침법을 중립적으로 놓고 보면, 그 종결어미가 어떤 마침법을 실현하는지 쉽게 알 수 없다. 그런 경우에 통사론적 층위의 기준을 적용하면 각각 어떤 마침법을 실현하는 종결어미인지가 분명하게 드러난다. 문장 (3)의 화자를 '영수'로 상정하고 (3)의 문장을 간접 인용문으로 내포시킨 문장이 (4)이다.

(4) ㄱ. 영수는 철수가 거기에 있을 거라고 말했다.
    ㄴ. 영수는 철수가 집에 없느냐고 말했다.
    ㄷ. 영수가 빨리 가라고 말했다.
    ㄹ. 영수가 집에 가자고 말했다.

　문장 (4)의 내포어미로 '~라', '~느냐', '~라', '~자' 등이 선택되었다. '~라'는 서술의 문장종결소 '~다'의 이형태이며, 나머지는 각각 의문의 문장종결소 '~냐', 명령의 문장종결소 '~라', 청유의 문장종결소 '~자'가 종결어미로 기능하는 형태들이다. 문장 (3)을 (4)와 같이 간접 인용문으로 내포시킴으로써 '~을걸', '~다며', '~(으)라고요', '~자니까' 등이 모두 각각 서술법, 의문법, 명령법, 청유법을 실현하는 종결어미라는 사실이 다시 확인된다.
　그러면 동일한 음성 형태의 종결어미가 문장의 서술어에 결합된 아래의

(5)를 (6)과 함께 살펴보기로 한다.

> (5) ㄱ. 영수가 집에 갔어.
>　　ㄴ. 영수가 집에 갔어?
>　　ㄷ. 너도 집에 가.
>　　ㄹ. 우리도 집에 가.

　(5)의 각 문장에는 동일한 형태의 종결어미 '~어'가 결합되어 있다. 문장 (5)의 화자를 '철수'라 하고 (5)의 문장을 모두 간접 인용문으로 내포시킨 (6)을 보자.

> (6) ㄱ. 철수는 영수가 집에 갔다고 말했다.
>　　ㄴ. 철수는 영수가 집에 갔느냐고 말했다.
>　　ㄷ. 철수는 나도 집에 가라고 말했다.
>　　ㄹ. 철수는 우리도 집에 가자고 말했다.

　(5)에서는 동일한 형태의 종결어미 '~어'가 결합되어 있으나, 간접 인용문 (6)의 내포어미는 각각 '~다', '~느냐', '~라', '~자' 등으로 나타났다. (5)의 각 문장에 동일한 형태로 결합된 종결어미 '~어'는 (6)과 같이 간접 인용문으로 내포됨으로써 모두 중화된 형태로 바뀌었는데, 이것은 (5)의 각 문장에 결합된 '~어'가 서로 다른 마침법을 실현하고 있는 사실을 보여주는 것이다. (5ㄱ)의 '~어'는 서술법을, (5ㄴ)의 '~어'는 의문법을, (5ㄷ)의 '~어'는 명령법을, 그리고 (5ㄹ)의 '~어'는 청유법을 실현하는 종결어미라는 것이다. 물론 이러한 결과는 이미 화자의 심리적 태도가 음운론적 문장 종결소에 의해 종결어미 '~어'에 반영되어 있기 때문이다.
　아래의 문장 (7)을 다시 살펴보기로 한다.

(7) ㄱ. 비가 많이 오네.
    ㄴ. 비가 많이 오는가?
    ㄷ. 어서 집에 가게.
    ㄹ. 모두 같이 가세.

(7ㄱ)의 '~네', (7ㄷ)의 '~게', (7ㄹ)의 '~세' 등은 기능 변동 형태의 종결어미이고, (7ㄴ)의 '~ㄴ가'는 갖춘 형태의 종결어미이다. 문장 (7)이 간접 인용문의 내포문으로 안기게 되면 내포어미가 모두 중화된 형태로 나타나는 것을 아래의 문장 (8)에서 볼 수 있다.

(8) ㄱ. 철수는 비가 많이 온다고 말했다.
    ㄴ. 철수는 비가 많이 오느냐고 말했다.
    ㄷ. 철수는 어서 집에 가라고 말했다.
    ㄹ. 철수는 모두 같이 가자고 말했다.

다시 문장 (9)와 (10)을 비교해 보기로 하자.

(9) ㄱ. 철수가 어제 왔습니다.
    ㄴ. 철수가 어제 왔습니까?
    ㄷ. 저기 앉으십시오.
    ㄹ. 같이 앉으십시다.

(10) ㄱ. 영수는 철수가 어제 왔다고 말했다.
     ㄴ. 영수는 철수가 어제 왔느냐고 말했다.
     ㄷ. 영수는 저기 앉으라고 말했다.
     ㄹ. 영수는 같이 앉자고 말했다.

문장 (9)의 서술어에 결합된 종결어미는 모두 갖춘 형태인데, 간접 인용

문 (10)의 내포어미에는 각각 '～다', '～느냐', '～으라', '～자' 등의 형태로
중화되고 말았다.

지금까지 (1)～(10)에서 살펴본 바, 모든 형태의 종결어미가 간접 인용문
의 내포문에서는 중화된 형태로 나타나는 사실을 알 수 있다. 갖춘 형태이
든, 기능 변동 형태이든, 기능 전용 형태이든 어떤 유형의 종결어미이든 간
접 인용문의 내포문에서는 모두가 4가지 종류의 형태로 중화됨을 보았다.
이것은 마침법의 체계화를 위해 설정한 통사론적 층위의 기준을 중심으로
적용하되, 음운론적 층위의 기준과 의미론적 층위의 기준도 부분적으로 적
용된 결과이다. 따라서 마침법의 하위 범주가 서술법, 의문법, 명령법, 청유
법 등의 4가지 종류로 분류되는 것이 타당한 것이다.

이상에서 살펴본 내용을 토대로 통사론적 층위의 기준에 의해 마침법의
하위 범주를 체계화하면 (11)과 같이 나타낼 수 있다.

    (11) 통사론적 층위의 기준에 의한 마침법의 체계
       ㄱ. 기준 : 간접 인용문의 내포어미
       ㄴ. 체계 : ① 서술법(～다)
              ② 의문법(～냐)
              ③ 명령법(～라)
              ④ 청유법(～자)

다음에는 의미론적 층위의 기준을 살펴보기로 한다.

이 기준은 앞선 논자들이 이미 보편적으로 적용하여 그 실증성을 두루
인정받고 있는데, 그것은 화자의 심리적 태도가 종결어미의 형태 결정을
상당하게 좌우하기 때문이다. 화자의 심리적 태도는 곧 화자가 드러내고자
하는 의미이고, 그 의미를 실현하기 위해 구체적인 문법 형태가 필요하다.
따라서 어떤 종결어미의 형태가 선택되느냐는 화자의 심리적 태도에 달려
있으므로, 화자의 청자에 대한 태도를 의미 자질로 나타낸 의미론적 층위

의 기준은 매우 설득력이 있는 기준이라 할 수 있다.

우리가 앞에서 의미론적 층위의 기준으로 [+요구][—요구], [+행동][+대답], [청자][청자+화자] 등 6가지의 의미 자질을 설정하였는데, 앞에서 (1)~(10)을 살펴본 종결어미에 대해 이 기준을 다시 적용시켜 보기로 한다. 통사론적 기준에 의해 4가지 종류로 분류된 종결어미의 형태를 의미론적 층위의 기준을 통해 여기에서 다시 살펴본다.

> (12) ㄱ. : '~고말고', '~을걸', '~어', '~네', '~습니다', '~구나',
>   '~으마'
>   ㄴ. : '~다며', '~어', '~ㄴ가', '~습니까'
>   ㄷ. : '~으렴', '~라고', '~어', '~게', '~습시오'
>   ㄹ. : '~자니까', '~어', '~세', '~습시다'

(12)는 앞의 (1)~(10)에서 살펴본 4가지 종류의 마침법에 속하는 종결어미의 형태를 열거한 것이다. 의미론적 층위의 기준을 적용하여 (12)에서 열거한 내용의 타당성을 검증하는 방법을 취하기로 한다. 화자가 청자에게 어떤 요구도 하지 않는 마침법은 [—요구]의 의미 자질을 가지며, 이 의미 자질을 갖는 마침법은 서술법이다. 따라서 (12ㄱ)의 종결어미 형태는 모두 [—요구]의 의미 자질을 가지는 서술어미이다.

(12ㄱ)의 '~고말고'는 문장의 명제 내용이 틀림없음을 강조하여 나타내는 종결어미의 형태이고, '~을걸'은 화자 자신이 과거에 한 일에 대해 뉘우침을 나타내거나 앞으로 다가올 일에 대한 추리를 나타내는 종결어미의 형태이다.[23] '~어'는 음운론적 문장종결소에 의해 서술법을 실현하는데, 문장의 명제 내용을 사실로 인식할 때 문장 내용의 사실성을 보장하는 의미를 가지는 종결어미의 형태이며[24], '~네'는 문장의 명제 내용을 새로 알

---

23) 허웅(1995:603)을 참조.
24) 고창운(1995:148).

게 됨을 나타내기도 하고, 문장의 명제 내용을 청자에게 알리는 의미를 나타내기도 하는 종결어미의 형태이다.[25] '~습니다'는 문장의 명제 내용을 사실로 인식할 때, 명제 내용의 사실성을 보장하는 의미를 나타내는 종결어미이며(고창운:1995,90), '~구나'는 문장의 명제 내용을 새로 알게 된 것임을 나타내는 종결어미의 형태이다. 그리고 마지막의 '~으마'는 문장의 명제 내용을 행동으로 수행할 것을 청자에게 약속하여 나타내는 의미를 가진 서술어미의 형태이다. (127)에 열거한 종결어미의 형태에 대한 의미를 살펴본 바, 그들 형태 모두가 화자의 청자에 대한 [—요구]라는 공통의 의미 자질을 가진다. 따라서 (127)의 형태는 모두 서술법을 실현하는 종결어미에 속하는 것으로 볼 수 있다.

한편 허웅(1995:525)에서는 화자의 마음 가짐에 따라 서술법의 의미에 의한 갈래를 세우기 위해 아래 (13)과 같이 몇 가지로 설명하고, (14)와 같은 서술법의 분류를 제시하였다.

> (13) ㄱ. 말할이가 들을이를 강하게 의식함을 나타내는 방법과, 그렇게 들을이를 의식하지 아니하고, 자기 자신의 마음 가짐을 주로 나타내는 방법이 있다.
> ㄴ. 들을이를 의식하는 방법은 두 가지로 나누어 볼 수 있으니, 하나는 말할이가 들을이에 대해서 자기의 뜻을 '베풀어 일러 듣기는 데 그치는 것'과 다른 하나는 들을이에 대해서 '약속'을 하는 방법이다.
> ㄷ. 마음 가짐을 나타내는 방법은 세 가지로 나누어 볼 수 있으니, 하나는 자기의 '뜻(의욕)'을 나타내는 것이고, 하나는 자기 마음 속의 '헤아림이나 추측'을 나타내 는 것이고, 또 하나는 '느낌'을 나타내는 것이다.

---

25) '~네'의 두 가지 의미에 대해서는 김태엽(2000)을 참조..

(14) 서술법의 갈래

    ---들을이를 강하게 의식(밖을 향함) : 일러둠김-----(가)

                                                : 약속 ----------(나)

    ---말할이의 마음 가짐(안을 향함) : 뜻(의욕) -----(다)

                                                 : 헤아림(추측)-(라)

                                                 : 느낌-----------(마)

(14)는 화자의 마음 가짐을 기준으로 서술법을 몇 가지 종류로 나눈 것인데, 이러한 갈래는 모두 청자에 대해 화자의 요구가 없는 점에서 동일한 범주에 포함될 수 있다. 대개 서술법에는 평서법과 이른바 약속법, 감탄법 등이 포함되는 것으로 설명해 왔으나, 허웅(1995)에서는 (14)와 같이 종래의 설명 내용보다 더 자세하게 분류하고 있다. 즉 서술법은 청자를 강하게 의식하며 서술하는 경우와 화자 자신의 마음 가짐을 드러내는 서술로 크게 나뉘고, 전자에는 일러둠김과 약속이 있고 후자에는 뜻, 헤아림, 느낌 등이 있는 것으로 나누었다.

(12ㄴ)의 '~다며', '~어', '~ㄴ가', '~습니까' 등은 화자가 청자에게 명제 내용의 물음에 대해 대답해 줄 것을 요구할 경우에 선택되는 종결어미의 형태이다. '~다며'는 다른 사람이 한 말의 내용을 다시 확인하기 위해 청자에게 물을 경우에 선택되는 형태이고, '~어'는 문장의 명제 내용을 청자에게 단순하게 물을 경우에 선택되는 형태이며, '~ㄴ가'는 청자에게 화자의 모르는 정보를 묻는 경우와 화자 자신의 회의의 뜻을 나타내는 경우에 선택되는 형태이다. 그리고 '~습니까'는 문장의 명제 내용에 대한 모르는 정보를 청자에게 물을 때 선택되는 종결어미의 형태이다. 따라서 (12ㄴ)에 열거한 종결어미의 형태는 모두 [+요구][+대답]의 의미 자질을 가지므로 의문법을 실현하는 종결어미에 속한다.

그리고 (12ㄷ)의 '~으렴', '~라고', '~어', '~게', '~습시오' 등은 화자

가 청자에게 문장의 명제 내용을 행동으로 수행해 줄 것을 요구할 경우에
선택되는 종결어미의 형태이다. '~으렴'은 청자가 명제 내용을 행동으로
수행할 것을 허용하는 경우에 선택되는 형태이고, '~라고'는 청자에게 명
제 내용을 행동으로 수행해 줄 것을 강조하며 요구할 경우에 선택되는 형
태이며, '~어', '~게', '~습시오' 등은 문장의 명제 내용을 행동으로 수행
할 것을 청자에게 요구할 경우에 선택되는 형태이다. 따라서 (12ㄷ)에 열거
한 종결어미의 형태는 모두 [+요구][+행동]의 의미 자질을 가지므로, 이들
형태는 명령어미에 속한다. (12ㄹ)의 '~자니까', '~어', '~세', '~습시다'
등은 청자에게 문장의 명제 내용을 화자와 함께 행동으로 수행해 줄 것을
요구할 경우에 선택되는 종결어미의 형태이다. '~자니까'는 청자에게 문
장의 명제 내용을 화자와 함께 행동으로 수행해 줄 것을 강조하여 요구할
때 선택되는 형태이며, '~어', '~세', '~습시다' 등은 청자에게 화자와 함
께 문장의 명제 내용을 행동으로 수행할 것을 제안할 경우에 선택되는 형
태이다. 따라서 (12ㄹ)에 열거한 종결어미의 형태는 모두 [+요구][+행동]의
의미 자질을 가지므로, 이들 형태는 청유어미에 속한다. 명령어미와 청유
어미는 공통적으로 [+요구][+행동]의 의미 자질을 가지는 점에서 동질성
을 가지고 있으나, [+요구]의 대상이 서로 다르다. 명령법은 [+요구]의 대
상이 [청자]에게 국한되는 반면, 청유법은 [+요구]의 대상이 [청자+화자]
이다.

  의미론적 층위의 기준에 의한 마침법의 하위 범주는 크게 4가지로 분류
되는데, 그것을 아래의 (15)와 같이 나타낼 수 있다.

  (15) 의미론적 층위의 기준에 의한 마침법의 체계
     ㄱ. 기준 : [+요구][-요구]
            [+행동][+대답]
            [청자][청자+화자]
     ㄴ. 체계 : [-요구] --①서술법

[+요구][+대답] ------------------------------②의문법
[+요구][+행동]~[청자] --------------------③명령법
[+요구][+행동]~[청자+화자] -----------④청유법

　(15)의 체계는 (11)의 내용과 동일하다. 의미론적 층위의 기준에 의한 마침법의 체계와 통사론적 층위의 기준에 의한 마침법의 체계가 서로 다르지 않다면, 그것은 사실 객관적으로 입증된 체계라 할 수 있을 것이다.

　마지막으로 형태론적 층위의 기준과 음운론적 층위의 기준을 함께 살펴보기로 하는데, 이 두 층위의 기준은 문장종결소라는 공통 요소에 의해 설명될 수 있기 때문이다. (12)에 열거한 종결어미의 형태는 형태론적 문장종결소나 음운론적 문장종결소의 관여에 의해 각각 마침법을 실현하는데, (12ㄱ)의 '~네', '~습니다'와 (12ㄴ)의 '~ㄴ가', '~습니까'와 (12ㄷ)의 '~라고', '~게', '~습시오'와 (12ㄹ)의 '~자니까', '~세', '~습시다' 등의 형태는 형태론적 문장종결소가 관여하고, 그리고 그 나머지 형태들은 모두 음운론적 문장종결소가 관여함으로써 각각의 마침법을 실현한다.

　갖춘 형태의 종결어미에는 형태론적 문장종결소가 관여하고, 기능 전용 형태의 종결어미에는 음운론적 문장종결소가 관여하며, 그리고 기능 변동 형태에는 형태론적 문장종결소와 음운론적 문장종결소가 함께 관여한다. (12)에 열거한 형태에서 갖춘 형태에 속하는 '~습니다', '~ㄴ가', '~습니까', '~라고', '~습시오', '~자니까', '~습시다' 등은 형태론적 문장종결소가 관여하는 반면, 기능 전용 형태에 속하는 '~고말고', '~을걸', '~어', '~다며', '~으마' 등은 음운론적 문장종결소가 관여한다. 기능 변동 형태에 해당하는 '~네', '~게', '~세' 등은 형태론적 문장종결소와 음운론적 문장종결소가 함께 관여한다.

　따라서 형태론적·음운론적 층위의 기준에 의한 마침법의 하위 범주는 크게 4가지로 분류됨을 아래의 (16)과 같이 정리할 수 있다.

(16) 형태론·음운론적 층위의 기준에 의한 마침법의 체계

　　ㄱ. 기준
　　　　① 형태론적 문장종결소
　　　　② 음운론적 문장종결소

　　ㄴ. 체계[26]
　　　　① '~다' : 서술법
　　　　② '~냐' : 의문법
　　　　③ '~라' : 명령법
　　　　④ '~자' : 청유법

　마침법의 하위 범주를 체계화하기 위해 설정한 통사론적 층위의 기준, 의미론적 층위의 기준, 형태론적 층위의 기준, 그리고 음운론적 층위의 기준 등을 적용하여 마침법을 실현하는 종결어미의 형태를 분류하는 방법을 살펴보았다. 그 결과는 (11), (15), (16)에서 요약하여 제시하였다. 통사론적 층위의 기준과 의미론적 층위의 기준에 의한 마침법의 체계가 형태론적 층위의 기준과 음운론적 층위의 기준에 의한 체계에 비해 설명력이 다소 앞서는 것으로 파악된다. 통사론적 층위의 기준과 의미론적 층위의 기준은 어느 한 가지 층위의 기준만으로도 설득력과 객관성을 가지는 마침법의 체계를 세울 수 있는 반면, 형태론적 층위의 기준과 음운론적 층위의 두 기준은 그것만으로 전자의 두 층위에 버금가는 마침법의 체계를 세우기가 쉽지 않다.
　그러나 마침법의 하위 범주를 체계화함에 있어서 어느 한 가지 기준에

---

26) 마침법의 하위 범주는 형태론적 문장종결소의 대표형을 기준으로 체계화하며, 음운론적 문장종결소는 서술법(↘), 의문법(↗), 명령법(→), 청유법(～～→) 등과 같이 그 수행~억양을 구별할 수 있을 것이다.

만 의존하기보다는 언어의 속성을 나타내는 다양한 기준의 적용이 필요하
다. 특히 국어가 언어 유형론적으로 교착어라는 사실을 감안할 경우, 종결
어미에 대한 형태론적 층위의 분석은 어떤 방법으로든 반영되어야 할 필요
한 작업이라고 본다.

형태론적 층위에서 마침법의 하위 범주를 체계화하는 작업에는 두 가지
방법을 생각할 수 있는데, 하나는 종결어미의 형태를 이루는 내적 구조에
따른 방법이고 다른 하나는 종결어미에 의해 실현되는 청자높임법의 각 등
급에 해당하는 형태의 유무에 따른 방법이다. 전자의 방법에 따라 마침법
의 체계를 세운 것은 앞의 (16)에 제시되어 있는 내용인데, 후자의 방법을
통해 전자의 체계를 다시 검증하는 형식을 취하기로 한다.

청자높임법의 각 등급에 해당하는 종결어미의 형태를 제시한 고영근
(1974)에서는 후자의 방법을 적용한 연구이다. 고영근(1974)에서는 마침법
의 하위 범주를 설명법, 의문법, 감탄법, 명령법, 허락법, 공동법, 약속법,
경계법 등 8가지로 분류하고, 청자높임법의 등급은 해라, 하게, 하오, 합쇼,
하소서, 해(요), 하지(요), '~ㅂ 쇼' 등 8가지로 등급화하여 그 각각에 해당하
는 종결어미의 형태를 채웠다. 그런데 청자높임법의 각 등급에 해당하는
종결어미의 형태가 채워지지 않은 채 빈칸으로 남아 있는 경우가 상당하게
많이 있음이 드러난다. 감탄법과 경계법은 해라체, 하게체, 하오체에만 종
결어미의 형태가 채워져 있고, 허락법은 해라체, 하게체, 하오체, '~ㅂ 죠
체'에만 종결어미의 형태가 채워져 있으며, 그리고 약속법은 해라체, 하게
체, 하오체, 합쇼체에만 종결어미의 형태가 채워져 있다. 그 밖의 청자높임
법의 등급에 해당하는 종결어미의 형태는 빈칸으로 남아 있는 상태이다.

고영근(1974)에 제시한 도표에 의하면 청자높임법의 각 등급에 해당하는
종결어미의 형태가 빈칸으로 남아 있는 비율이 50% 정도인 경우가 있는데,
그것에 해당하는 범주에는 감탄법, 허락법, 약속법, 경계법 등이 있다. 전체
의 체계 중에서 빈칸이 과반에 이른다는 것은 그 체계의 설정 가능성에 대

한 검증를 위해 재검토해야 할 필요가 있을 것이다. 즉 이른바 감탄법, 허락법, 약속법, 경계법 등은 마침법의 하위 범주 설정에 포함되어야 할 것이냐 아니면 제외되어야 할 것이냐에 대한 객관적인 검토가 있어야 한다는 것이다. 만약 이 4개의 범주가 제외되면 서술법, 의문법, 명령법, 청유법이 남게 되는데, 이것은 형태론적 층위의 기준에 의해 마침법을 체계화한 (16)과 동일한 것이 된다. 결국 종결어미의 형태를 이루는 어미구조체에 의해 세운 체계와 청자높임법의 각 등급에 따른 종결어미의 형태 유무에 의해 세운 체계가 마찬가지의 결과로 나타난다.

　의미론적 층위의 기준이 인식론에 바탕을 두고 있다면, 통사론적 층위의 기준과 형태론적 층위의 기준 그리고 음운론적 층위의 기준은 존재론에 바탕을 두고 있다고 할 것이다.[27] 이론적 관점의 차이는 어떤 대상 세계에 대한 존재 그 자체가 중심이 될 수도 있고, 그 대상 세계를 바라보는 인간의 인식 내용이 중심이 될 수도 있다. 마침법을 실현하는 종결어미가 화자의 인식 내용을 반영하는 것으로 본다면 존재론보다는 인식론의 관점에서 마침법의 체계를 세워야 하겠지만, 마침법을 실현하는 종결어미는 실존하는 대상으로서 그 자체가 언어적 가치를 가지고 있는 점을 중시하게 되면 인식론보다는 존재론의 관점에서 마침법의 세워야 할 것이다. 그러나 그 두 관점을 각각 별개의 것으로 처리하기보다 상호 보완적인 가치를 추구하는 방향으로 처리하는 것이 바람직할 것으로 본다.

　따라서 마침법의 하위 범주를 체계화하기 위해 설정한 4가지 기준, 즉 통사론적 층위의 기준, 의미론적 층위의 기준, 형태론적 층위의 기준, 음운론적 층위의 기준 등은 모두 상호 보완적인 가치를 갖는다. 앞의 (11), (15), (16) 등에서 세운 마침법의 하위 범주는 서술법, 의문법, 명령법, 청유법 등

---

27) 표준국어 대사전(1999)에서 인식론은 인식의 기원과 본질, 인식 과정의 형식과 방법 따위에 관하여 연구하는 철학의 한 분야이고, 존재론은 존재 또는 존재의 근본적·보편적인 모든 규정을 연구하는 학문이라고 풀이하였다.

으로 일치된 체계로 나타났는데, 마침법의 체계를 좀더 세분한 이른바 감탄법, 허락법, 약속법, 경계법 등과 같은 범주는 앞에서 제시한 4가지의 중심되는 범주에 포괄될 수 있음이 여러 층위의 기준에 의해 이미 확인되었다.

2. 청자높임법의 실현

국어의 매우 중요한 특징 중의 하나는 높임법이 발달한 점이다. 높임법에는 주체높임법, 객체높임법, 청자높임법 등 3가지가 있는데, 그 중에서 종결어미에 의해 실현되는 높임법이 청자높임법이다. 청자높임법의 실현 방법에는 어휘적 방법, 파생적 방법, 굴곡적 방법 등이 있으며, 굴곡적인 실현 방법의 하나가 종결어미에 의한 방법이다.

2.1 청자높임법의 개념

높임법에는 주체높임법, 객체높임법, 그리고 청자높임법이 있다. 주체높임법은 문장의 주체를 높여서 예우하는 높임법이고, 객체높임법은 문장의 객체를 높여서 예우하는 높임법이며, 청자높임법은 문장의 청자를 높여서 예우하는 높임법이다.

이러한 3가지 높임법을 포괄하는 국어 높임법의 틀은 아래 (1)과 같이 나타낼 수 있다.

(1) 국어 높임법의 틀

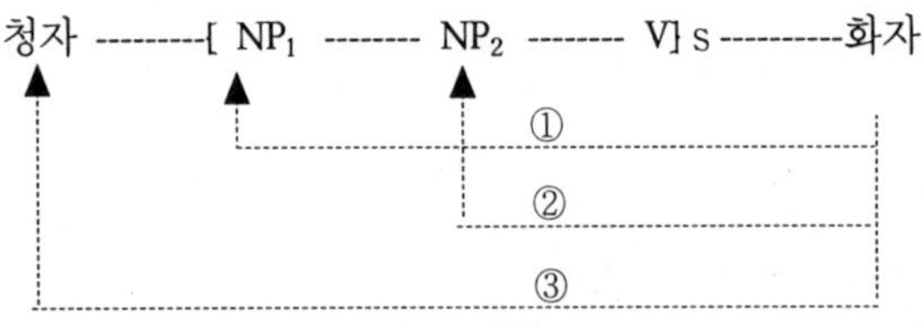

(1)은 청자와 화자 사이에 문장이 실현될 경우를 상정하여, 문장의 주어와 객어 그리고 화자와 청자 등의 관계를 통해 높임법의 틀을 나타낸 것이다. 화자가 문장의 주어 NP_1 을 높여서 예우하는 ①은 주체높임법을 나타내고, 화자가 문장의 객어 NP_2 을 높여서 예우하는 ②는 객체높임법을 나타내며, 화자가 문장 밖의 청자를 높여서 예우하는 ③은 청자높임법을 나타낸다.[28]

이 중에서 청자높임법은 청자에 대하여 화자가 높임의 의향을 나타내는 문법 범주이다. 그러므로 이 높임법은 청자와 화자의 관계에 의해 높임의 유무와 높임의 정도가 결정되기도 하지만, 무엇보다 화자의 청자에 대한 높임의 의향 태도가 매우 중요한 관심의 대상이 된다. 왜냐하면 청자와 화자의 여러 가지 관계에 의해 또는 화자 자신의 주관적인 생각에 의해 청자에 대한 높임의 의향이 결정되기 때문이다. 여기에서 관심을 집중하여 다루는 청자높임법은 화자가 청자를 높여서 예우하는 ③과 같은 틀에 의한 높임법인데, 종결어미에 의해 실현되는 청자높임법은 (1) 국어 높임법의 틀에서 화자와 청자 사이에 실현되는 문장의 서술어인 V의 끝부분에 종결어미가 결합됨으로써 실현된다.

2.2. 청자높임법의 성격

청자높임법은 주체높임법이나 객체높임법과는 달리 화용적 성격이 매우 강하다. 주체높임법과 객체높임법은 문장의 주체와 객체, 화자, 청자, 제3자 등의 관계에 의해 결정되지만, 청자높임법은 청자와 화자의 관계에 의해 결정된다. 그리고 주체높임법과 객체높임법의 경우에는 각각 주체와 객체가 그 문장의 구성 요소로 반드시 관여하는 반면에, 청자높임법의 경우에는 청자가 문장의 구성 요소로 반드시 관여한다고 볼 수 없다.[29] 그런

---

28) 청자가 문장 밖에 있기도 하지만, 2인칭 주어인 문장에서는 청자와 문장의 주어가 동일인이다.

점에서 청자높임법은 문법론의 층위에서 다루어질 수도 있고 화용론의 층위에서도 다루어질 수 있는 성격을 동시에 가지고 있다.

문장의 주어가 2인칭이 아닌 경우, 청자높임법은 문장 밖의 요소인 청자에 대한 화자의 높임 관념의 실현으로 봐야 한다. 청자에 대해 화자가 가지는 높임 관념의 정도 차이가 나게 하는 요인은 화자와 청자의 사회적 관계라 할 수 있다. 화자와 청자와의 사이에 존재하는 사회적 관계는 서로가 주고받는 문장에 반영되지만, 사회적 관계 그 자체는 언어 내적 요인이 아니고 언어 외적 요인이다. 화자와 청자 사이의 사회적 관계가 언어 외적 요인이긴 하나, 그것이 언어의 구조적 모습에 관여하는 영향을 주기 때문에, 청자높임법에서 화자와 청자의 관계는 중요하게 다루진다.

높임법에 관여하는 사회적 요인에 대한 논의는 그렇게 많지 않은 편인데, 황적륜(1975), 김석득(1977), 박영순(1978), 이정복(1998), 그리고 Leech (1983) 등의 업적이 대표적이다.

황적륜(1975)에서는 '흐름도'를 적용하여 높임법 실현의 사회적 요인을 설명코자 하였고, 김석득(1977)에서는 여러 요인 중에서도 '나이'가 높임법 실현의 사회적 요인의 바탕이라고 하였으며, 박영순(1978)에서는 '친족 여부'를 높임법 실현의 사회적 요인의 중심이라 하였다. 그리고 이정복 (1998:12~14)에서는 높임법의 사용 요인을 '참여자 요인'과 '상황 요인'으로 크게 두 부류로 나누었다. 참여자 요인은 높임법 사용에 영향을 주는 화자, 청자, 제3자 등의 대화 참여자가 가진 개별적 특성이나, 그들 사이의 관계적 특성을 말하고, 상황 요인은 대화가 이루어지는 상황의 특성이 화자들의 높임법 사용에 영향을 끼칠 때를 가리키며, 격식성과 제3자 인물의 현장성은 이 요인에 들 수 있다고 하였다. 또 이정복(1998)에서는 참여자 요인을 다시 '개별 참여자 요인'과 '관계 요인'으로 나누었다. 전자는 화자

---

29) 문장의 주어가 2인칭인 경우에는 청자가 문장의 구성 요소로 관여하지만, 그렇지 않은 경우에는 청자가 문장의 구성 요소로 관여하지 않는다.

나 청자 등 대화 참여자의 개별적 특성을 가리키며, 후자는 대화 참여자가 어떤 특성에서 값의 차이를 보이고 그 차이가 높임법의 사용에 영향을 줄 때의 특성을 가리킨다고 했다.

한편 Leech(1983)에서는 높임법에 관여하는 사회적 요인을 사회적 거리(social distance)라는 용어로 설명하였는데, 사회적 거리를 결정하는 요인으로 두 가지를 제시하였다. 하나는 수직적 거리(vertical distance)이고 다른 하나는 수평적 거리(horizontal distance)이다. 수직적 거리는 권위적 힘을 가지는 것으로 설명하고 수평적 거리는 연대적 관계를 가지는 것으로 설명하였다.

국어의 높임법, 특히 청자높임법의 실현에는 화자와 청자 사이의 여러 가지 사회적 요인에 의해 그 등급이 결정된다. 대화 참여자 사이의 사회적 관계에 의해 청자높임법의 등급이 결정되는 까닭에 청자높임법에 대한 연구로 사회언어학적인 방법이 유용하게 적용되기도 한다. 언어의 속성에 사회성이 포함되는 것은 굳이 청자높임법의 문제가 아니라도 보편화되어 있는 사실이라는 점을 감안하면, 이 문법 범주에 대한 논의에서 사회적 관계가 중요하게 반영되는 것은 당연한 귀결이라 하겠다. 그러한 사회적 관계는 화자와 청자 사이에 국한되지 않고 발화가 이루어지는 상황에 참여하는 제3자와의 사이도 고려된다. 그러므로 청자높임법은 문장 외적 요인에 의해 문장 내적 형식이 결정되는 양상을 드러낸다. 따라서 청자높임법은 문법론적 성격과 화용론적 성격을 공유하는 특성을 가지는 문법 범주이며, 그런 점에서 다른 높임법에 비하여 좀더 복잡한 실현 양상을 보이는 것이다.

2.3. 청자높임법의 체계

청자높임법에 대한 논의는 지금까지 주체높임법과 객체높임법에 비하여 상대적으로 훨씬 많이 이루어졌다. 주체높임법과 객체높임법이 문법론의 층위에서 화자에 의해 발화된 문장을 통해 논의될 수 있는 반면에, 청자높임법은 문법론과 화용론의 성격을 공유하고 있는 까닭에 더욱 복잡한 논의가 많이 이루어진 것으로 본다.

　지금까지 이루어진 청자높임법 연구의 업적은 크게 두 가지 측면에서 살펴볼 수 있다. 한 가지는 청자높임법 체계의 바탕을 어떻게 세우느냐의 문제이고, 다른 한 가지는 청자높임법의 등급을 몇 단계로 설정하느냐의 문제이다. 국어 청자높임법의 등급을 몇 단계로 설정하느냐의 문제도 중요한 과제이지만, 그것보다는 청자높임법의 체계를 어떤 틀로 세울 것이냐가 더욱 중요한 과제이다. 따라서 우리는 이 글에서 국어의 실상에 기초하여 청자높임법의 체계를 어떻게 세우는 것이 타당할 것이냐에 관심을 기울인다.

2.3.1. 청자높임법 체계의 틀

　종결어미에 의해 실현되는 마침법을 논의하면서, 그 말을 듣는 사람을 높이는 정도에 따라 마침법의 등분을 나눈 최현배(1971:262~264)에서는 4개의 등급과 등외의 반말을 설정하였다. 즉 마침법의 등분을, 듣는 사람을 높이는 정도에 따라 아주낮춤(해라), 예사낮춤(하게), 예사높임(하오), 아주높임(합쇼), 그리고 등외로 반말을 두었다.[30] 반말은 '해라'와 '하게', '하게'와 '하오'의 중간 정도에 있는 말이라고 규정하였다. 그리고 반말은 그 두 등급의 어느 쪽임을 똑똑히 드러내지 아니하며, 그 등분의 말맛을 흐리게 하려는 경우에 사용한다는 설명을 덧붙였다.

　최현배(1971)를 비롯한 거의 대부분의 논자들에 의해 세워진 청자높임법의 체계는 최현배(1971)과 크게 다르지 않으며, 다만 그 등급의 단계에서 약간의 차이가 있을 뿐이다. 그러한 논의들은 모두 아래 (1)과 같은 체계의

---

30) 청자높임법의 등급 체계에 대한 논의의 대부분은 최현배(1971)과 크게 다르지 않다. 즉 청자높임법 체계의 바탕에 대해서는 별다른 관심을 기울이지 않고, 몇 개의 등급으로 나누어야 할 것이냐에 관심이 집중되어 왔다는 것이다.

틀로 나타낼 수 있을 것이다.

  (1)은 최현배(1971)에서 제시한 청자높임법의 등급 체계를 중심으로 하여
그 체계의 바탕이 될 수 있는 내용을 알기 쉽게 나타낸 것이다. 위의 (1)에
서 ' + '는 높임을 나타내고 ' ─ '는 낮춤을 나타낸다. 최현배(1971:262)에
서 세운 청자높임법의 등급을 (1)에 적용하면 아주낮춤과 예사낮춤은 (1ㄷ)
의 (─)에 해당하고, 예사높임과 아주높임은 (1ㄱ)의 (+)에 해당한다. (1ㄴ)
의 (0)을 중간축으로 하여 그보다 위쪽의 (+)은 높임법에 해당하고 (0)보다
아래쪽은 낮춤법에 해당하는 것이다. (1)과 같은 체계는 청자높임법을 낮춤
과 높임의 대립 체계로 볼 수 있는데, 최현배(1971)를 비롯한 거의 대부분의
앞선 논의가 (1)과 같이 높임과 낮춤의 대립 체계로 나타내고 있다.

  국어의 청자높임법이 과연 (1)과 같이 높임과 낮춤의 대립 체계를 이루
고 있을까? 우리는 단정적으로 그렇지 않다고 본다. 국어 청자높임법의 체
계가 (1)과 같다면, 국어의 청자높임법에서 낮춤법이 높임법과 대립적으로
존재하는 것으로 봐야 할 것이다. 하지만 국어에는 낮춤법이 존재한다고
말할 수 있는 구체적인 근거를 찾을 수 없다. 여기서 구체적인 근거는 국어
그 자체를 대상으로 실증할 수 있는 경우를 말하는데, 그러한 근거를 실증
적으로 제시할 수 없음에도 불구하고 앞선 논자들의 대부분은 높임법에 대
응하는 낮춤법이 당연히 있는 것으로 처리해 왔다.

  앞서 이루어진 연구 업적 중에는 국어의 청자높임법에 낮춤법이 존재하
지 않음을 인지한 경우가 매우 드물지만 없지는 않다. 우선 그런 연구 업적

을 몇 가지 살펴보기로 한다. 박창해(1964), 김종택(1981), 권재일(1992), 김태엽(1992, 1995), 김영희(1996) 등에서 낮춤법이 국어 청자높임법에서 존재하지 않음을 구체적으로 지적하거나 또는 암시적으로 기술하고 있음을 찾아볼 수 있다.

박창해(1964)에서는 종결어미에 의해 실현되는 마침법의 청자에 대한 표현 양식을 5가지 종류로 나누었는데, 정식용어, 정식용어의 반말, 중간용어, 평교용어, 평교용어의 반말 등이 그것이다. 정식용어는 화자와 청자 또는 제3자에 대하여 이야기를 나누거나 설명할 때, 예의를 갖춘 말을 가리키며, 정식용어의 반말은 예의를 갖추기는 하지만 화자와 다른 사람과의 사이가 좀더 친근하여 있음을 보이는 어법이라 하였다. 평교용어는 예의를 갖출 필요가 없는 사이에 쓰는, 곧 평교간에서, 허물없이 쓰는 어법이고, 평교용어의 반말은 평교간에서도 더 친하여졌을 때 쓴다고 설명하였다. 그리고 중간용어는 정식용어로 서로 이야기할 사람들이 정식용어로 말할 필요가 없고, 또 평교용어를 쓸 만큼 자기의 위치를 버릴 수 없을 때, 곧 어중간한 용어법으로 말할 때 쓴다고 하였다. 이러한 박창해(1964)의 설명을 자세하게 살펴보면, 청자에 대해 화자가 예의를 갖추어 말하는 정식용어나 허물없이 말하는 평교용어의 설명 중에서 어디에도 화자가 청자를 낮추어 말하는 표현 양식을 제시하지 않고 있다. 평교용어를 사용하는 경우와 정식용어를 사용하는 사이에 중간용어가 있는데, 서로 허물없는 사이에 쓰는 평교용어라고 하여 청자를 낮추어 표현하는 양식이 아님을 알 수 있다. 즉 종결어미에 의해 실현되는 마침법의 표현 양식의 갈래를 청자에 대한 화자의 예의를 중심으로 나눈 것이 박창해(1964)이다. 예의를 갖추지 않은 표현이라 하여 그것이 반드시 청자를 낮추어 예우하는 낮춤이라 할 수는 없다.

따라서 박창해(1964)의 청자높임법 체계에서는 평교용어에서부터 차츰 중간용어와 정식용어로 예의의 정도를 높여가는 것이므로, 기본이 되는 평교용어는 앞에서 제시한 (17)의 높임(+)이나 (1ㄷ)의 낮춤(—)이 아니고 그

중간 위치인 (1ㄴ)의 (0)이라고 볼 수 있다. 최현배(1971)의 예사낮춤과 아주
낮춤은 (1ㄷ)의 (—)에 해당하지만, 박창해(1964)의 평교용어는 (1ㄷ)의 낮춤
(—)이 아닌 (1ㄴ)의 (0)에 해당한다. 그러므로 박창해(1964)에서는 종결어미
에 의해 실현되는 청자높임법의 체계에 낮춤법이 있는 것으로 처리하지 않
은 것으로 해석할 수 있다. 왜냐하면 그는 평교용어를 기본적인 용어로 잡
고 그보다 높여서 예우하는 용어가 중간용어이고, 그리고 중간용어보다 더
높여서 예우하는 용어가 정식용어라고 설명하고 있기 때문이다. 이러한 그
의 견해는 청자높임법의 체계를 세우는데 있어서 매우 중요한 길잡이가 되
는 것으로 평가할 수 있다.

　김종택(1981)에서는 그 이전까지 누구에 의해서도 본격적으로 제기되지
않은 문제, 즉 청자높임법의 체계에 대해 관점을 달리하여 재론을 시도하
였다. 김종택(1981)에서는 청자높임법을 종래와 같이 높임법과 낮춤법의 대
립적인 체계로 보아온 것을 부정하고, 평대와 존대의 가감적인 대립체계로
세워야 할 것을 주장하였다. 김종택(1981)에서 제시한 청자높임법의 체계는
(2)와 같다.

(2) 청자높임법의 체계

```
          ┌ 수상존대
     존대  ┤
          └ 수하존대
     평대
```


　(2)에서 평대는 청자를 높이지도 않고 낮추지도 않는데, 이것은 앞에서
제시한 (1ㄴ)의 (0)에 해당하고 존대는 (1ㄱ)의 (+)에 해당한다. 이러한 체계
는 평대를 중심으로 하여 그것과 대립되는 위치에 존대가 있고, 그 존대는
다시 청자가 화자의 손위의 사람이냐 손아래의 사람이냐에 따라 수상존대

와 수하존대로 나뉘어진다. 김종택(1981)에서 세운 (2)와 같은 체계는 국어의 청자높임법이 높임법과 낮춤법으로 양분적인 대립체계로 처리해온 종래의 관점과는 전혀 다른 관점에서 나온 주장이라 할 수 있다. 국어의 청자높임법이 높임법과 낮춤법의 대립체계를 이룬다는 것에 대해 그 자체를 아무런 의구심이나 반성없이 그대로 받아들인 그 이전의 논자들의 고정관념을 극복한 것이 바로 김종택(1981)의 논의 내용이라 할 수 있다. 김종택(1981)에서 평대는 박창해(1964)의 평교용어에 해당하는 것으로 볼 수 있는데, 이들의 논의에서는 청자를 낮추어 예우하는 이른바 낮춤이라는 체계를 설정하지 않은 공통점을 가지고 있는 점에서 우리의 견해와 다르지 않다.

김태엽(1992)에서는 종결어미의 형태를 정밀하게 분석한 결과를 근거로 국어 청자높임법의 체계에 높임은 있으나 낮춤은 존재하지 않음을 주장하였으며, 김태엽(1995)에서는 국어 청자높임법에 낮춤이 존재하지 않는 근거를 아래 (3)과 같이 몇 가지로 제시한 바 있다.

(3) 낮춤법이 존재하지 않는 근거
ㄱ. 국어에서 화자가 청자를 높여서 예우하는 청자높임소는 존재하지만, 청자를 낮추어 예우하는 이른바 청자낮춤소는 존재하지 않는다.
ㄴ. 국어의 인칭대명사 중에서, 청자로 상정할 수 있는 2,3인칭대명사에 기본형과 높임 형은 존재하나 낮춤형은 존재하지 않는다. 반면에 화자로 상정할 수 있는 1인칭대명 사에는 기본형과 낮춤형은 존재하나 높임형은 존재하지 않는다.
ㄷ. 국어의 문장이 간접인용문으로 내포될 경우, 그 문장의 내포어미는 중화된 형태로실현되는데, 그 중화 형태가 안높임형이다.

국어 청자높임법에 낮춤법이 존재하지 않는 근거를 김태엽(1995)에서 (3)과 같이 제시하였는데, 이제 (3)에 제시한 내용을 중심으로 청자높임법의 체계에 낮춤이라는 체계가 존재하지 않는 사실을 하나씩 살펴보기로 한다.

첫째, 국어에 청자높임소라는 문법형태소는 존재하지만 청자낮춤소라는 문법형태소는 존재하지 않는다. 역사적으로나 공시적으로 볼 경우, 청자를 높여서 예우하는 문법형태소는 엄연하게 존재하지만, 청자를 낮추어 예우하는 이른바 청자낮춤소라는 문법형태소는 공시적으로도 통시적으로도 존재하지 않는다. 청자높임법의 체계에 높임이라 영역을 설정하는 근거는 청자높임소라는 문법형태소가 존재하기 때문에 문법적으로 근거가 분명한 것이다. 따라서 만약 국어 청자높임법의 체계에 낮춤이라는 영역을 설정하려면 청자높임소와 대립되는 청자낮춤소라는 문법형태소가 존재해야 할 것이다. 그러나 국어에서 청자낮춤소의 존재에 대한 논의는 아직까지 보고된 적이 없다.

누구나 알고 있는 바와 같이, 중세 국어에서 청자높임소는 '~이~'로 존재하다가 'ㆁ'의 소멸로 말미암아 근대 국어에 와서는 '~이~'로 존재했다. 이기문(1972)에서는 청자높임소가 근대 국어 이후부터 사라졌다고 하였으나, 실제로는 종결어미에 융합된 채로 현대 국어에도 '~이~'가 엄연하게 존재하고 있다.[31] 종결어미의 형태에 융합되어 존재하는 청자높임소 '~이~'에 대해 아래의 (4)에서 살펴보기로 한다.

> (4) ㄱ. '~습니다', '~습니까'
>   ㄴ. '~으이소', '~소'

(4ㄱ)의 '~습니다'와 '~습니까'는 각각 '습+느+이+다', '습+느+이+까'의 어미구조체로 재분석될 수 있다. 흔히 '~느~'와 '~니~'를 직설의 서법소라 하여 동일한 문법소로 처리하지만, '~니~'는 '~느냐', '~는다

---

31) 청자높임소 '~이~'의 존재에 대해서는 고영근(1974), 최명옥(1976), 서정목(1988), 한동완(1988), 이상규(1991), 김태엽(1992) 등에서 자세하게 확인하였다.

(느+ㄴ 다)’ 등의 형태에서 분석되는 직설의 서법소 ‘~느~’와 청자높임소
‘~이~’의 두 문법소가 융합된 것으로 봐야 한다. (4ㄴ)은 경상 방언형인
데, ‘~으이소’가 ‘~소’에 비해 청자를 더 높여서 예우하는 경우에 선택되
는 것은, ‘~소’에는 청자높임소 ‘~이~’가 결합되어 있지 않으나 ‘~으이
소’에는 청자높임소 ‘~이~’가 결합된 형태이기 때문이다. 따라서 현대 국
어의 청자높임소 ‘~이~’는 종결어미의 형태에 융합되어 청자높임법의 등
급을 결정하는 중요한 문법 요소로 존재하고 있는 것이다.

　　종결어미에 의해 실현되는 청자높임법의 체계에 높임의 영역을 설정하
는 것은, 청자높임소 ‘~이~’가 종결어미의 형태에 융합되어 있는 사실에
서 그 근거를 찾을 수 있다. 그러나 청자낮춤소라는 문법형태소가 국어에
존재하지 않음에도 불구하고, 청자높임법의 체계에 낮춤의 영역을 설정하
는 태도는 실증적인 언어의 근거에 바탕을 두지 않은 것이므로 그 타당성
이 인정될 수 없는 것이다.

　　청자에 대한 낮춤의 영역이 국어에 존재하지 않음은 청자높임법에 국한
하지 않고, 주체높임법과 객체높임법의 경우에도 마찬가지다. 그러면 아래
의 문장 (5)와 (6)을 자세하게 살펴보기로 한다.

　　　(5) ㄱ. 철수가 저기 온다.
　　　　　ㄴ. 영수를 데리고 오너라.

　　　(6) ㄱ. 할아버지께서 저기 오신다.
　　　　　ㄴ. 할아버지를 모시고 오너라.

　　문장 (5)는 주체높임법과 객체높임법이 실현되지 않은 문장이다. 그러나
문장 (6ㄱ)은 주체높임법이 실현된 문장이고 (6ㄴ)은 객체높임법이 실현된
문장이다. 문장 (6)은 주체높임법과 객체높임법이 각각 실현된 문장인 반
면, (5)는 그러한 높임법이 실현되지 않았다. 그렇다고 하여 주체높임법이

나 객체높임법이 실현되지 않은 (5)의 두 문장을 가리켜 낮춤의 주체높임법
과 낮춤의 객체높임법이 실현된 것으로 보지 않는다. (5)의 문장을 높임의
청자높임법이 실현된 문장으로 고쳐 (7)과 같이 표현할 수 있다.

    (7) ㄱ. 철수가 저기 옵니다.
       ㄴ. 영수를 데리고 오게.

   문장 (5)의 서술어에 결합된 종결어미 '~ㄴ다'와 '~너라'는 청자에 대
한 화자의 높임 관념이 반영되지 않은 형태이지만, (7)의 두 문장에 결합된
종결어미 '~습니다'와 '~게'의 형태에는 화자의 높임 관념이 반영되어 있
다. 그래서 (7)은 높임의 청자높임법이 실현된 문장이지만, (5)는 높임의 청
자높임법이 실현되지 않은 문장이다. 주체높임법과 객체높임법이 실현되지
않은 (5)의 두 문장을 가리켜 낮춤의 그것으로 보지 않은 태도와 마찬가지로,
청자에 대해 화자의 높임 관념이 반영되지 않은 (5)의 두 문장을 가리켜 청자
높임법상으로 낮춤의 영역을 설정할 수 없는 것은 당연한 논리이다.
   따라서 주체높임법, 객체높임법, 청자높임법 등 어떤 높임법의 체계에서
도 낮춤이라는 영역을 객관적으로 설정할 수 없는 것이 분명하다.
   그런데 김광해(1999:319)에 국어에서는 일반적으로 화계(speech level)에 따
라 문장종결법을 다르게 하여 존경이나 낮춤 등의 대우를 하는데, 이러한
체계적 대립은 어휘에도 있다. '밥/진지', '말/말씀', '주다/드리다' 등과 같
은 어휘적 대립이 '평대와 공대'의 대립 관계를 보이고 있는 예이다. 대우
표현 어휘는 대개 평대를 중심으로 하여 공대와 하대가 대립하는 삼원적
대립을 보이는 것이 특징이다. '잡수시다(공대)~먹다(평대)~처먹다(하대)'
와 같은 예가 그것이다.'라는 설명이 있다. 이 설명대로 국어 어휘가 과연
삼원적 대립 체계를 이루고 있을까? 예를 들어보인 '먹다'에 대한 설명을
따르면 '돌아가시다, ~죽다, ~뒈지다'와 같은 대립도 성립될 수 있다. 하

지만 수많은 국어 어휘 중에서 '먹다', '죽다' 외에 또 어떤 어휘가 그런 대
립으로 존재할까? '처먹다'와 '뒤지다'는 공대에 대립하는 하대의 어휘라기
보다 속된 표현의 어휘로 봐야 할 것이다. 속된 표현의 어휘는 화자의 품위
에 관한 것일 뿐, 그런 어휘가 공대, 평대와 대립을 이루어 체계적으로 존
재한다고 보기 어렵다. 왜냐하면 김광해(1999)에서 제시한 내용과 같은 어
휘적 대립 체계가 이론적으로 납득하기 어려운 면도 있지만, 이른바 삼원
적 대립 체계를 이루는 어휘의 숫자가 불과 몇 개에 지나지 않는 것은 결국
그러한 몇 가지의 현상이 보편적인 국어의 어휘 체계로 대표되기 어려운
근거가 될 수 있기 때문이다.

　어휘에 의해 문장의 주체, 객체, 청자를 높여서 예우할 수 있으므로, 주
체높임법, 객체높임법, 청자높임법 등의 실현 방법에는 어휘적 방법이 포
함된다.[32] 우리는 앞에서 어떤 높임법의 경우에도 낮춤이 존재하지 않는다
고 했는데, 예외적으로 어휘에 의해서만 낮춤이 존재할 수는 없는 것이다.
예컨대 김광해(1999)에서 제시한 '밥/진지', '말/말씀', '주다/드리다', '보다/
뵙다' 등은 이른바 평대와 공대의 대립짝이다. 이러한 어휘짝은 체계적으
로 존재하지만, 앞에서 속된 표현의 어휘를 가리켜 하대라고 설명하는 관
점은 체계적인 어휘 대립 관계와는 상당하게 다른 차원이다. 즉 '밥/진지',
말/말씀' 등과 같이 평대와 공대의 어휘가 체계적으로 대립짝을 이루어 존
재하는 어휘에 대한 하대(낮춤)의 어휘는 존재하지 않는다.

　높임이라는 청자높임법이 실현된 문장 (7)에 대한 문장 (5)는 단지 안높
임이 실현되었을 뿐, (5)의 문장이 속된 표현이라고 말할 수 없다. 마찬가지
로 주체높임법과 객체높임법이 실현된 문장 (6)에 대한 문장 (5)가 주체높임
법과 객체높임법이 실현되지 않았다고 하여, (5)의 문장을 가리켜 저속한
표현의 문장이라고는 말할 수 없다. 문장 (6)과 (7)은 굴곡적 방법과 어휘적
방법에 의해 그러한 높임법이 실현되었으며, 그것이 실현되지 않았다고 하

---

32) 높임법의 실현방법에 대해서는 권재일(1992)를 참조.

여 낮춤으로 처리할 수는 없다. 따라서 국어의 어휘 체계는 안높임(평대)과 높임(공대)의 대립으로 존재할 뿐, 거기에 낮춤(하대)이 체계적으로 존재하지는 않는다.

둘째는 (3ㄴ)에 제시된 인칭대명사에 대해 살펴본다.

국어의 인칭대명사는 여러 형태가 존재하는데, 화자로 상정할 수 있는 인칭대명사는 1인칭대명사이고 청자로 상정할 수 있는 인칭대명사는 2,3인칭대명사이다. 1인칭대명사의 기본형은 '나'이고 2,3인칭대명사의 기본형은 각각 '너'와 '그'이다. 1인칭대명사의 기본형 '나'에 대한 낮춤형은 '저'로 존재하지만, '나'에 대한 높임형은 실제로 국어에 존재하지 않는다. 반면에 2인칭대명사의 기본형 '너'에 대한 낮춤형은 존재하지 않으나 높임형은 '자네', '당신' 등으로 존재한다. 그리고 3인칭대명사의 기본형 '그'에 대한 낮춤형은 2인칭대명사와 마찬가지로 존재하지 않지만, '그'에 대한 높임형은 '그분'으로 존재한다. 다시 말하면 화자로 상정할 수 있는 1인칭대명사는 기본형과 낮춤형만 존재하는 반면, 2,3인칭대명사는 기본형과 높임형만 존재한다는 것이다.

이것을 (8)과 같이 나타낼 수 있다.

(8) 국어 인칭대명사

구분	기본형	낮춤형	높임형
1인칭	나	저	×
2인칭	너	×	자네, 당신
3인칭	그	×	그분

(8)에서는 앞에서 설명한 내용이 잘 드러난다. 문장의 화자로 상정할 수 있는 1인칭대명사의 높임형이 빈칸인 반면, 청자로 상정할 수 있는 2,3인칭

대명사의 낮춤형이 빈칸이다. 1인칭대명사와 2,3인칭대명사의 형태로 존재하는 경우와 존재하지 않는 경우가 낮춤형과 높임형 사이에 구별이 뚜렷하다. 2,3인칭대명사에는 낮춤형이 존재하지 않고, 1인칭대명사에는 높임형이 존재하지 않는 사실은 인칭대명사와 청자높임법의 체계 사이에 깊은 관련성을 가지고 있음을 알게 해 준다. 즉 청자로 상정할 수 있는 2,3인칭대명사에 낮춤형이 존재하지 않는 사실은, 청자높임법의 체계에 낮춤의 영역이 존재할 수 없음을 뒷받침해 주는 결정적이고도 확실한 근거가 되는 것이다.[33]

인칭대명사가 청자높임법의 실현에 관여하는 양상을 아래의 문장 (9)에서 보기로 한다.

> (9) ㄱ. 철수야, 너는 어디 가느냐?
> ㄴ. 여보게, 자네는 지금 어디 가는가?
> ㄷ. 여보, 당신은 지금 어디 가오?

(9)는 문장 머리에 부름말이 놓여 있는 문장이다. 문장 (9ㄱ)의 부름말은 명사 뒤에 호격조사가 결합되어 있으나, (9ㄴ)과 (9ㄷ)의 부름말은 감탄사이다. 이들 부름말은 청자높임법을 실현하는 바, 부름말에 의해 실현되는 청자높임법은 문장의 서술어에 결합된 종결어미에 의해 실현되는 청자높임

---

33) 최현배(1971:236~240)에는 인칭대명사를 4가지의 높임 등분으로 구별하여 제시하였는데, 그것은 인칭대명사와 청자높임법의 관련성을 인정한 결과라고 본다. 그런데 거기에서는 1인칭대명사 '나'를 예사낮춤형으로, '저'를 아주낮춤형으로, 그리고 2인칭대명사 '너'와 '자네'를 각각 아주낮춤형과 예사낮춤형으로 분류하였다. 최현배(1971)에서 1인칭대명사의 '나'와 2인칭대명사의 '자네'가 동일한 등분으로 처리하였고, 1인칭대명사의 '저'와 2인칭대명사의 '너'를 역시 동일한 등분으로 처리하였다. 하지만 '나'와 '자네'가 동일한 등분으로 분류될 수 없고, '저'와 '너'가 동일한 등분으로 분류될 수 없다. 1인칭대명사의 '나'와 2인칭대명사의 '너'가 동일한 등분으로 분류되고, '자네'는 2인칭대명사 '너'의 높임형이고 '저'는 1인칭대명사 '나'의 낮춤형으로 분류되어야 할 것이다.

법의 등급과 일치관계를 갖는다.[34] 문장 (9)에서 부름말에의해 실현되는 청
자높임법과 종결어미에 의해 실현되는 청자높임법의 일치 현상을 자세하
게 살펴보기 위해 아래의 (10)을 보기로 한다.

    (10) ㄱ. 철수야, (너) ------------ 느냐
         ㄴ. 여보게, (자네) --------- ㄴ가
         ㄷ. 여보, (당신) ------------ 으오

  (10)은 부름말에 의해 실현되는 청자높임법의 등급과 종결어미에 의해
실현되는 그것이 일치하는 양상의 모습을 나타낸 것이다. (10ㄱ)의 부름말
'철수야'와 의문어미 '~느냐'는 청자에 대해 화자의 안높임을 나타내는 반
면, (10ㄴ)의 부름말 '여보게'와 의문어미 '~ㄴ가'는 화자가 청자를 약간 높
여서 예우하며, (10ㄷ)의 부름말 '여보'와 의문어미 '~으오'는 청자를 조금
더 높여서 예우하는 청자높임법을 실현한다.
  그러나 만약 (9)에서 문장 서술어의 끝부분에 결합되는 종결어미가 서로
바뀌게 되면 비문법적인 문장이 되고 만다.
  아래의 (11)에서 그것을 살펴보기로 하자.

    (11) ㄱ. *철수야, 너는 지금 어디 가는가?
         ㄴ. *여보게, 자네는 지금 어디 가오?
         ㄷ. *여보, 당신은 지금 어디 가느냐?

  (11)은 모두 비문인데, 그 이유는 부름말에 의해 실현되는 청자높임법의
등급과 종결어미에 의해 실현되는 청자높임법의 등급이 서로 일치하지 않
기 때문이다. 따라서 문장에서 부름말이 앞쪽에 배열될 경우에는 그 부름

____

34) 국어 독립어의 문법성에 대한 논의는 김태엽(1996, 1999)를 참조.

말과 서술어에 결합된 종결어미에 의해 실현되는 청자높임법의 등급이 반
드시 일치해야 하는 문법적 제약을 받는다.

그러면 인칭대명사가 청자높임법에 관여하는 양상을 앞의 (9)~(11)을
통해 살펴보기로 한다. 문장 (9)에서는 2인칭대명사 '너', '자네', '당신' 등
이 문장의 주어로 선택되었는데, (9)에서 주어로 기능하는 이들 2인칭대명
사는 흔히 생략되기도 한다. 동일한 문장 안에서 부름말과 종결어미에 의
해 실현되는 청자높임법의 등급이 일치해야 하는 것은 물론이고, 그 문장
의 주어로 선택된 2인칭대명사도 청자높임법에 깊이 관여한다. 즉 문장 (9)
에서 부름말과 종결어미는 그대로 유지되고 문장의 주어로 선택된 2인칭
대명사가 서로 바뀌어 선택되더라도 비문이 되는 사실에서 그것을 알 수
있다.

아래의 문장 (12)에서 그것을 살펴보기로 한다.

(12) ㄱ. *철수야, 당신은 어디 가느냐?
     ㄴ. *여보게, 너는 어디 가는가?
     ㄷ. *여보, 자네는 어디 가오?

문장 (9)에서 주어를 서로 바꾸어 놓은 문장이 위의 문장 (12)인데, (12)는
모두 비문이 되고 말았다. 그것은 (10)에서 볼 수 있는 것과 같이 동일 문장
안의 부름말, 2인칭주어, 종결어미 등이 청자높임법상으로 일치 현상을 나
타내는 사실을 어겼기 때문이다. 문장의 2인칭주어는 청자와 동일인이므
로, 2인칭대명사가 청자높임법의 실현에 관여하는 것은 너무나 당연하다.
따라서 청자로 상정할 수 있는 2인칭대명사가 문장의 주어로 선택될 경우
에는 그것이 청자높임법의 실현에 필연적으로 관여한다.

국어의 2, 3인칭대명사에 기본형과 높임형은 존재하고 낮춤형이 존재하
지 않는데, 이러한 사실은 국어 청자높임법의 체계에 낮춤의 영역이 설정

될 수 없는 실증적인 근거가 된다. 왜냐하면 2,3인칭대명사는 문장의 청자로 상정할 수 있기 때문이다. 청자높임법의 실현에 관여하는 2,3인칭대명사에 낮춤형이 존재하지 않고 높임형만 존재하는 현상은, 결국 청자높임법의 체계에 높임의 영역은 설정될 수 있으나 낮춤의 영역은 설정될 수 없다는 사실을 뒷받침해 주는 매우 중요한 언어적인 증거이다.

따라서 국어의 어떤 높임법이든 높임의 영역은 그 높임법의 체계에 설정될 수 있지만, 낮춤의 영역은 그 높임법의 체계에 설정될 수 없음이 국어의 인칭대명사를 통해서도 객관적으로 확인됨을 뚜렷이 보여주는 것이다.

셋째는 (3ㄷ)에 제시된 중화 형태의 내포어미에 대해 살펴보기로 한다. 국어의 문장이 간접 인용문으로 내포될 경우, 그 문장의 내포어미는 반드시 중화 형태로 나타난다. 그런데 만약 국어의 청자높임법의 체계가 최현배(1971)와 같이 높임과 낮춤의 대립 체계라고 한다면, 간접 인용문의 내포어미는 높임과 낮춤의 중간 형태로 나타나야 할 것이다. 그러나 실제로는 그렇게 나타나지 않기 때문에, 최현배(1971)를 비롯하여 많은 논자들에 의해 세워진 높임과 낮춤의 대립 체계는 고쳐져야 한다.

아래의 문장 (13)을 간접 인용문으로 내포시키면, 인용되기 이전 문장의 종결어미가 모두 '~ㄴ다'의 형태로 중화되어 (14)와 같이 나타난다.

   (13) ㄱ. 비가 온다.
       ㄴ. 비가 오네.
       ㄷ. 비가 오오.
       ㄹ. 비가 옵니다. (화자 : 철수)

   (14) 철수는 비가 온다고 말했다.

(13)을 간접 인용문으로 내포시킨 문장이 (14)이다. 문장 (13)은 청자높임법의 등급이 서로 다른 종결어미가 결합된 문장이지만, 이들 문장을 간접

인용문으로 내포시키면 (14)와 같이 모두 중화된 형태 '~ㄴ 다'로 나타난다. 최현배(1971)에서는 (13ㄱ)~(13ㄴ)은 청자를 낮추어 예우하는 낮춤의 문장으로, (13ㄷ)~(13ㄹ)은 청자를 높여서 예우하는 높임의 문장으로 처리하여 청자높임법의 체계를 세웠다. 그러한 체계가 설득력을 가지기 위해서는 (13)의 4개 문장을 간접 인용문으로 내포시킨 (14)의 내포어미가 '~ㄴ 다'로 나타나서는 안 될 것이다. 중화란 본디 차별성이 사라진 상태를 말한다. 최현배(1971)와 같이 청자높임법을 높임과 낮춤의 대립 체계로 세움이 타당성을 가지려면, (13)이 간접 인용문으로 내포된 (14)의 내포어미가 (13ㄴ)과 (13ㄷ)의 중간 등급을 실현하는 어떤 형태로 중화되거나, 아니면 (13ㄴ)과 (13ㄷ)이 공동으로 선택되는 중화 형태로 나타나야 할 것이다. 왜냐하면 높임을 실현하는 문장과 낮춤을 실현하는 문장이 중화 위치에 분포하면 높임과 낮춤의 차별성을 갖는 종결어미가 아닌 다른 종결어미, 다시 말하면 높임과 낮춤의 차별성이 사라진 중화된 종결어미가 선택되어야 하기 때문이다. 그러나 문장 (14)와 같이 간접 인용문의 내포어미는 (13ㄱ)의 종결어미와 동일한 형태로 중화됨을 볼 수 있다.

　문장 (13ㄱ)의 종결어미는 청자에 대한 화자의 높임 관념이 전혀 반영되지 않은 형태이다. 청자에 대한 화자의 높임 관념이 반영되지 않았다면, 그 형태는 안높임을 나타낼 뿐이지 결코 청자를 낮추어 예우하는 것으로 봐서는 안 된다. 그럼에도 불구하고 최현배(1971)를 비롯한 거의 대부분의 논의에서는 청자에 대해 높임 관념이나 낮춤 관념 중의 중간 위치에 놓이는 경우, 그것을 높임과 대립되는 낮춤의 영역으로 처리해 왔다. 안높임과 낮춤은 동일하게 처리할 수 없는 다른 위상을 가진다. 즉 낮춤은 화자가 청자를 낮추어 예우하는 층위이지만, 안높임은 청자를 높여서 예우하지도 않고 그렇다고 낮추어 예우하지도 않는 층위이다. 다시 말하면 안높임은 높임과 낮춤의 어떤 문법 관념도 반영되지 않은 층위를 가리킨다. 우리가 앞의 3.2.3.1의 (1)에서 나타낸 바와 같이 높임과 낮춤 그리고 안높임을 이해하기 쉽게 표시하면, 높임은 (+)로 나타낼 수 있고 낮춤은 (—)로 나타낼 수 있으며 안높임은 (0)로 나타낼 수 있을 것이다.

(13ㄱ)의 종결어미 '~ㄴ 다'는 청자에 대한 화자의 높임 관념이나 낮춤 관념이 전혀 반영되지 않은 형태인데 반해, 문장 (13ㄴ)~(13ㄹ)에 결합된 종결어미는 모두 청자에 대한 화자의 높임 관념이 반영된 형태들이다. 따라서 문장 (13ㄱ)의 종결어미 '~ㄴ 다'는 높임 관념을 (0)로 표시할 수 있고, (13ㄴ)~(13ㄹ)의 종결어미들의 높임 관념은 모두 (+)로 표시할 수 있다. 청자에 대한 화자의 높임 관념의 표시를 (+)로 나타낼 수 있는 문장 (13ㄴ)~(13ㄹ)의 종결어미 형태들은 청자에 대한 화자의 높임 관념의 정도에 따라 그 높임의 등급이 달리 실현된다. 즉 문장 (13ㄴ)의 '~네'는 화자의 높임 관념의 정도가 아주 작지만, (13ㄷ)의 '~으오'는 화자의 높임 관념의 정도가 '~네'보다 좀더 크며, (13ㄹ)의 '~습니다'는 화자의 높임 관념의 정도가 가장 크다고 할 수 있다.

따라서 문장 (13ㄱ)의 종결어미 '~ㄴ 다'는 청자에 대한 화자의 높임 관념이 전혀 반영되지 않은 형태이며, 그렇다고 하여 낮춤 관념이 반영된 것도 아니다. 따라서 (13ㄱ)의 종결어미 '~ㄴ 다'는 안높임의 형태라 할 수 있다. 그것은 (13)의 4개 문장이 간접 인용문으로 내포된 문장 (14)의 중화된 내포어미의 형태가 '~ㄴ 다'라는 사실에서 드러난다. 그럼에도 불구하고 앞선 논의의 업적 거의 대부분에서, (13ㄱ)과 (13ㄴ)의 문장을 두고 청자에 대한 낮춤의 청자높임법이 실현된 문장으로 처리하고 (13ㄷ)과 (13ㄹ)의 문장을 청자에 대한 높임의 청자높임법이 실현된 것으로 처리하여 왔다는 것은 쉽게 납득하기 어려운 점이다. 그와 같은 논의들에서는 높임이 있으니 낮춤이 있을 것이라는 일반적인 대립 관념을 중심으로 청자높임법의 체계를 기술한 것으로 생각되는데, 그러한 태도는 국어의 실제적 현실을 정밀하게 반영하기 어려운 선입견이 작용한 것이라 할 수 있다.

지금까지 국어의 청자높임법의 체계에 낮춤의 영역이 존재하지 않는 근

거를 제시한 앞의 (3)에 대해 한 항목씩 자세하게 살펴보았다. 문장의 서술
어에 결합하여 청자를 높여서 예우하는 청자높임어미는 존재하지만, 청자
를 낮추어 예우하는 청자낮춤어미가 존재하지 않으므로 낮춤의 영역은 설
정될 수 없는 것이다. 그리고 화자로 상정할 수 있는 1인칭대명사에 기본
형과 낮춤형은 존재하나 높임형은 존재하지 않으며, 청자로 상정할 수 있
는 2,3인칭대명사에 기본형과 높임형은 존재하나 낮춤형이 존재하지 않는
사실은 곧 청자높임법의 체계에 낮춤의 영역은 설정할 수 없음을 분명하게
보여주는 것이다. 또 원화자가 발화한 문장이 인용화자에 의해 간접 인용
문으로 내포될 경우, 그 문장의 내포어미는 안높임의 종결어미로 중화되어
나타나는 사실 역시 낮춤의 영역이 청자높임법의 체계에 설정될 수 없음을
객관적으로 보여주는 증거인 것이다. 따라서 국어 청자높임법의 체계에는
높임과 안높임은 존재하지만 낮춤은 존재하지 않는다.

국어 청자높임법의 체계는 아래의 (15)와 같은 틀을 가진다.

    (15) 청자높임법 체계의 틀
        ㄱ. 높임----------------- (+)
        ㄴ. 안높임 ----------- (○)

위의 (15)는 앞에서 제시한 (1)과 근본적으로 다르다. 즉 (1)에서는 청자높
임법이 높임(+)과 함께 낮춤(—)의 영역이 존재하는 체계인 반면, (15)에서
는 청자높임법이 높임(+)과 안높임(0)의 영역이 존재하는 체계이다. 그러니
까 후자의 체계에는 낮춤의 영역이 존재하지 않는다는 것이다. 낮춤의 영
역이 존재하지 않는 체계 (15)는 앞의 (3)에서 제시한 국어의 근거를 바탕으
로 세워진 것이다. 그러므로 (15)는 현대 국어의 청자높임법을 체계화하기
위한 바탕이 되는 틀이라 할 수 있다. 즉 청자높임법 체계의 틀을 나타낸
(15)는 원칙적으로 (15ㄴ)의 안높임이 기준이 되고, 안높임의 영역을 기준으

로 하여 (157)의 높임 영역이 설정되는 것으로 본다.

이것은 청자에 대한 화자의 어떤 높임 관념도 반영되지 않은 무표상태인 안높임이 보편적인 상태로 존재하다가, 화자의 청자에 대한 높임 관념이 반영하면 유표상태인 높임으로 바뀌어 실현되는 것으로 해석할 수 있다. 그러니까 안높임의 언어 표현이 보편적이고 일상적이며 높임의 언어 표현은 특별한 표현이라 할 수 있는 것이다. 어린아이가 처음 말을 습득할 때는 보편적이고 일상적인 언어 표현으로 한다. 보편적이고 일상적인 언어 표현이 더 쉽고 편안한 표현이며 안높임의 표현이다. 차츰 나이가 들어감에 따라 보편적인고 일상적인 표현과 함께 좀더 특별한 표현, 즉 높임의 표현을 하게 되는 것이다. 안높임의 실현에는 화자의 청자에 대한 특별한 관심이나 배려가 반영되지 않지만, 높임의 실현에는 화자의 특별한 관심과 배려가 반영된다. 여기서 특별한 배려나 관심은 청자에 대한 화자의 높임 관념이라 할 수 있는데, 청자에 대한 높임 관념은 종결어미의 형태 구조에 반영되는 것이 보편적이다. 하지만 다른 기능에서 전용된 종결어미의 경우에는 청자에 대한 화자의 높임 관념이 그 형태 구조에 반영되지 않고 발화 상황에 의해 반영된다.

2.3.2 청자높임법 체계에 관여하는 요인

국어 청자높임법의 체계에 관여하는 요인은 크게 두 가지가 있다. 첫째는 언어 내적 요인이고, 둘째는 언어 외적 요인이다. 전자는 청자높임법에 관여하는 언어의 구체적인 실체를 말하고, 후자는 전자에 해당하는 구체적 언어의 실체로 나타나게 하는 배경이 되는 요인을 말한다. 종결어미에 의해 실현되는 청자높임법의 경우, 전자는 종결어미의 형태 구조에 대한 정밀한 분석에 의해 그 요인이 드러나고 후자는 화자와 청자의 관계나 상황에 대한 분석에 의해 그 요인이 드러날 수 있다.

2.3.2.1 언어 내적 요인

종결어미에 의해 실현되는 청자높임법에 관여하는 언어의 실체적 요인은, 종결어미의 형태를 이루는 어미구조체의 구성 요소를 분석함으로써 드러난다. 국어의 종결어미는 그 형태가 단일한 요소에 의해 이루어지기도 하지만, 종결어미의 거의 대부분의 형태는 두 개 이상의 구성 요소로 이루어진다. 단일 요소에 의해 이루어진 경우는 문장종결소가 종결어미로 기능하는 형태이고, 둘 이상의 요소에 의해 이루어진 종결어미는 문장종결소와 그 밖의 요소에 의해 구성된 형태이다.

단일 요소로 이루어진 종결어미의 형태는 마침법의 하위 범주에 해당하는 기본 형태, 즉 서술어미 '~다', 의문어미 '~냐', 명령어미 '~라', 청유어미 '~자' 등이 대표적이다. 이러한 종결어미의 형태에는 청자에 대한 화자의 높임 관념을 반영하는 형태 요소가 전혀 관여하지 않았다. 따라서 '~다', '~냐', '~라', '~자' 등의 종결어미 형태는 높임 관념이 (0)이며, 이들 형태에 의해 실현되는 청자높임법의 등급은 안높임이다. 하지만 복합적인 구성 요소에 의해 이루어진 종결어미의 경우에는, 그 종결어미의 형태를 이루는 어미구조체에 청자에 대한 화자의 높임 관념을 반영하는 청자높임소가 구성 요소로 관여하게 된다. 예컨대 서술어미 '~네', 명령어미 '~게', 청유어미 '~세' 등의 형태에는 청자높임소 '~이~'가 '~이'로 그 문법 기능이 변동하였으며, 청자에 대한 화자의 높임 관념은 기능 변동한 '~이'에 의해 반영되고 있다. 따라서 이들 형태에 의해 실현되는 화자의 높임 관념은 (+)이며, 청자높임법의 등급이 높임에 해당한다. 그리고 청자에 대한 화자의 높임 관념의 정도가 가장 높게 반영된 종결어미로는 '~습니다', '~습니까', '~습시오', '~습시다' 등이 있는데, 이들 형태를 이루는 어미구조체를 분석하면 화자의 높임 관념을 반영하는 문법 요소가 자연스럽게 드러난다. 즉 청자를 높여서 예우하는 청자높임소 '~습~'과 '~이~'가 이들 형태를 이루는 어미구조체의 구성 요소로 관여하기 때문에, '~습니다', '~습니까', '~습시오', '~습시다' 등의 형태는 화자의 높임 관념이 가장 높게 반영된 청자높임법의 등급을 실현한다.

청자높임법에 관여하는 언어 내적 요인은 위에서 살펴본 대로, 종결어미의 형태를 분석함으로써 구체적인 실체를 확인할 수 있다. 청자에 대한 화자의 높임 관념이 반영된 형태 요소가 종결어미의 형태 구조에서 분석되면 그 형태는 높임이라는 청자높임법의 등급을 실현하는 반면, 화자의 높임 관념이 반영된 형태 요소가 종결어미의 형태 구조에서 분석되지 않으면 그 형태는 안높임이라는 청자높임법의 등급을 실현한다.[35] 종결어미에 의해 실현되는 청자높임법은 그 종결어미의 형태를 이루는 어미구조체의 구성 요소에 대한 정밀한 분석을 통해 높임과 안높임으로 실현되는 청자높임법의 등급을 확연하게 변별할 수 있는데, 이것은 청자높임법의 체계를 객관적으로 바르게 세우기 위한 기본적인 방법이 1차적으로 형태론적 층위의 분석에 있음을 알게 해 주는 증거가 된다.

2.3.2.2 언어 외적 요인

종결어미에 의해 실현되는 청자높임법의 체계를 세우기 위해 1차적으로 형태론적 층위에서 종결어미의 형태 구조를 분석하는 방법이 바람직하다는 사실을 언어 내적 구조를 통해 알 수 있었다. 그리고 청자높임법의 등급에 관여하는 형태론적 요소는 화자의 의향 태도에 의해 선택되며, 화자의 의향 태도는 청자와 화자 사이의 관계와 여러 가지 사회적·심리적 요인에 의해 정해진다.

---

35) 이러한 분석 방법이 종결어미의 모든 형태에 적용되는 것은 아니지만, 그 대체적인 경향은 형태론적 층위에서 드러나고 있다. 형태론적 층위에서 종결어미에 의해 실현되는 청자높임법을 분석할 수 없는 형태는 화용론적 층위의 방법으로 분석할 수 있는 것으로 본다.

청자에 대한 화자의 의향 태도에 영향을 미치는 청자와 화자 사이의 관계와 여러 가지 사회적·심리적 요인은 청자높임법의 체계에 관여하는 언어 외적 요인이라 할 수 있다. 이러한 언어 외적인 요인은 언어의 내적 형태 구조에 영향을 미치게 되므로, 언어 외적 요인에 대한 관심은 언어 내적 요인과 함께 매우 중요하게 다룰 필요가 있다. 이 언어 외적 요인은 주로 화자와 청자의 관계에 대한 것이어서 흔히 사회적 요인으로 불리어진다. 화자와 청자 사이의 관계와 사회적 요인은 높임법에 관여하는 중요한 요인 중에서 언어 외적 요인을 가리키는 것이다.

높임법의 체계에 관여하는 언어 외적인 요인에 대한 논의는 황적륜(1975), 박영순(1978), 이정복(1998), Leech(1983) 등에서 논의된 바 있는데, 그 가운데 이정복(1998)에서 가정 정밀하게 다루고 있다.

이정복(1998)에서는 높임법에 관여하는 언어 외적인 요인이라 할 수 있는 사회적 요인을 크게 두 부류로 나누어 기술하였는데, 첫째는 '참여자 요인'이고 둘째는 '상황 요인'이라고 설명하고 있다. 참여자 요인은 높임법에 영향을 주는 화자, 청자, 제3자 등의 대화 참여자가 가진 개별적 특성이나 그들 사이의 관계적 특성을 말하고, 상황적 요인은 격식성과 제3자의 현장성 등과 같이 대화가 이루어지는 상황의 특성이 화자의 높임법 사용에 영향을 미치는 상황적 특성이라고 하였다. 그리고 참여자 요인은 다시 '개별 참여자 요인'과 '관계 요인'으로 나누고, 전자는 화자나 청자 등 대화 참여자의 개별적 특성을 가리키고 후자는 대화 참여자 사이의 나이차, 지위차, 성차, 친밀성 등을 가리킨다고 설명하였다. 그리고 황적륜(1975)에서는 높임법에 관여하는 사회적 요인의 우선 순위를 결정하기 위해 '흐름도(flow chart)'라는 개념을 사용하였으며, 박영순(1978)에서는 '친족 관계 여부'를 높임법에 관여하는 중요한 사회적 요인으로 처리하였다.

한편 Leech(1983)에서는 높임법에 관여하는 사회적 요인을 '사회적 거리(social distance)'라는 용어로 설명하였는데, 사회적 거리를 결정하는 두 요소

에 '수직적 거리'와 '수평적 거리'를 설정하였다. 화자와 청자를 중심으로
한 대화 참여자 사이의 힘과 권위는 수직적 거리의 정도를 결정하며, 발화
상황에 따라 대화에 관여하는 대화 참여자 사이의 지위, 나이, 친밀도 등
서로간의 연대성을 나타내는 요소들은 수평적 거리를 결정한다고 기술하
였다. 따라서 수직적 거리는 힘과 권위에 의해 결정되며, 수평적 거리는 대
화 참여자들 사이의 연대성에 의해 결정되는 것으로 보았다.

　높임법에 관여하는 언어 내적 요인과 언어 외적 요인은 모두 그 중요성
이 인정된다. 언어 내적인 요인이 귀납적인 요인이라고 한다면, 언어 외적
인 요인은 연역적인 요인이라 할 수 있다. 언어는 인간에 의해 발화되며,
언어를 발화하는 사람의 의향 태도에 따라 언어의 형태 구조가 다르게 결
정된다. 따라서 언어 외적 요인이 언어 내적 요인에 영향을 준다고 할 수
있다. 하지만 높임법에 관여하는 언어 외적 요인은 여러 가지 변인
(parameters)이 복합적으로 작용하고 있으므로, 그것을 포괄적으로 살필 수
는 있되 분석적이고도 객관적으로 다루기는 어렵다고 본다. 그러므로 화자
의 의향 태도가 귀납적으로 드러나는 언어 내적 요인인 언어의 형태 구조
에 대한 객관적인 분석 결과에 주목할 필요가 있다. 언어의 형태 구조는
언어의 구체적인 실체이며, 그 언어의 실체를 정밀하게 분석함으로써 언어
의 내적 구조 체계를 객관적으로 기술하고 설명할 수 있을 것이다.

2.3.3 국어 청자높임법의 체계

　종결어미에 의해 실현되는 청자높임법 체계의 틀은 앞에서 제시한 (15)
와 같이 세울 수 있다. 따라서 청자높임법는 기본적으로 (15)의 틀에 바탕
을 두고 체계화할 수 있으며, 청자높임법의 체계화는 화자들에 의해 사용
되고 현실 언어의 모습이 합리적으로 반영될 수 있어야 한다.

　현실 언어는 화자에 따라 다양한 언어 의식의 반영으로 나타나지만, 실
제로 발화되는 언어의 모습은 그렇게 다르지 않다. 종결어미에 의해 실현

되는 청자높임법의 경우에, 종결어미의 형태 구조에 따라 청자높임법의 체
계를 세울 수밖에 없다. 우리는 앞에서 청자높임법의 체계에 관여하는 요
인을 두 가지로 설명하였는데, (가) 언어 내적 요인과 (나) 언어 외적 요인이
그것이다. 언어의 외적 요인은 화자의 발화에 의해 나타나는 언어의 형태
구조를 결정하는 데 관여하는 것이 사실이다. 그러나 그 언어의 외적 요인
이 어떻게 관여하든 객관적으로 드러나는 것은 언어의 형태 구조이다.
　아래의 예문 (16)을 보기로 하자.

　　　(16) ㄱ. 어디 가느냐?
　　　　　ㄴ. 어디 가는가?

　어떤 화자가 마음 속으로는 청자를 높여서 예우하려는 의도가 있다고
하더라도 그가 만약 (16ㄱ)을 발화했다면, 그것은 (16ㄴ)을 발화하는 경우보
다 청자를 높여서 예우한 것으로 볼 수 없다. 반면 화자가 마음 속으로 청
자를 높여서 예우할 의도가 전혀 없다고 하더라도 만약 (16ㄴ)을 발화했다
면, 그것은 (16ㄱ)을 발화하는 경우보다 청자를 높여서 예우한 결과가 되고
말 것이다. 화자가 청자에 대해 가지는 마음 속의 관념은 겉으로 객관적으
로 드러나지 않지만, 화자에 의해 발화된 문장은 표면적으로 뚜렷이 드러
난다. 그러므로 청자높임법의 체계를 세우는 경우에 언어 외적 요인은 언
어 내적 요인보다 그 체계에 관여하는 정도에서 뒤질 수밖에 없는 것이다.
따라서 청자높임법의 체계는 화자에 의해 발화된 언어의 형태 구조를 중심
으로 세우는 것이 바람직하다고 본다. 이러한 태도는 곧 언어의 내적 요인
에 따라 청자높임법을 체계화해야 하며, 그 언어의 내적 요인은 결국 언어
의 형태 구조라는 사실을 중요시하는 것이다.
　하지만 종결어미의 형태 중에는 본디부터 종결어미로 기능하지 않고, 다
른 문법 기능을 수행하던 형태가 문법화에 의해 기능이 전용된 종결어미가

있다. 그런 경우에 해당하는 종결어미의 형태는 형태론적 층위에서 청자높임법의 체계를 세우기가 어렵다. 왜냐하면 종결어미로 기능이 전용되더라도 그 형태 구조에는 아무런 변화가 없기 때문이다. 따라서 그와 같은 종결어미의 형태에 대해서는 화용론적 층위의 분석을 통해 청자에 대한 높임 관념의 등급을 구분하는 방법이 적용될 수밖에 없다.

화자의 발화에서 가장 기본적인 문장은 화자가 청자를 높여서 예우하지 않는 안높임의 문장이다. 여기서 기본적인 문장이란 화자가 청자에 대해 어떤 의식을 갖지 않고 자연스럽게 발화하는 문장을 말한다. 아무런 선입견없이 자연스럽게 발화하는 문장은 어린아이들에게서 쉽게 발견된다. 철없는 어린아이들에 의해 발화되는 문장은 청자에 대한 높임 관념과 같은 문법적 관여가 전혀 없다. 그러므로 어린아이들에 의해 발화되는 문장은 안높임으로 실현된다. 따라서 안높임의 문장이 기본적인 문장이며, 무표상태의 문장이라 할 수 있다. 그러나 청자에 대한 높임의 문장은 화자가 청자에 대해 높임의 문법적 관념이 반영된 문장이다. 기본적인 문장은 무표상태의 안높임의 문장이지만, 청자에 대해 높임 관념이 반영된 문장은 유표상태의 높임 문장이다. 유표상태의 높임 문장은 청자에 대한 화자의 높임 관념의 정도에 따라 그 등급이 다르게 설정될 수 있다.

종결어미에 의해 실현되는 청자높임법을 체계화하기 위해서는, 먼저 종결어미의 형태 구조에 대한 정밀한 관찰과 분석이 요구된다.

그러면 아래 (17)의 문장을 보기로 하자.

    (17) ㄱ. 산이 아주 높다.
         ㄴ. 산이 아주 높네.
         ㄷ. 산이 아주 높으오.
         ㄹ. 산이 아주 높습니다.

(17)의 각 문장의 서술어에 결합된 종결어미의 형태에 대한 관찰을 통해

청자에 대한 화자의 높임 관념의 표시 여부와 그 정도를 어느 정도 확인할 수 있다. (17ㄱ)의 종결어미 '~다'에는 어떠한 높임 관념을 반영하는 요소의 결합이 없으며, 단지 문장을 끝맺는 기능을 수행하는 요소인 문장종결소 '~다'만으로 한 개의 종결어미 형태를 이루고 있다. 하지만 (17ㄴ)~(17ㄹ)의 각 문장 서술어에 결합된 종결어미의 형태 구조에는 청자에 대한 화자의 높임 관념이 반영된 요소들이 결합되어 있다. 문장 (17ㄴ)의 서술어에 결합된 종결어미 '~네'는 청자높임소 '~이~'가 '~이'로 기능 변동함으로써 문장을 끝맺는 기능을 획득하게 된 형태인데, 이 형태는 '~이~에서 기능 변동한 '~이'가 청자에 대한 화자의 높임 관념을 반영하는 요소이다. 문장 (17ㄷ)의 서술어에 결합된 종결어미 '~(으)오'는 15세기 국어에서 문장의 객체를 높여 예우하던 객체높임소 '~숩~'이 근대 국어로 오는 과정에 청자높임소로 바뀌면서 정착된 형태인데, 이 형태는 '~오'의 그 자체가 화자의 청자에 대한 높임 관념을 반영하는 요소이다. 그리고 문장 (17ㄹ)의 종결어미 '~습니다'는 '습+느+이+다'와 같은 어미구조체로 재분석될 수 있는 형태이다. '~습니다'의 어미구조체를 이루는 구성 요소 중에서 '~습~'과 '~이~'는 청자에 대한 화자의 높임 관념이 반영된 요소이고, '~느~'는 직설의 서법소이며, '~다'는 문장종결소이다.

　문장 (17)에 결합된 종결어미의 형태 구조를 정밀하게 분석한 바, 그 형태를 이루는 어미구조체의 구성 요소에 청자에 대한 화자의 높임 관념을 반영하는 요소가 관여하는 경우와 관여하지 않는 경우가 구별됨을 볼 수 있다. (17ㄱ)의 문장에 결합된 종결어미 '~다'는 청자에 대해 어떠한 높임 관념도 반영되지 않은 문법 형태이다. 따라서 (17ㄱ)의 '~다'와 같은 종결어미는 청자에 대해 안높임을 실현하는 문장이라 할 수 있다. 그러나 대부분의 앞선 논의들에서는 청자에 대한 화자의 높임 관념이 전혀 반영되지 않은 (17ㄱ)의 종결어미 형태 '~다'에 의해 낮춤이 실현되는 것으로 처리하였다. 하지만 '~다'와 같이 화자의 높임 관념이 전혀 반영되지 않은 종결어미의 형태가 낮춤의 청자높임법을 실현한다는 것은 논리상으로 합당하지 않은 것이다. 왜냐하면 '~다'의 형태를 이루는 어미구조체에 청자에 대한 화자의 낮춤 관념이 반영된 요소가 전혀 관여하지 않기 때문이다. 우리는 앞에서 국어 높임법의 하위 범주인 주체높임법, 객체높임법, 그리고 청자높임법의 어느 범주에도 낮춤의 영역이 존재하지 않는다는 사실을 자세하게 살펴본 바 있다. 그리고 국어에 왜 낮춤이라는 영역이 존재하지 않느냐에 대한 객관적인 근거에 대해서도 정밀하게 기술하였다.

(17)의 4개 문장 중에, (17ㄱ)은 종결어미 '~다'에 의해 안높임이 실현되고 (17ㄴ)~(17ㄹ)의 3개 문장은 각각 '~네', '~(으)오', '~습니다' 등에 의해 높임이 실현된다. 그 근거는 너무나 간단하고 분명하다. 종결어미 '~다'의 형태에는 청자에 대한 높임 요소가 관여하지 않기 때문이고, '~네', '~(으)오', '~습니다' 등의 형태 구조에는 청자에 대한 높임 요소가 모두 관여하기 때문이다.

따라서 국어 청자높임법의 체계는 아래 (18)과 같이 세울 수 있다.

(18) 국어 청자높임법의 체계

ㄱ. 높임법(+)
  ①아주높임 ------------- (+3)
  ②조금더높임------------ (+2)
  ③조금높임 ------------- (+1)
ㄴ. 안높임법(0) : ------------------------------- (0)

국어 청자높임법의 체계를 나타낸 (18)은 앞에서 제시한 청자높임법 체계의 틀 (15)를 토대로 하여 세워진 것이다. 국어에서 청자높임법의 기본적인 바탕은 안높임이다. 이 안높임은 청자높임법상으로 무표적인 상태이며, 높임은 유표적인 상태라 할 수 있다. 잘 알려진 바와 같이 무표적인 상태는 가장 일반적이고 특별하지 않은 것이며, 유표적인 것은 일반적이 아니고 특별한 것이다. 청자높임법상으로 안높임을 실현하는 종결어미의 형태 구조에는 청자에 대한 화자의 높임 관념이 반영된 요소가 관여하지 않는 반면, 높임을 실현하는 종결어미의 형태 구조에는 청자에 대한 화자의 높임 관념이 반영된 요소가 관여하는 것이 보편적인 현상이다. 따라서 청자에 대한 화자의 높임 관념을 표시하는 청자높임소가 관여하지 않는 종결어미는 청자높임법상으로 무표적인 형태이고, 청자높임소가 관여하는 종결어미는 유표적인 형태이다.

위의 (18)에서 제시한 국어 청자높임법의 체계는 무표적인 안높임법을 기본적인 바탕으로 하며, 무표적인 안높임법과 유표적인 높임법의 대립을 이룬다. 그리고 유표적인 (18ㄱ)의 높임법은 다시 세 등급으로 하위 범주가 설정될 수 있다. 각 하위 범주 뒤의 ( )에 넣어 나타낸 숫자는 단지 등급상으로 차등이 있음을 드러낸 것에 지나지 않는다. ( ) 안에 표시된 숫자는 차등이 일정하지만, 언어의 실제상으로는 그 차등이 일정하다고 말할 수 없다.

(18)에 제시된 청자높임법의 체계에서 안높임법을 실현하는 종결어미의 형태는 청자높임법상으로 무표적인 형태라 할 수 있는 반면, 높임법을 실현하는 종결어미의 형태는 유표적인 형태라 할 수 있다. 청자높임법상으로 무표적인 형태에 의해 실현되는 안높임법은 (18ㄴ)과 같이 (0)로 나타낼 수 있는데, 이것은 청자에 대한 화자의 높임 관념이 전혀 없음을 표시한 것이다. 그러나 청자에 대한 화자의 높임 관념이 반영된 종결어미의 형태에 의해 실현되는 높임법은 (18ㄱ)과 같이 3등급으로 구분된다. 이러한 구분은 주로 형태론적 층위에서 이루어질 수 있으나 부분적으로는 화용론적 층위에서도 이루어진다. (18ㄱ)과 같은 높임법의 하위 등급의 구분은 대개 형태론적 층위의 분석을 통해 가능하며, 다른 문법 기능어가 종결어미로 기능이 전용된 형태에 대해서는 형태론적 층위의 분석이 변별적인 의미를 갖지

못하므로 그런 형태에 대해서는 화용론적 층위의 분석을 통해 등급을 구분
한다.

　형태론적 층위의 분석으로 청자높임법의 등급 구분이 가능한 전형적인
종결어미 형태를 (18)의 체계에 맞추어 아래의 (19)에서 몇 개의 형태를 열
거한다.

(19) : ㄱ. 높임법 : ① 아주높임 : '~습니다', '~습니까', '~습시오', '~습시다,'
　　　　　　　　② 조금더높임 : '~(으)오', '~네요', '~데요',
　　　　　　　　③ 조금높임 : '~네', '~데', '~게', '~세'
　　　ㄴ. 안높임법 : '~다', '~ㄴ다', '냐'

　(19)에서 청자높임법상으로 안높임법을 실현하는 종결어미의 형태는 (19
ㄴ)의 '~다', '~ㄴ다', '~냐' 등인데, 이들 형태를 이루는 어미구조체에는
청자에 대한 화자의 높임 관념이 반영된 어떤 요소도 관여하지 않았다. 하
지만 청자높임법상으로 높임을 실현하는 (19ㄱ)에 열거한 형태를 이루는
어미구조체에는 청자높임소가 모두 관여하고 있다. (19ㄱ)~③의 조금높임
을 실현하는 종결어미 '~네', '~데', '~게', '~세' 등의 형태를 이루는 어
미구조체의 구성 요소 '~이'는 '~이~'에서 기능 변동된 것인데, '~이'에
는 청자에 대한 화자의 높임 관념이 반영되어 있다. 즉 청자높임소 '~
이~'가 '~이'로 기능 변동함으로써 본디 '~이~'가 실현하던 청자에 대
한 높임 관념을 온전하게 실현하지 못하고 '~이~'보다 한 단계 낮은 높임
관념을 실현하게 된다. 이것은 하나의 문법 형태가 담당하는 기능부담량의
한계성으로 말미암아 '~이'는 '~이~'보다 한 단계 낮은 높임 등급을 실
현하는 것이다. 청자높임소 '~이~'는 청자를 높여서 예우하는 문법적 관
념만을 실현한다. 하지만 '~이'는 청자 높임과 문장 종결의 두 가지 기능
을 수행하게 되므로, 청자 높임의 등급이 조금 떨어지는 것은 이 문법 형태
가 감당하는 기능부담량의 한계 때문이라 할 수 있다. (19ㄱ)~②에 해당하
는 종결어미 '~(으)오', '~네요', '~데요' 등의 형태에는 청자에 대한 화자

의 높임 관념이 반영된 '~이'와 '~요'가 함께 관여함으로써 청자높임법상
으로 조금더높임을 실현하는 것이다. 그리고 (19ㄱ)~①에 해당하는 종결어
미 '~습니다', '~습니까', '~습시오', '~습시다' 등의 형태에는 공통적으
로 청자를 높여서 예우하는 문법소 '~습~'과 '~이~'가 모두 관여하고
있으므로, 이들 형태는 청자높임법상으로 아주높임을 실현하는 것이 당연
하다.

　따라서 (19)에 열거한 종결어미의 형태에 대해서 위와 같은 형태론적 층
위의 분석을 통해, 국어 청자높임법의 체계 (18)에 대한 타당성을 자연스럽
게 뒷받침해 준다. 종결어미의 형태 구조에 화자의 청자에 대한 높임 관념
이 반영된 요소가 관여하지 않는다면, 그 형태는 청자높임법상으로 안높임
을 실현하는 것으로 봐야 한다. 그럼에도 불구하고 많은 앞선 논자들은그
러한 형태에 의해 화자의 청자에 대한 낮춤의 문법 관념을 실현하는 것으
로 잘못 처리하였다. 따라서 (19ㄴ)에 열거한 종결어미의 형태는 국어 청자
높임법의 체계를 나타낸 (18ㄴ)의 안높임을 실현하는 것으로 처리해야 한
다. 그리고 (18ㄱ)에 해당하는 종결어미의 형태는 (19ㄴ)에서 제시되고 있는
데, (19ㄴ)~①②③의 형태에서 분석할 수 있는 청자 높임의 문법소에 의해
등급의 차등이 드러난다. 즉 (19ㄴ)~③에 해당하는 '~네', '~데', '~게',
'~세' 등의 형태에는 기능부담량의 한계성에 따른 제약을 받는 '~이'가
분석되므로, 이것은 화자의 청자에 대한 높임 관념이 비교적 낮다. 따라서
이들 종결어미의 형태는 청자높임법상으로 조금높임을 실현한다. (19ㄱ)~
②에 해당하는 '~(으)오', '~네요', '~데요' 등의 형태에는 '~이'가 관여
하는 (19ㄱ)~③의 형태에 비해 청자높임법상으로 조금더높임을 실현하는
데, 그것은 (19ㄱ)~③에 해당하는 형태에 청자를 높이는 '~요'가 더 결합
되어 있거나 객체높임소에서 청자높임소로 기능이 바뀌면서도 높임의 정
도는 그대로 유지되는 요소가 관여하기 때문이다. 본디 객체높임소로 기능
한 '~습~'이 청자높임소로 바뀌었다 하더라도 선어말어미로서의 위상은

그대로 유지하고 있으므로 높임의 정도에는 변함이 없다고 본다. 그리고 (19ㄱ)~①에 해당하는 종결어미의 형태에는 공통적으로 청자높임소 '~습~'과 '~이~'가 모두 관여하기 때문에, 이들 형태는 청자높임법상으로 등급이 가장 높은 아주높임을 실현하는 것이다.

그런데 (18ㄱ)의 높임법은 잠정적으로 조금높임, 조금더높임, 아주높임 등으로 등급이 구분되는데, 각 등급의 뒤에 각각 (+1), (+2), (+3)으로 표시하였다. 높임법의 하위 범주에 다시 차등이 있음을 나타낸 +1, +2, +3 등은 정수로서 각각 1의 차이가 드러나지만, 여기서의 숫자 그 자체는 특별한 의미가 없다. 단지 등급상으로 차이가 있다는 사실을 숫자로 나타낸 것에 불과하다.

이것은 (19ㄱ)의 ①,②,③ 그리고 (19ㄴ) 등과 관련지어 보면 좀더 쉽게 이해할 수 있다. 청자높임법상으로 안높임을 실현하는 '~다', '~ㄴ다', '~냐' 가 (18ㄴ)에서 (0)로 표시된 것은, 청자에 대한 화자의 높임 관념이 전혀 반영되지 않은 종결어미의 형태임을 제시한 것이다. 그리고 (19ㄱ)~③의 '~네', '~데', '~게', '~세' 등이 (+1)로 표시되었다고 하여, 이들 형태가 (19ㄴ)의 '~다', '~ㄴ다', '~냐' 등에 비해 +1만큼 청자를 높여서 예우함을 뜻하는 것이 아니다. (19ㄱ)~③에 해당하는 종결어미의 형태는 높임법 (+)을 실현하는데, 그 등급은 (+1) 중에서 가장 낮은 (+1)로 나타냈을 뿐이다. 또 (+2)로 나타낸 종결어미의 형태 '~네요', '~데요' 등은 (19ㄱ)~②에 해당한다. 이들 형태가 (19ㄱ)~③의 '~네', '~데'에 비해 청자에 대한 화자의 높임 관념이 더 높다는 것을 표시할 뿐, 숫자상으로 +1만큼 화자가 청자를 더 높인다는 뜻은 아니다. 그리고 (19ㄱ)~①의 '~습니다', '~습니까' 등을 (+3)으로 나타내고 (19ㄱ)~②의 '~네요', '~데요' 등을 (+2)로 나타내었지만, '~습니다'와 '~습니까'가 '~네요'와 '~데요'에 비해 청자높임법의 등급이 더 높다는 것을 제시할 뿐이며 반드시 (+1)만큼 더 높인다는 뜻은 아니다. (18ㄱ)의 높임법에서 하위 범주의 등급 차이를 (+1)~(+3)

으로 나타낸 것은 차등이 있다는 것을 보이며, 그 숫자의 차이만큼 청자를
높여서 예우하는 데 있는 것은 아니다.

그런데 이정복(1994)에서는 이른바 경어법 점수라는 개념을 설정하고,
높임법을 실현하는 '님', '~께서', '~시~' 등에 각각 3, 3, 4의 경어법 점수
를 부여한 바 있다. 그러나 김태엽(2000)에서는 위와 같은 경어법 점수에
문제가 있음을 지적한 바 있다.

아래 (20)을 살펴보기로 하자.

(20) ㄱ. 자네도 여기에 앉으시게.
     ㄴ. *선생님 여기 앉으시게.
     ㄷ. *아버지께서 여기 앉으시게.

문장 주체가 '자네'인 (20ㄱ)에서, '~게'가 종결어미로 선택된 서술어에
주체높임어미 '~시~'는 자연스럽게 결합될 수 있다. 그러나 (20ㄴ), (20ㄷ)
과 같이 '~님'과 '~께서'로서 주체를 높이는 문장에서 '~게'가 종결어미
로 선택된 문장은 문법적으로 받아들여지지 않는다. (20ㄴ)과 (20ㄷ)이 비문
인 것은 '~시~'의 결합 문제가 아니고 종결어미 '~네'의 결합 때문이라
는 사실을 감안하더라도, 주체높임어미 '~시~'가 '~게'로 종결되는 문장
에 공기하는 것은 '~시~'가 '~님'과 '~께서'에 비해 이른바 경어법 점수
가 더 높을 가능성이 있다고 보기 어렵다.

실제로 청자높임법의 체계(18)에서 높임법(+)의 하위 범주 사이에 모두
정수 1만큼의 차이로 나타내었지만, 청자에 대한 높임의 차등이 1만큼이라
는 뜻은 아니다. 그렇게 숫자상의 차이로 나타낸 것은 이해를 돕기 위한
편의적인 표시에 불과하다는 것을 앞에서도 이미 언급하였다. 따라서 (18)
은 등급상의 차이를 어떠한 숫자로 나타냄으로써 등급 사이의 차등을 좀더
쉽게 드러낸 것에 지나지 않는다. 그렇다고 하여 이정복(1994)와 같이 통계

적인 수치로 분석하기 위한 개념으로 점수화하여 청자높임법의 등급 차이
를 설명하기는 곤란하다고 본다. 왜냐하면 청자에 대한 화자의 높임 관념
은 고정되어 있을 수도 있지만 유동적일 수도 있기 때문이다. 이러한 사실
은 담화상에서 흔히 접할 수 있다.

> (21) 철수가 왔습니다. 그런데 혼자 오지 았았어요.
>   친구하고 같이 왔는데, 기분이 참 좋아 보입니다.
>   그 친구는 남자가 아니고 여자인 것 같아요.

　(21)은 담화의 일부분을 옮겨 놓은 글이다. 앞에서 우리가 세운 국어 청
자높임법의 체계(18)에 따르면, (21)에서는 아주높임법과 조금더높임법이
혼용되고 있음을 볼 수 있다. 이러한 언어 현상은 일상 생활에서 흔히 관찰
할 수 있는데, 그 원인에 대해서 몇몇 논자들의 견해가 제시된 바 있다.
　손호민(1983), 성기철(1984), 유송영(1994), 이정복(1998) 등이 그 대표적인
업적이다. 손호민(1983)과 유송영(1994)에서는 동일한 담화 안에서 두 등급
의 청자높임법이 교체되어 사용되는 것은, 청자와의 '힘'과 '유대'의 관계
에 의한 문체적인 차이나 정도의 조절에 의한 것으로 기술하였다. 이것은
Leech(1983:126)에서 화자와 청자의 사회적 거리를 결정하는 가로축과 세로
축이 '힘'과 '연대'에 의한다는 설명과 크게 다른 바가 없다. 그리고 성기철
(1984)에서는 이른바 격식체와 비격식체의 혼용은 상대에 대한 화계 결정
이 여의치 못하거나 비격식체의 화계가 관련된 두 화계의 중간 정도에 있
기 때문이라고 설명하였다. 또한 이정복(1998)에서는 두 등급의 혼용을 '말
단계 변동 현상'이라 하고, 그 이유를 두 가지로 나누어 설명하였다. 하나
는 화자의 무의식적인 발화 습관의 결과라는 것이고, 다른 하나는 화자가
특정한 목적을 가지고 의도적으로 청자높임법의 등급을 변화시키는 경우
라는 것이다.

　(21)의 담화와 같이 두 등급의 청자높임법이 혼용되는 언어 현상에 대한 논자들의 견해는 그 나름대로 타당성을 가지고 있는 것으로 판단된다. 하지만 우리는 위에서 살펴본 논자들의 견해와 다른 생각을 가지고 있다. (21)의 담화에서 화자가 청자높임법의 등급 결정이 어렵거나 또는 화자의 의도적인 목적이 있어서 두 등급이 혼용된 것으로 볼 수도 있겠지만, 화자의 무의식적인 언어 습관일 가능성이 더 높다고 본다. 화자의 무의식적인 언어 습관은 바로 언어 현실을 반영한 것이므로, 다른 어떤 요인보다 이것이 매우 중요한 시사점을 던져준다. 왜냐하면 의도성이 개입되지 않은 화자의 언어 습관이야말로 있는 그대로의 현실 언어의 표본이 될 수 있기 때문이다.

　종래 청자높임법을 체계화하면서 흔히 격식체와 비격식체로 나누어 이원화된 체계를 세우는 것이 언어 현실에 부합하는 것으로 보았으나, (21)의 담화에 드러나는 두 등급의 청자높임법은 격식체와 비격식체의 설명으로는 쉽게 납득할 수 없는 언어 사실이다. (21)에서 '~습니다'와 '~어요'가 혼용되는 현상을 성기철(1984)와 같이 등급의 결정이 어렵거나 관련된 두 등급의 중간 정도에 있기 때문이라고 설명할 수는 없다고 본다. (21)의 담화에서 '~습니다'와 '~어요'의 혼용은 종래 전자가 격식체의 종결어미이고 후자가 비격식체의 종결어미라는 구분이 의미가 없어졌음을 보여주는 것이다. 다시 말하면 (21)과 같이 종결어미 '~습니다'와 '~어요'가 한 화자의 동일한 담화에서 혼용되는 것은, 이 두 형태에 의해 실현되는 청자높임법의 등급에 차이가 사라지고 있음을 보여준다. 우리는 담화상에서 드러나는 언어 현상을 있는 그대로 받아들여야 한다. '~습니다'와 '~어요'가 동일한 담화에서 혼용되는 현상은 이미 격식체와 비격식체라는 구분의 당위성이 없어져 가고 있음을 직시할 필요가 있다. 청자높임법을 격식체와 비격식체로 나누어 체계화할 수도 있겠지만, 그와 같은 이원적인 체계화의 가치가 많이 사라진 현실 국어의 상황을 무시해서는 안 된다. 그만큼 격식체와 비격식체의 경계가 희미해졌음을 의미한다. 나아가 (21)과 같은 담화가 차츰 보편화되고 있는 오늘의 국어의 현실을 감안한다면, 이른바 격식체에 비해 비격식체의 세력이 더욱 확산될 가능성이 높아가고 있다.

예상컨대 앞으로는 청자에 대한 높임 관념의 유무에 따라 청자높임법의 단순 체계를 이룰 것이고, 따라서 (18)은 점진적으로 (22)와 같은 체계로 이행될 것이다.

(22) ㄱ. 높임법 : ① X + 요
　　　　　　　　② Y
　　ㄴ. 안높임법 : X · Ø

(22)는 앞으로 예상되는 청자높임법의 체계를 단순하게 나타낸 것이다. 크게는 안높임과 높임의 대립된 체계를 이루되, 그 중간에 안높임의 X보다는 높고 'X+요'보다는 낮은 Y가 존재하는 체계가 (22)이다. 이것은 과거 20세기의 국어를 반영한 청자높임법의 체계에 대한 점진적인 파괴를 의미한다. 21세기 중반쯤에 접어들면 국어의 청자높임법은 청자에 대해 화자의 높임 관념이 있느냐 없느냐에 따라 양분되지만, 그 중간에 Y와 같은 단계가 완충 단계로 존재하는 체계로 정착될 가능성이 있다는 것이다. 즉 화자가 청자를 높여서 예우할 의향이 있을 경우에는 (22ㄱ)과 같이 '~요'가 결합된 형태가 실현될 것이고, 화자가 청자를 높여서 예우할 의향이 없을 경우에는 (22ㄴ)과 같이 '~요'가 결합되지 않은 형태가 실현될 것으로 본다. 아직까지는 (18)과 같은 체계가 유효하지만, (21)과 같은 담화가 좀더 보편화되고 민주적 평등의식이 자연스럽게 자리잡게 되는 때가 오면 (22)와 같은 체계로 청자높임법이 실현될 것이다. 인간 의식의 변화가 점진적이 듯이, 언어 표현 역시 점진적인 변화가 이루어진다. 언어 표현의 변화에 따라 문법의 체계가 바뀌게 되며, 문법의 체계 또한 갑작스럽게 변하기 어렵다. 언어의 변화에서 A가 B로 바뀔 때는 A · B가 공존하는 단계를 거치듯이, 문법 체계의 변화에서도 신 · 구 체계가 공존하는 단계를 거쳐서 새로운 체

계로 정착될 것이다.

따라서 (21)과 같은 담화에서 두 등급이 혼용되는 국어 현상을 두고 특별한 이유를 덧붙이기보다는 화자가 가지는 언어 의식의 순수한 반영이라는 해석이 바람직하다. (21)의 담화와 같은 국어 현상이 더욱 보편화되면, (18)과 같은 체계는 (22)와 같은 체계로 다시 재정립될 것으로 예측해 본다.

2.4 청자높임법의 실현 방법

청자높임법의 실현 방법에는 어휘적 방법, 파생적 방법, 굴곡적 방법 등이 있다.[36] 어휘적 방법은 높임명사에 의해 실현되고, 파생적 방법은 '~님'과 같은 높임접미사에 의해 실현되며, 굴곡적 방법은 청자높임어미, 청자높임조사, 호격조사 등에 의해 실현된다.

먼저 어휘적 방법에 의한 청자높임법의 실현을 아래의 문장 (1)에서 살펴보기로 한다.

    (1) ㄱ. 할아버지, 어디 가십니까?
       ㄴ. 아저씨, 언제 오셨습니까?
       ㄷ. 영희야, 어디 가니?

(1)은 문장의 머리에 부름말이 배열되어 있다. (1ㄱ)과 (1ㄴ)에서는 '할아버지'와 '아저씨'가 부름말로 선택되었는데, 이들 명사는 화자가 높여서 예우해야 할 높임명사이다. 그러나 (1ㄷ)의 부름말은 높여서 예우하지 않아도 될 명사 '영희'가 선택되었다. 따라서 (1ㄱ)과 (1ㄴ)은 높임명사 '할아버지'와 '아저씨'가 부름말로 선택됨으로써 청자를 높여서 예우하는 높임법이 실현되었는데, 이것은 이들 문장의 서술어에 결합된 종결어미에 의해서도 확인할 수 있다. 즉 (1ㄱ)과 (1ㄴ)의 종결어미 '~습니까'의 형태는 청자높임

---

36) 청자높임법의 실현 방법에 대해서는 권재일(1992)를 참조.

소 '~습~'과 '~이~'가 관여하므로 아주높임법을 실현한다. 이러한 현상은 동일한 문장 안에서 청자높임법의 실현에 일치성을 엿볼 수 있는 점이다. (1ㄷ)은 높임명사가 아닌 '영희'가 부름말로 선택되었기 때문에 청자를 높여서 예우하는 높임법이 실현되지 않았는데, 이 문장의 서술어에 결합한 종결어미 '~니'에 의해서도 높임법이 실현되지 않았다. 따라서 부름말과 종결어미에 의해 실현되는 청자높임법의 등급은 분명하게 일치하고 있음이 드러난다.

다음에는 파생적 방법에 의한 청자높임법의 실현에 대해 아래의 (2)에서 살펴보자.

(2) ㄱ. 이 선생, 내가 갔다오마.
    ㄴ. 이 선생님, 저가 다녀오겠습니다.

(27)의 부름말로 선택된 '이 선생' 뒤에는 높임접미사 '~님'이 결합되지 않았으나, (2ㄴ)의 부름말 뒤에는 높임접미사 '~님'이 결합되었다. 부름말에 높임접미사 '~님'이 결합되지 않은 (27)은 청자를 높여서 예우하는 높임법이 실현되지 않은 반면, 부름말에 높임접미사 '~님'이 결합된 (2ㄴ)은 청자를 높여서 예우하는 높임법이 실현되었다. 이것은 이들 문장의 서술어에 결합한 종결어미에 의해서도 확인할 수 있는데, (27)에서는 종결어미 '~으마'가 선택되어 안높임의 문장으로 나타난다. 그러나 높임법이 실현된 (2ㄴ)에서는 종결어미 '~습니다'가 선택되어 부름말 '이 선생님'과 함께 아주높임법을 실현한다. 파생적인 방법에서도 위의 문장 (2)와 같이 부름말과 종결어미에 의해 실현되는 청자높임법의 일치 현상이 드러난다.

마지막으로 굴곡적 방법에 의한 청자높임법의 실현을 살펴보기로 한다. 이것에는 청자높임어미, 높임보조사, 호격조사 등에 의한 실현 방법이 있는데, 아래의 문장 (3)에서 그런 방법을 알 수 있다.

(3) ㄱ. 비가 많이 옵니다.
    ㄴ. 비가 많이 오네요.
    ㄷ. 아저씨요, 여기가 몇 번집니까?

(37)에서는 청자를 높여서 예우하는 종결어미 '~습니다'에 의해 청자
높임법이 실현되었고, (3ㄴ)에서는 문장 끝의 높임보조사 '~요'가 결합됨
으로써 청자높임법이 실현되었으며, (3ㄷ)에서는 부름말에 결합된 호격조
사 '~요'와 종결어미 '~습니까'에 의해 청자높임법이 실현되었다.

(1)에서는 높임명사의 부름말에 의해, (2)에서는 높임접미사 '~님'에 의
해, 그리고 (3)에서는 청자높임어미, 높임보조사, 호격조사 등에 의해 청자
높임법이 실현되고 있다. 따라서 청자높임법은 어휘적 방법, 파생적 방법,
그리고 굴곡적 방법 등의 다양한 방법에 의해 실현됨을 알 수 있다.

2.5 청자높임법 실현의 일치

우리는 3.2.4에서 청자높임법의 실현 방법에 대해 살펴보았다. 여러 가지
방법에 의해 실현되는 청자높임법은 하나의 문장 안에서 서로 일치되는 현
상이 나타난다.[37] 즉 문장을 이루는 어느 한 구성 요소에 의해 실현되는
청자높임법은 동일한 문장 안의 다른 요소에 의해 실현되는 청자높임법의
등급과 일치한다는 것이다. 한 문장 안에서 청자높임법의 일치는 종결어미
에 의해 실현되는 청자높임법과 반드시 일치해야 한다. 만약 문장 안의 어
느 한 요소에 의해 실현되는 청자높임법의 등급과 종결어미에 의해 실현되
는 청자높인법의 등급이 서로 일치하지 않으면, 그 문장은 비문법적인 문
장이 되고 만다.

---

37) 국어에 일치 현상이 존재하느냐에 대한 정밀한 논의가 전제되어야 하겠지만, 부
   분적으로 존재하는 것으로 보고 높임법 실현의 일치에 대해서는 유동석(1994)와
   김태엽(1999)을 참조.

앞절 3.2.3.3의 (21)에서 살펴본 바와 같이, 담화 안에서는 서로 다른 청자
높임법을 실현하는 종결어미의 형태가 혼용되기도 하지만, 문장 안에서는
동일한 청자에게 서로 다른 등급의 청자높임법의 실현이 쉽게 허용되지 않
는다.

아래의 문장 (1)을 살펴보기로 하자.

    (1) ㄱ. 할아버지, 비가 옵니다.
       ㄴ. 팔공산, 그 산은 명산이다.
       ㄷ. 야, 산이 정말 높구나.
       ㄹ. 비가 온다. 그러나 우리는 떠나야 한다.

(1)은 독립어가 선택된 문장들이다.[38] (1ㄱ)의 '할아버지'는 부름말이고,
(1ㄴ)의 '팔공산'은 보임말이며, (1ㄷ)의 '야'는 느낌말이다. 그리고 (1ㄹ)의
'그러나'는 이음말이다. 이들 중에서 청자높임법의 실현과 관련이 깊은 독
립어는 부름말과 느낌말이다.

부름말이 선택됨에 따라 청자높임법의 실현 여부는 아래 문장 (2)에서
잘 드러난다.

    (2) ㄱ. 어머니, 어디 가십니까?
       ㄴ. 영희야, 어디 가니?

(2ㄱ)에서는 부름말로 높임명사 '어머니'가 선택되었기 때문에 문장 끝
에 결합된 종결어미로 높임법을 실현하는 '~습니까'가 결합되었다. 반면
에 (2ㄴ)에서는 부름말로 높임명사가 아닌 '영희'가 선택되었기 때문에 높
임법을 실현하지 않는 '~니'가 종결어미로 선택되었다. 이러한 현상은 동

---

38) 국어 독립어의 하위 범주는 최현배(1971ㄱ)에 따른다.

일한 문장 안에서 어느 한 요소에 의해 실현되는 청자높임법의 등급이 다른 어느 요소에 의해 실현되는 청자높임법의 등급과 같아야 한다는 사실을 보여준다. 문장 (2)에서 만약 부름말과 종결어미에 의해 실현되는 청자높임법의 등급이 서로 일치하지 않으면, 그 문장은 정상적으로 받아들여지지 않음을 아래의 문장 (3)에서 볼 수 있다.

> (3) ㄱ. * 어머니, 어디 가니?
> ㄴ. * 영희야, 어디 가십니까?

(2)에서는 동일한 문장 안에서 '어머니~~습니까', '영희~~니'의 배열 관계가 유지되어 청자높임법의 일치 현상이 드러나지만, 비문으로 처리되는 (3)에서는 (2)와는 달리 부름말과 종결어미의 배열이 '어머니~~니', '영희~~습니까'로 바뀐 까닭에 청자높임법의 일치 현상이 드러나지 않는다. 따라서 이것은 한 문장 안에서 청자높임법을 실현하는 요소가 두 가지 이상 선택될 경우, 그들 요소에 의해 실현되는 청자높임법의 등급이 서로 일치하지 않으면 그 문장은 비문이 되고 마는 사실을 보여준다.

다음에는 느낌말이 선택되는 문장을 아래의 (4)에서 살펴보기로 한다.

> (4) ㄱ. 야, 산이 아주 높다/높습니다.
> ㄴ. 예, 저도 갑니다/*가네/*간다.

느낌말이 독립어로 선택된 문장 (4)에서는 (4ㄱ)과 (4ㄴ)의 경우가 다르다. (4ㄱ)에서는 느낌말과 그 문장의 종결어미는 제약없이 선택될 수 있음을 보여주는 반면, (4ㄴ)에서는 느낌말과 그 문장의 종결어미의 선택에 제약이 있음을 보여준다. (4ㄱ)과 (4ㄴ)에서 나타나는 이러한 제약의 차이는 각 문장에 선택된 느낌말이 가지는 의미자질과 깊이 관련된 것으로 본다. 즉 (4ㄱ)의 느낌말은 [—상대성]의 의미자질을 갖는데 반해 (4ㄴ)의 느낌말은 [+

상대성]의 의미자질을 갖는다.39) (47)의 느낌말로 선택된 '야'는 청자와 관계없이 화자 자신의 개인적인 감정을 드러낸 독립어이므로 [—상대성]의 의미자질을 갖지만, (4ㄴ)의 느낌말 '예'는 화자 혼자만의 감정의 표현이 아니고 청자의 물음에 대한 대답으로 발화하는 독립어이므로 [+상대성]을 갖는다. 따라서 [—상대성]의 의미자질을 가진 (47)의 '야'와 같이 화자 자신의 개인적인 감정을 드러내는 느낌말이 문장의 독립어로 선택될 때는 그 문장의 서술어에 결합되는 종결어미의 선택에 아무런 제약이 없다. 하지만 [+상대성]의 의미자질을 가진 (4ㄴ)의 '예'와 같이 청자의 물음에 대한 반응으로 발화하는 느낌말이 문장의 독립어로 선택될 때는 그 문장의 서술어에 결합되는 종결어미의 선택에 제약이 따른다. 이러한 제약은 독립어 중에서 [+상대성]의 의미자질을 가진 느낌말에 의해 실현되는 청자높임법과 문장의 종결어미에 의해 실현되는 청자높임법의 등급이 일치해야 하는 통사적 특징을 말한다.

독립어는 뒤에 이어지는 문장의 구성 요소와 문법적으로 관련성이 없이 독립적으로 존재하는 문장의 성분으로 흔히 기술되어 왔으나, 사실은 우리가 앞에서 살펴본 바와 같이 독립어 중에서 부름말과 [+상대성]의 의미자질을 가지는 느낌말은 그 뒤에 이어지는 문장과 문법적으로 결코 무관하지 않다. 실제로 독립어 중에서 부름말과 [+상대성]의 의미자질을 가진 느낌말은 그 뒤에 이어지는 문장의 종결어미에 의해 실현되는 청자높임법의 등급과 일치하는데, 이러한 현상은 일부의 독립어와 그 뒤에 이어지는 문장과는 문법적으로 관련이 있음을 단적으로 보여주는 것이다. 따라서 독립어라고 해서 모두 그 뒤에 이어지는 문장과 문법적으로 무관하다고 단정할 수 없다.

이러한 사실은 부름말과 [+상대성]의 의미자질을 가진 느낌말에만 국한하지 않는다. 독립어 중에서 보임말 역시 이어지는 문장의 구성 요소와 무

---

39) 이것에 대한 자세한 설명은 김태엽(1996)을 참조..

관하지 않다.

　아래의 문장 (5)에서 문장의 앞부분에 놓인 보임말이 그 뒤에 이어지는
문장과 갖는 문법적 관련성을 살펴보기로 한다.

> (5) ㄱ. 팔공산, 그 산은 한국의 명산이다.
> 　ㄴ. 철수, 그/*그분는(은) 아주 부지런하다/*부지런하시다.
> 　ㄷ. 할아버지, 그분/*그은(는) 아주 부지런하시다/부지런하다.

　문장 (5)는 보임말로 선택된 독립어의 의미자질에 따라, 그 독립어와 뒤
에 이어지는 문장과의 문법적인 관련 여부가 잘 드러나 있다. (5ㄱ)에서는
보임말이 갖는 의미자질이 그 뒤에 이어지는 문장과 문법적으로 크게 관련
되지 않으나, (5ㄴ)과 (5ㄷ)의 경우에는 보임말의 의미자질에 따라 그 뒤에
이어지는 문장과 문법적인 관련을 긴밀하게 가진다.

　즉 (5ㄱ)의 보임말 '팔공산'은 [―인간]의 의미자질을 가지는 반면, (5ㄴ)
의 보임말 '철수'와 (5ㄷ)의 보임말 '할아버지'는 [+인간]의 의미자질을 가
진다. [―인간]의 의미자질을 가진 '팔공산'이 보임말로 선택된 (5ㄱ)에서는
그 뒤에 이어지는 문장에서 높임법의 실현 여부가 특별한 문제로 제기되지
않으나, [+인간]의 의미자질을 가진 체언이 보임말로 선택된 (5ㄴ)과 (5ㄷ)
에서는 높임법의 실현과 깊이 관련되어 있다. 즉 (5ㄴ)의 보임말 '철수'는
높임의 대상이 아니므로, 그 뒤의 문장에서 철수 대신 대명사화하여 '그'가
선택되었다. 하지만 높임의 대상인 '할아버지'가 보임말로 선택된 (5ㄷ)의
경우에는 그 뒤에 이어지는 문장에서 할아버지 대신 대명사화하여 '그분'
이 선택되었다. 이와 아울러서 (5ㄴ)의 서술어에는 주체높임어미 '～시～'
가 결합되어 있지 않으나, (5ㄷ)의 서술어에는 '～시～'가 결합되어 있다.
만약 주체높임어미 '～시～'가 문장 (5ㄴ)과 (5ㄷ)에 서로 바뀌어 결합하게
되면 그 두 문장은 모두 비문이 되고 만다. 그리고 (5ㄴ)과 (5ㄷ)의 주어가

각각 대명사화한 ‘그’와 ‘그분’인데, 이것 역시 서로 바뀌어 선택되면 비문이 되고 만다.

따라서 [+인간]의 의미자질을 가진 보임말이 독립어로 선택되는 경우에도, 부름말과 [+상대성]의 의미자질을 가진 느낌말과 마찬가지로 그 뒤에 이어지는 문장의 구성 요소와 문법적으로 관련성이 매우 깊다는 사실을 알 수 있다.

대부분의 앞선 논자들의 주장에 의하면 독립어는 그 뒤에 이어지는 문장과 문법적으로 전혀 관련성이 없는 문장 성분이라고 기술되어 왔으나, 앞의 (1)~(5)에서 우리가 살펴본 사실에 의하면 상당히 많은 독립어가 그 뒤에 이어지는 문장을 이루는 구성 요소와 문법적으로 관련되어 있음이 드러났다. 국어의 독립어를 부름말, 보임말, 느낌말, 이음말 등 4개의 하위 범주로 나눌 경우, 그 중에서 부름말, 보임말, 느낌말 등이 그 뒤에 이어지는 문장의 구성 요소와 문법적으로 관련되어 있는 사실을 위에서 살펴보았다. 즉 모든 부름말과 [+인간]의 의미자질을 가진 보임말 그리고 [+상대성]의 의미자질을 가진 느낌말 등이 독립어로 선택될 때, 이들 독립어는 그 뒤에 이어지는 문장의 구성 요소와 문법적으로 깊은 관련성을 가지는 것으로 확인되었다. 따라서 우리는 국어 독립어에 대해 종래 대부분의 앞선 논자들이 기술해 온 내용을 수정하여, 독립어 중에서 상당하게 많은 숫자의 독립어는 그 뒤에 이어지는 문장과 문법적으로 깊이 관련되어 있는 것으로 본다.

참고 문헌

강규선(1988), 20세기 초기 국어의 경어법 연구, 성균관대학교 대학원 박사학위
　　　　논문.

강복수(1972), 『국어 문법사 연구』, 형설출판사.

강신항(1978), 안동방언의 서술법과 의문법, 『언어학』3, 한국언어학회.

강정희(1982), 제주방언의 문법화 과정에 대하여, 『국어학』11, 국어학회.

강창석(1987), 국어 경어법의 본질적 의미, 『울산어문논집』3, 울산대학교. 국어국문
　　　　학과.

고영근(1974), 현대 국어의 종결어미에 대한 구조적 연구, 『어학연구』10~1, 서울대
　　　　학교 어학연구소.

고영근(1974), 현대 국어의 존비법에 관한 연구, 『어학연구』10~2, 서울대학교 어학
　　　　연구소.

고영근(1976), 현대 국어의 문체법에 대한 연구, 『어학연구』12~1, 서울대학교 어학
　　　　연구소.

고영근(1986), 서법과 양태의 상관 관계, 『국어학 신연구』, 탑출판사.

고영근(1989), 『국어형태론연구』, 서울대학교 출판부.

고영진(1995), 국어 풀이씨의 문법화 과정에 관한 연구, 연세대학교 박사학위논문.

고창운(1995), 『서술씨끝의 문법과 의미』, 박이정.

구연미(1994), 임의성분의 유형과 일치현상, 『한글』223. 한글학회.

권재선(1988), 『우리말글 논문들』, 우골탑.

권재일(1984), 현대 국어의 약속문 어미 연구, 『대구어문론총』2, 대구어문학회.

권재일(1991), 의향법과 그 통사 특성, 『인문과학논총』23, 건국대학교 인문과학연구소

권재일(1991), 문법변화의 두 방향, 『국어의 이해와 인식』, 한국문화사.

권재일(1992), 『한국어 통사론』, 민음사.

권재일(1994), 『한국어 문법의 연구』, 서관학술자료사.

권재일(1996), 음운변화와 문법변화, 『음성학과 언어학』, 서울대학교 출판부.

권재일(1998), 문법변화와 문법화, 『방언학과 국어학』, 태학사.

권재일(1998), 『한국어 문법사』, 도서출판 박이정.

김광해 외(1999), 『국어지식탐구』, 도서출판박이정.

김동석(1991), 『보편문법』, 형설출판사.

김동언(1989), 17세기 국어의 형태음운 연구, 고려대학교 대학원 박사학위논문.

김석득(1977), 더낮춤법과 더높임법, 『언어와 언어학』5, 한국외국어대학교 언어연
	구소.

김석득(1992), 『우리말 형태론』, 탑출판사.

김문웅(1979), 불완전명사의 어미화, 『국어교육논지』7, 대구교육대학교.

김미영(1996), '~어 오다'의 접어화, 『국어학연구의 오솔길』, 우전 김형주 선생회갑
	기념논총.

김민수(1971), 『국어문법론』, 일조각.

김승곤(1983), 현대 국어 존대법 연구, 『문호』8, 건국대학교.

김승곤(1991), 『한국어 통어론』, 건국대학교 출판부.

김영배 · 신현숙(1987), 『국어 문법론』, 한신문화사.

김영욱(1995), 『문법형태의 역사적 연구』, 탑출판사.

김영태(1997), 『현대 국어 보조용언 연구』, 문창사.

김영희(1975), 의문문의 이접적 특징, 『문법연구』2, 문법연구회.

김영희(1989), 한국어 제시어의 문법, 『주시경연구』4, 주시경연구회.

김영희(1996), 문법론에서 본 상대높임법의 문제, 『한글』233, 한글학회.

김용석(1983), 한국어 보조동사 연구, 『배달말』8, 배달말학회.

김일웅(1990), 의향법에 의한 월 분류의 문제점, 『주시경학보』5, 주시경연구소.

김정대(1983), 창원지역어의 청자존대표현 '예'와 '요', 『어문논집』1, 경남대학교 국
	어교육과.

김정대(1985), '요'청자높임법에 대하여,『가라문화』2, 경남대학교 가라문화연구소.

김정수(1984),『17세기 한국말의 높임법과 그 15세기로부터의 변천』, 정음사.

김정아(1985), 15세기 국어의 '～ㄴ가'에 대하여,『국어국문학』94.

김종택(1981), 국어 대우법 체계를 재론함,『한글』172.

김종택(1982),『국어화용론』, 형설출판사.

김주원(1984), 통사적 변화의 한 양상,『언어학』7, 한국언어학회.

김차균(1990),『우리말 시제와 상의 연구』, 태학사.

김태엽(1990), 의존명사 '것'의 문법화와 문법변화,『대구어문론총』8, 대구어문학회.

김태엽(1992), 종결어미의 화계와 부름말,『대구어문론총』10, 대구어문학회.

김태엽(1994), 간소화와 문법기능 변동,『우리말의 연구』, 우골탑.

김태엽(1995), 국어 청자높임법의 체계 재검토,『어문학』56, 한국어문학회.

김태엽(1996),『경북말의 높임법 연구』, 태학사.

김태엽(1996), 국어 독립어의 문법성,『언어학』18, 한국언어학회.

김태엽(1997), 국어 종결어미의 형태론적 유형,『어문학』60, 한국어문학회.

김태엽(1998), 국어 비종결어미의 종결어미화,『언어학』22, 한국언어학회.

김태엽(1998), 국어 종결어미의 형태론적 해석,『현대문법연구』13, 현대문법학회.

김태엽(1999),『우리말의 높임법 연구』, 대구대학교 출판부.

김태엽(1999), 국어 통용종결어미에 대하여,『현대문법연구』18, 현대문법학회.

김태엽(2000), 국어 종결어미화의 문법화 양상,『어문연구』33, 어문연구학회.

김태엽(2000), 해체의 '～네'와 하게체의 '～네',『우리말글』20, 우리말글학회.

김태옥·이현호(1995), 담화연구의 텍스트성 연구와 적합성이론,『담화와 인지』1.

김현정(1997), 국어 명사의 문법화 과정 연구, 건국대학교 석사학위논문.

김형규(1975), 국어 경어법 연구,『동양학』5, 단국대학교 동양학연구소.

나진석(1971),『우리말 때매김 연구』, 과학사.

남기심(1973),『국어 완형보문법 연구』, 탑출판사.

남기심(1981), 국어 존대법의 기능,『인문과학』45, 연세대학교 인문과학연구소.

남기심(1985), 접속어미와 부사형어미,『말』10, 연세대학교 한국어학당.

남기심·고영근(1985),『표준 국어 문법론』, 탑출판사.

노대규(1983),『국어의 감탄문 문법』, 보성문화사.

노대규(1990), 한국어의 약속문 연구,『동방학지』69, 연세대학교 국학연구원.

류구상·이상규·이기갑·현평효(1991), 경어 사용의 방언적 차이,『새국어생활』

1~3, 국립국어연구원.

민현식(1984), 개화기 국어의 경어법에 대하여, 『관악어문연구』4, 서울대학교 국어국문학과.

박병수(1984), 통제 일치의 원리와 한국어 존칭어미, 『언어 연구』4, 경희대학교 언어연구소.

박승빈(1931), 『조선어학』, 을유문화사.

박승윤(1990), 『기능문법론』, 한신문화사.

박승윤(1995), '밖에'의 문법화 현상, 『담화인지학회발표요지』.

박양규(1980), 존칭체언의 통사론적 특성에 대하여, 『진단학보』40, 진단학회.

박영순(1976), 국어 경어법의 사회언어학적 연구, 『국어국문학』72~73, 국어국문학회.

박종갑(1987), 『국어 의문문의 의미기능 연구』, 홍문각.

박창해(1990), 『한국어 구조론 연구』, 탑출판사.

백두현(1990), 영남문헌어에 반영된 방언적 문법형태에 대하여, 어문론총24, 경북어문학회.

서정목(1983), 명령법 어미와 공손법의 등급, 『관악어문연구』8, 서울대학교 국어국문학과.

서정목(1987), 『국어 의문문 연구』, 탑출판사.

서정목(1988), 한국어 청자 대우 등급의 형태론적 해석(1), 『국어학』17, 국어학회.

서정목(1990), 한국어 청자 대우 등급의 형태론적 해석(2), 『국어학논문집』, 태학사.

서정목(1992), 국어 경어법의 변천, 『정신문화연구』15~1, 한국정신문화연구원.

서정수(1984), 『존대법의 연구』, 한신문화사.

서정수(1990), 『국어 문법의 연구』, 한국문화사.

서종학(1987), 고대국어의 경어법에 대하여, 『인문연구』9~1, 영남대학교.

서태룡(1985), 정동사어미의 형태론, 『진단학보』60, 진단학회.

서태룡(1988), 『국어 활용어미의 형태와 의미』, 탑출판사.

서혁(1995), 담화의 기능 및 유형, 『국어교육학연구』5, 국어교육학회.

성기철(1970/1984), 국어 대우법 연구, 『논문집』4, 충북대학교.

성기철(1985), 『현대 국어 대우법 연구』, 개문사.

손세모돌(1991), 국어 보조동사에 대한 연구, 한양대학교 박사학위논문.

손호민(1983), Power and solidarity in Korean language, 『Korean Linguistics』3.

송철의(1993), 언어변화와 언어의 화석, 『국어사 자료와 국어학의 연구』, 문학과 지

성사.

신석환(1986), 향가 문법형태소의 분석적 연구, 계명대학교 박사학위논문.

신창순(1963), 상대존대어고, 『문경』15, 중앙대학교.

신창순(1984), 『국어문법연구』, 박영사.

안명철(1992), 현대 국어의 보문 연구, 서울대학교 박사학위논문.

안명철(1996), 어미와 어미소, 『이기문교수 정년퇴임기념론총』, 신구문화사.

안병희(1965), 15세기 국어의 공손법에 대하여, 『국어국문학』28, 국어국문학회.

안주호(1992), 한국어 담화표지 분석, 『말』17, 연세대학교 한국어학당.

안주호(1996), 한국어 명사의 문법화 현상 연구, 연세대학교 박사학위논문.

안효팔(1983), 허사화 연구, 경남대학교 석사학위논문.

안병희(1967), 『한국어발달사(문법사)』, 고려대학교 민족문화연구소.

안병희·이광호(1990), 『중세국어문법론』, 학연사.

양인석(1976), 한국어 양상의 화용론, 『언어』1~1, 한국언어학회.

양인석(1980), 한국어 말끝말씨 간소화, 『언어와 언어학』6, 한국외국어대학교 언어
    연구소.

염광호(1998), 『종결어미의 통시적 연구』, 도서출판 박이정.

염선모(1980), 현대 국어의 존대어법, 『배달말』5, 배달말학회.

오종갑(1988), 『국어 음운의 통시적 연구』, 영남대학교 출판부.

옥태권(1987), 국어 상 보조동사 연구, 부산대학교 박사학위논문.

왕한석(1986), 국어 청자존대어 체계의 기술을 위한 방법론적 검토,『어학연구』22~3.

유동석(1990), 국어 상대높임법과 호격어의 상관성에 대하여,『주시경학보』6, 주시
    경연구소.

유동석(1991), 중세국어 객체높임법에 대한 통사론적 접근,『국어학의 새로운 인식
    과 전개』, 민음사.

유동석(1994), 한국어의 일치, 『생성문법연구』4~2, 한국언어학회 생성문법연구회.

유목상(1976), 통어론적 구성에 의한 어형성에 관한 연구,『성곡논총』5.

유송영(1994), 국어 청자대우법에서의 힘과 유대, 『국어학』24, 국어학회.

유창돈(1962), 허사화 연구, 『인문과학』7, 연세대학교.

윤평현(1992), 『국어의 접속어미 연구』, 한신문화사.

이경우(1990), 최근세 국어에 나타난 경어법 연구, 이화여자대학교 대학원 박사학
    위논문.

이규창(1992), 『국어존대법론』, 집문당.

이기갑(1978), 우리말 상대높임 등급체계의 변천 연구, 서울대학교 대학원 석사학위논문.

이기갑(1982), 전남 북부방언의 상대높임법, 『언어학』5, 한국언어학회.

이기동(1987), 마침꼴의 의미 연구, 『한글』195, 한글학회.

이기문(1972), 『국어사 개설』, 민중서관.

이맹성(1975), 한국어 존대어미와 대인관계 요소의 상관 관계에 관한 연구, 『인문과학』33~34, 연세대학교 인문과학연구소.

이상규(1991), 경북방언의 경어법, 『새국어 생활』1~3, 국립국어연구원.

이상복(1976), '~요'에 대한 연구, 『연세어문학』7, 연세대학교.

이상태(1995), 『국어 이음월의 통사·의미론적 연구』, 형설출판사.

이숭녕(1963), 경어법 연구, 『진단학보』25~26.

이승욱(1973), 『국어 문법체계의 사적 연구』, 일조각.

이승욱(1980), 종결어미의 통합관계, 『난정 남광우박사 회갑기념논총』, 일조각.

이승재(1992), 융합형의 형태분석과 형태의 화석, 『주시경학보』10, 주시경연구소.

이시형(1983), 존대형태소 '~시~'에 대한 연구, 서강대학교 석사학위논문.

이영경(1992), 17세기 국어의 종결어미에 대한 연구, 『국어연구』108.

이영경(1995), 국어 문법화의 한 유형, 『국어학논집』2, 서울대학교 국어국문학과편.

이윤구(1995), 무주지역어 '~이'의 화용적 기능, 『대구어문론총』13, 대구어문학회.

이익섭(1974), 국어 경어법의 체계화 문제, 『국어학』2, 국어학회.

이익섭·임홍빈(1983), 『국어문법론』, 학연사.

이정(1978), 서법의 정의와 분류, 『말』3, 연세대학교 한국어학당.

이정복(1993), 경어법 요소의 기능부담량과 쓰임에 대하여, 『해양문학과 국어국문학』, 형설출판사.

이정복(1994), 제3자 경어법 사용에 나타난 참여자 효과, 『국어학』24, 국어학회.

이정복(1998), 국어 경어법 사용의 전략적 특성, 서울대학교 박사학위논문.

이정애(1999), 국어 화용표지의 연구, 전북대학교 박사학위논문.

이지양(1985), 융합형 '래도'에 대하여, 『관악어문연구』10, 서울대학교 국어국문학과.

이지양(1993), 국어의 융합현상과 융합형식, 서울대학교 대학원 박사학위논문.

이태영(1988), 『국어 동사의 문법화 연구』, 한신문화사.

이필영(1993), 『국어 인용구문연구』, 탑출판사.

이현규(1995),『국어 형태변화의 원리』, 영남대학교 출판부.

이현희(1982), 국어 의문법에 대한 통시적 연구,『국어연구』52.

이현희(1982), 국어 종결어미의 발달에 대한 관견,『국어학』11, 국어학회.

이희승(1955),『국어학개설』, 민중서관.

임규홍(1994), '어 가지고'에 대하여,『배달말』19, 배달말학회.

임규홍(1998), 국어 '말이야'의 의미와 담화 기능,『담화와 인지』5~2, 담화·인지언
    어학회.

임동훈(2000),『한국어 어미 '~시~'의 문법』, 태학사.

임지룡(1981), 존칭조보어간 '~겨~' 설정 시론,『문학과 언어』2, 문학과언어학회.

임지룡(1992),『국어의미론』, 탑출판사.

임지룡(1998), 인지의미론,『의미론 연구의 새 방향』, 도서출판 박이정.

임홍빈(1984), 문장종결의 논리와 수행~억양,『말』9, 연세대학교 한국어학당.

임홍빈(1985), '~시~'와 경험주 상정의 시점,『국어학』14, 국어학회.

임홍빈(1989), 통사적 파생에 대하여,『어학연구』25~1.

임홍빈(1990), 어휘적 대우와 대우법 체계의 문제,『국어학논문집』, 태학사.

장경희(1982), 국어 의문법의 긍정과 부정,『국어학』11, 국어학회.

장경희(1985),『현대 국어의 양태범주 연구』, 탑출판사.

장석진(1985),『화용론연구』, 탑출판사.

전재호·박태권(1979),『국어 표현문법』, 이우출판사.

전정례(1991), 국어 통사변화의 한 양상,『주시경학보』8, 주시경연구회.

정호완(1987),『후기 중세국어 의존명사 연구』, 학문사.

주시경(1910),『국어문법』, 박문서관.

최경자(1985), 국어 명령문의 화행 분석, 서울대학교 대학원 언어학과 석사학위논문.

최남희(1996),『고대 국어 형태론』, 도서출판 박이정.

최명옥(1976), 현대 국어의 의문법 연구,『논문집』15, 학술원.

최명옥(1991), 어미의 재구조화에 대하여,『김완진선생화갑기념논총』, 민음사.

최재희(1997), 국어 종속 접속의 통사적 지위,『한글』238, 한글학회.

최현배(1971),『우리 말본』, 정음사.

한길(1987), 종결접미사의 기능,『벽서 박승순박사회갑기념논총』.

한길(1991),『국어 종결어미 연구』, 강원대학교 출판부.

한동완(1986), 현재시제 선어말 '~느~'의 형태소 정립을 위하여,『서강어문』5, 서

강대학교.

한동완(1988), 청자경어법의 형태원리, 『말』13, 연세대학교 한국어학당.

허웅(1962), 존대법의 문제를 다시 논함, 『한글』130, 한글학회.

허웅(1975), 『우리 옛말본』, 샘문화사.

허웅(1983), 『국어학』, 샘문화사.

허웅(1995), 『20세기 우리말의 형태론』, 샘문화사.

허재영(1997), 우리말 문법화 연구의 흐름, 『한말연구』3, 한말연구학회.

홍사만(1983), 『국어 특수조사론』, 학문사.

홍순성(1986), 국어 대명사의 조응현상에 관한 연구, 영남대학교 대학원 박사학위
　　　논문.

홍윤표(1984), 현대 국어의 후치사 '가지고', 『동양학』14, 단국대학교 동양학연구소.

홍윤표(1994), 『근대 국어 연구』(1), 태학사.

황미향(1998), 한국어 텍스트의 계층구조와 결속표지의 기능연구, 경북대학교 박사
　　　논문.

황병순(1994), 청자 대우문법의 형태원리, 『우리말의 연구』, 우골탑.

황적륜(1976), 국어의 존대법, 『언어』1~2, 한국언어학회.

Bolinger, D.(1977), 『Meaning and Form』, Longman Group Ltd.

Bybee, J, L.(1985), 『Morphology』, John Benjamins Publishing Company.

Chafe, W, L.(1970), 『Meaning and the Structure of Language』, Chicago Univ. Press.

Givon, T.(1971), Historical syntax and synchronic morphology : An archaeologistsfieldtrip,
　　　『Chicago Linguistics Society』7.

Givon, T.(1979), From discourse to syntax ; grammar as a processing strategy, In T. Givon,
　　　『Syntax and Semantics』12, Academic Press.

Hopper, Paul J. & Traugott, E(1993), 『Grammaticalization』, Cambridge Univ. Press.

Hopper, Paul J.(1991), On some principles of grammaticalization, 『Approaches to
　　　Grammaticalization』1 : ed』 Traugott, Elizabeth & Heine, Bernd.

Jespersen, O.(1924), 『The philosophy of grammar』, George Allen and Unwin Ltd.

Langacker, R. W.(1972), 『Fundamental of Linguistic Analysis』, Harcourt Brace Javanovish,
　　　Inc.

Leech, G, N.(1983), 『Principles of pragmatics』, Longman Group Ltd.

Lightfoot, D, W.(1979), 『Principles of Diachronic Syntax』, Cambridge Univ. Press.

Lyons, J.(1968), 『Introduction to Theoretical Linguistics』, Cambridge Univ. Press.
Lyons, J.(1977), 『Semantics』1,2, Cambridge Univ. Press.
Manzini, R, M.(1983), Restructuring and Reanalysis, MIT ph,D dissertation.
Ramstedt, G. J.(1939), 『A Korean Grammer』, Helsinki.

《ㅈ》